第四道靈性大師葛吉夫的教導

生命的真相

新星球

THE REALITY OF BEING:

The Fourth Way of Gurdjieff

珍妮・迪・薩爾斯曼（Jeanne De Salzmann）——著
孫霖——譯

譯者序

PREFACE

如果說有一件事，為我帶來了迄今為止最大的挑戰，那就是翻譯《生命的真相》這本書。想當初，我只閱讀這本書的一部分，很聰明的意識到這是本曠世的經典好書，但又很傻的認為，憑著自己對「第四道」（The Fourth Way）的熱忱和一些粗淺的習修經驗，可以將它譯好，並把其精髓介紹給讀者。於是，在出版社的支持下，我開始翻譯。但是，隨著翻譯深入，我越來越覺得我親手在自己背上放了一個大大的十字架，想摘都摘不下來了。

先不說這書將近二十萬字的長度，也不提書中模糊晦澀的法式英語，這些都不是讓人崩潰的決定性因素。本書最讓人崩潰的，是文字表達的那些讓人難以企及的修行體驗。這是第四道體系第二代傳人薩爾斯曼夫人（Jeanne De Salzmann）累積七十一年的第四道修為寫成的一本書。不是一般的深刻，不是一般的難懂。它不是一本理論書，而是透過描述自己的體驗而進行的教導。每一次校對，隨著自己的成長，對一些要點，都會有新的領悟和翻譯方式。但如此下去，這本書恐怕這輩子也譯不出來了。最後只能先罷手，安慰自己，也許十年後可以再重新譯一個修訂版。

於是，在崩潰中掙扎著繼續前行，挑戰自己的毅力極限。

書中文字看似很簡單，沒什麼高深的術語，都是很生活的詞彙。但是，就是因為簡單，每個詞包含的意思更廣泛，作何解釋都有可能。畢竟我不是習修第四道體系已逾七十一年的薩爾斯曼夫人，無法站在她的高度去了解這些話，只能以自己十幾年粗淺的習修體驗，試著去理解、去詮釋。

薩爾斯曼夫人說的每一句話，我得吃進去，咀嚼半天，先於內在找到共鳴或相關的體驗（哪怕是我個人化的主觀體驗，也比沒體驗只用頭腦翻譯來得強），才敢說自己可能理解那些話。然後，基於這樣的理解，我才敢把這些體驗，用對應的中文再度表述出來。這時，翻譯的精確性已經與語法和句子結構沒有關係，最重要的是不同語言背後連結的體驗是否相同。

即使是這樣，對於讀者來說，如果沒有相關的體驗（哪怕是其他體系的），還是不太容易看懂書中文字。

即使有人號稱看懂了，但其實每個人依照自己的體驗附加在每個詞句上的意義又都是不同的。或者說，每個人自身的經驗，會造成他對這本書的主觀理解。而這種主觀的理解，可能離薩爾斯曼夫人想表達的真相，又差之十萬八千里。道可道，非常道！語言是一種不得不用的不精準的溝通工具，尤其是在與修行有關的教學上。

如果你夠誠實、夠真實，你在讀完書中這些文字之後，可能會有種莫名奇妙的感覺。你會詫異的發現，這世界上有人描述出的一些內在狀態，對你來說居然如此陌生，甚至今生都不曾體驗過。你也有可能覺得混亂，因為薩爾斯曼夫人一會兒對你的頭腦說話，一會兒對你的心說話，一會兒又對你的身體說話，有時又同時對這三個中心說話，有時更在對你內在這三個中心以外的部分說話。幸好，在我翻譯的過程中，有一些英國、美國、法國和加拿大的第四道老師為我答疑解惑。

翻譯這本書，是我此生最值得和最無怨無悔的一件事。我不想唱高調，說什麼這是為了大眾覺醒，為了宇宙的進化，那些都不是我能夠做主的。最重要的是，在這翻譯的過程中，我不得不提升自己，不得不提升自己的能量狀態，以便能夠真正領悟書中的內容。為了翻譯，我不得不精進，不得不以生命去領悟。還有什麼比這更大的收穫呢？

親愛的讀者，如果你試圖經由閱讀這本書，掌握一個結構完整的理論體系，那麼你一定會失望。如果你強行去理解、去附會書中描述的體驗，你也會得非所願。在此，將我的閱讀方法介紹給大家：將本書中的每一個章節都當作一篇靜心的引導詞，敞開自己的內在，跟隨這些話語。有不懂的地方不用糾結，直接滑過，閱讀完一節（以阿拉伯數字標註的節，本書共一百四十節）後，再回過頭來反芻。去感受一下自己內在有什麼樣的體驗被引發，再藉此去反思自己的修行中和生活中與之相關的部分……

這本書，是你可以收藏和參照一生的一部經典著作，無論你在自我成長的道路上走了多遠，它都是一面鏡子，可以照見你在這條路上領悟了什麼，但更重要的是，它可以照見你尚未領悟的東西，而那些東西恰恰為你昭示了前進的方向。

為了使你更容易理解書中的內容，你可以瀏覽第四道的部落格（http://blog.sina.com.cn/4thway）獲得更多的補充閱讀資料。如果你對於本書內容或第四道有任何問題，或想參與相關活動，可以寫信至電子信箱（4thway@sina.com）與我聯繫。

在本書付梓之際，我想在此感恩所有曾經給予我支持的人。首先是葛吉夫基金會的老師們：英國的 Annette Courtenay-Mayers 女士、Maggie Bede 女士和已故的 Chris Thompson 先生，美國的 Stuart Smithers 先生，加拿大的 Jack Cain 先生，法國的 Christopher Jacq 先生。此外還有高子舒女士、甯偲程先生、張潔小姐、謝芸女士、李雪柏女士、周沫小姐、于明先生、孫曆生先生、張淑霞女士、張冬梅女士、林珊珊小姐等。

編者序

FOREWORD

喬治・伊凡諾維奇・葛吉夫（1866-1949，George Ivanovitch Gurdjieff）把與「生命實相」（reality）相關的知識，稱之為真正的「素質層面的知識」（knowledge of being），將它們看成一條源於遠古的河流，流經一個又一個時代，一代又一代人，一個又一個種族。他認為這種知識，是獲得內在自由和解放的必備工具。對於那些想要尋求人類生命在宇宙中意義的人，葛吉夫說，探尋的目的，就是為了突破阻力，找到這條河流。然後，只要保持透過「瞭解」（to know）來實現「如是存在」（to be，指的是一種與具有被動性和非靈性的「存在」相比，具有主動性和靈性，更接近本體狀態的高等「存在」方式）。但是，為了明白這一點，他教導我們，必須要先清楚該「如何瞭解」（how to know）。

葛吉夫非常尊重與靈性轉化有關的傳統宗教和法門，並把它們採用的不同方法總結為三類：著重於駕馭身體的「苦行僧之道」（way of the fakir）、基於信仰和宗教情感的「僧侶之道」（way of the monk）以及專注於發展頭腦的「瑜伽士之道」（way of the yogi）。他把自己的教學稱為「第四道」，這條道路同時在上述三個面向下工夫。這條道路重視的不是紀律、信仰和靜心，而是喚醒另一種智慧——知道和理解。葛吉夫曾說，他個人的希望，就是用他的一生和教學，帶給世人一種全新的上帝觀及世界觀。

第四道提出的第一個要求就是「瞭解自己」（Know thyself），葛吉夫提醒我們注意的這個原則，源自遠比蘇格拉底時代更早的時期。靈性成長來自於理解，一個人的理解程度，取決於他的生命素質的程度（level of being，指一個人內在更為實質的部分，顯示了一個人在靈性方面發展和成熟的程度，這部分的狀態可以經由有意識的努力而獲得提升）。生命素質改變，可以透過有意識（conscious）的努力來實現，這種努力目的在達到一種有品質的思維和感受，從而帶來一種全新的覺察（to see）和愛的能力。雖然葛吉夫的教學可以被稱為「祕傳基督教」（esoteric Christianity），但他指出，真正的基督教原理早在耶穌基督之前幾千年就有了。為了向生命實相敞開，為了與宇宙間的萬物合一，葛吉夫號召我們在「我是」（I Am）的體驗中活出完整的「臨在」（Presence）。

當葛吉夫開始寫《萬有一切》（*All and Everything*）這本關於人類生命的三部曲時，把最後一本書，也是第三部書稱為《只有在「我是」時，生命才是真實的》（*Life Is Really Only Then, When "I Am"*）。他在書中提及的寫這本書的目的是，帶給讀者一種對「存在於實相中的世界」（world existing in reality）的真實洞見。葛吉夫於一九三四年十一月開始寫，但六個月後停止了寫作，後來一直沒有完成這本書。他在一九四九年去世之前，把著作交給了最親近的弟子珍妮．迪．薩爾斯曼，委託她「盡一切可能——甚至不可能——讓我帶來的一切發揮影響力」。

在葛吉夫去世時，他的追隨者分散在歐美各地。薩爾斯曼夫人的首要任務就是召集他們一起工作（work，在第四道體系中指對內在下工夫或靈性的修煉），其次就是為葛吉夫的教導設計出一種可以具體走向意識的工作形式。在葛吉夫去世後的四十年間，薩爾斯曼夫人安排出版他的著作，並將他傳授的「律動」（Movements）的神聖舞蹈練習保存下來。薩爾斯曼夫人還在巴黎、紐約、倫敦以及委內瑞拉的卡拉卡斯建立了葛吉夫中心。在這些中心裡，她組織共修團體和神聖舞蹈的課程，參加者把他們共同的努力稱為「工作」。今天，透過這些弟子和追隨者的努力，葛吉夫的理念已經散播到了全世界。

在〈導讀〉中，薩爾斯曼夫人描述她是如何看待葛吉夫這樣一位在「傳統意義」認知中的靈性「大師」（master）——他不是一位傳授理論的老師，而是一個以自身臨在，去喚醒他人和協助他人尋求意識的人。但她並沒有談到自己是如何透過本身的臨在來進行教學。薩爾斯曼夫人在任何時候、任何情況下都有一種智慧，用她自己的話說，她是處於一種「警醒的態度」（attitude of vigilance）。對她來說，活出自己所教導的，就是一種存在的方式（way of being）。

葛吉夫與薩爾斯曼夫人的角色完全不同，就如薩爾斯曼夫人自己說的，葛吉夫為他的學生創造了先決條件，為每個人帶來顯著的影響，但他沒有一個有組織的共同工作形式，那些被植入知識種子的弟子們，無法持續的共同努力下去。於是，薩爾斯曼夫人站出來呼籲：葛吉夫走後，真正指引他們的是葛吉夫留下的教導，大家唯一的機會就是一起活出這個教導。薩爾斯曼夫人不斷要求大家去瞭解葛吉夫的教導，分享彼此意識連接的體驗。她一再強調，必要的練習能帶來一種對實相全新的感知，以及更穩定的臨在。這樣的臨在，就如同存在於身體的一個獨立生命。

活出葛吉夫的教導，意味著醒來，讓那個認同於日常機能的小我死去，並於另一個空間、另一個世界的體驗中獲得重生。

第四道的基本原則之一，就是它是在生活中、並透過生活實踐。薩爾斯曼夫人在〈導讀〉中談到了這一點，探討葛吉夫帶給我們的靈性「道路」（way）到底意味著什麼？玄祕知識（esoteric knowledge）的傳遞需要其他人的參與，要在葛吉夫稱之為「學校」（school）的地方完成。所有密教學校都有「覺察實相」（seeing reality）的共同目標，但採取的方法和「道路」是不同的。葛吉夫帶來了對一條道路的教導，不僅僅是想法，而是一種獨特的方法——一種「需要被活出來的生活」（life to be lived）。

薩爾斯曼夫人對「學校」的整體概念，從她組織的中心運作就可以看出。她所說的學校，是一個群體實踐教導的地方，而不是一個獲得理性知識的學院。這些中心沒有對外封閉，加入時沒有特定的資質要求，也沒有按學習進展劃分的層級。事實上，中心裡根本沒有老師。剛開始，參與者會在一個團體中工作，團體中有一個回答問題的帶領人。隨後，在更資深的團體中，大家只互相交流。第四道是一條理解之路，不需要去信仰或服從一個非凡的領導者。正像薩爾斯曼夫人在本書中所寫的，「教學是一種導引，只有能更深入質詢的人，才能擔負起服務的責任」。

薩爾斯曼夫人不斷反思生命存在的真相，並將想法寫在筆記本上。這種深入質詢是她教學的基礎，她充分利用每次聚會。每次聚會前，她都認真準備，經過深思熟慮之後，寫下她想帶到聚會的想法。她一直保存著這些如日記般的筆記本，直到生命盡頭。這些資料放在一起，成了一部有四十年歷史的編年史，體現了薩爾斯曼夫人一生在反思真相和傳授葛吉夫教導所做的工作。九十一歲的她寫道：

我在寫一本書，關於在生活中如何做到如是存在，以及如何活著這兩個層面。這本書告訴你如何找到平衡，是從一個層面到另一個層面，還是找到一個介於兩者之間的方法？我們的眼光必須超越並穿越尋常的思維，向另一個更高等的頭腦敞開。否則，我們就會卡在門檻前，而門卻打不開。

薩爾斯曼夫人十年後去世時，留下悉心保存完好無缺的筆記本。對於那些她最親近的人來說，上面這段話就是對這份遺產的清楚指示：她希望透過這些資料，說明葛吉夫已經完成了他的著作，闡明對真相的真實洞見，並且幫助他完成使命，把一個失落的知識體系帶回當代的世界。

薩爾斯曼夫人全心投入葛吉夫以及他留下的工作，將她自己的貢獻作為向他的「致敬」。她不斷召喚人們活出葛吉夫的教導。這些品質都反映在本書中。她經常複述葛吉夫的話，有時會重複他原來的話。例如，第85節關於八度音階的文字，她說是來自葛吉夫的；第92節關於分開注意力的練習，就是借用了葛吉夫第三本著作裡的文字。她使用葛吉夫的用語來教學，但卻加入了自己的洞見。例如，對她來說，「意識工作」需要不同區域的大腦，以及掌管思考、感受和運動的「中心」（centers，第四道體系認為人有三個中心：理智、情感和運動本能中心，分別對應頭腦、心和身體）同時參與，這樣才能體驗到統一的臨在；這需要一定的「掙扎」（struggle），不是為了對抗我們的自動化機能而掙扎，而是為了達成保持臨在的積極目標；關鍵是保持一種內在的「觀察」（look），在「覺察的行動」（act of seeing）中「保持面對」（stay in front）；一個人必須要以如體驗「第二個身體」（second body）般的去體驗臨在，才能具有不受外在影響的穩定性和獨立性。

同時，薩爾斯曼夫人也發展出自己的語言和說話方式——有力而直接。就像葛吉夫一樣，她不太在意傳統的語法和詞彙，不在乎比喻的連貫性，也不關心是否符合既有的科學概念。對她而言，她最在意的是，描述對意識的體驗時語義是否清晰，為此，在某些地方甚至需要刻意用不精確的描述。

我們得先提醒讀者，這本書的特色：幾乎沒有提到任何生命的真相，以及葛吉夫如何活出生命真相的教導的敘述和解釋，就如葛吉夫晚年一樣，薩爾斯曼夫人堅持不以理論形式討論第四道的教導。當有人提出一個理論性問題時，她會一概予以回絕：「你得自己去找答案。」對她來說，只有理論，或沒有相關體驗的概念是不夠的——真相無法被思考。理性的頭腦中所擁有的知識，尤其是那些與「我們是誰」有關的想法，都是一種對實相的阻隔和遮擋。所以，本書不是在描述終點的景象，而是對實際旅程的一次記載，包括所走過的路線以及沿途的標誌。

薩爾斯曼夫人有自己獨特的說話方式，她說話不但用詞獨特，衝擊力也很強。聽她說話的人，會覺得她非常精確知道自己的表達方式，以及想要說些什麼。這從她的筆記中可以得到證明，這些文字顯示出她四十多年中超凡清晰與連貫的思維。她在每一刻表達的，不僅僅是字面的意思。薩爾斯曼夫人在〈導讀〉中說，葛吉夫以他的臨在來教學，後面又寫到更高層次的知識，是可以透過理論和語言傳遞的，但傳遞者必須對那些知識有親身的體驗，並可以將它們內在的生命力表達出來。這種表達需要以一種有意識的狀態來說話，在當下為那些可以跟隨的人指明方向。這種教學方式需要非常專注，就像這本書中所說的一樣。我們每次最多只能吸收一節的內容，甚至最多只能聆聽別人讀一節的內容。

就像所有的體驗實錄一樣，薩爾斯曼夫人描述內在旅程，只有活出那些經驗的讀者才能真的理解，也就是他們得親自用眼睛去看，用耳朵去聽。在這方面，本書與葛吉夫的第三部著作是一致的。他在那本書中預言，只有有能力理解的人才能觸及書中的精華。每一個閱讀或聽別人讀內文的人，都會知道什麼是他們已經瞭解的，更重要的是，他們會知道還有什麼是自己不瞭解的，朝著一種**未知感**去敞開。這種感覺被薩爾斯曼夫人稱為「通往實相的門檻」。

這本書由珍妮・迪・薩爾斯曼的幾個家族成員和追隨者編輯而成。書中內容完全取材於她的筆記，只有少數的段落來自於她的其他文章。我們沒有刻意去標示出那些摘錄的內容出自於她、葛吉夫或其他人。這些章節是按照素材中原來的主題整理出來的，排列順序則對應不同階段的內在工作。雖然順序並非按時間排列，但一至四篇中的大部分內容都來自於她在葛吉夫去世後的十年間所做的筆記。在那之後，聆聽薩爾斯曼夫人講話的人，已經可以從出版的葛吉夫著作中進一步瞭解他的理論。這些著作都條列在本書結尾的人物背景介紹裡，其中還包括對「三的法則」（Law of Three）和「七的法則」（Law of Seven）這些宇宙法則的總結。

目錄

CONTENTS

獻給——喬治・伊凡諾維奇・葛吉夫

導讀

INTRODUCTION

我遇見喬治・伊凡諾維奇・葛吉夫時，正好三十歲，生活在俄羅斯南部的高加索山區。那時，我對於理解生命的意義有著深切的需求，但又不滿意那些看起來有道理，而實際上沒什麼幫助的解釋。我對葛吉夫的第一印象非常強烈而難忘，他有一種我從未見過的表情，一種與眾不同的智慧和力量。那種智慧不同於理性的頭腦具有的一般智慧，而是一種可以覺察一切的洞察力。葛吉夫那時非常友善，但同時要求又非常嚴格，你會覺得他能看穿你，並以一種令人終生難忘的方式，讓你看見自己真實的樣子。

想真的瞭解葛吉夫，是不可能的。他給大家的印象一直在變。對於一些不瞭解他的人，他會以他們期待的行為方式，扮演一位靈性大師的角色，然後讓他們離開。但如果他看到他們在尋求一種更高的東西，他可能會帶他們去吃晚餐，聊一些有趣的話題，取悅他們，讓他們開懷大笑。這種行為似乎是更自發、更「自在」的。但這真的是他更自在的表現，還是他有意為之？你也許會以為自己瞭解葛吉夫了，但隨後他又會有完全不同的行為，你會發現你其實並不是真的瞭解他。他像一股無法阻擋的力量，不但不依賴任何的形式，反而不斷創造出新的形式。

葛吉夫為我們帶來了一門意識的知識，這是一門科學，讓我們看到自己的本相和潛在能力，以及尚待發展的部分。它可以讓我們真正瞭解內在的各種能量，瞭解它們之間的關係，以及它們與外界的關係。葛吉夫為我們帶來的教導，顯示出一條通往意識的道路。然而**道路**指的是什麼呢？對道路的**教導**又指的是什麼呢？

玄祕知識，是一門關於人與上帝和宇宙之間關係的科學，它的傳播需要其他人以「學校」的形式參與，因為這種特定的能量，只有在大家一起工作時才能產生。不同的學校可能有自己的知識和方法——他們的道路——但他們會有一致的目標：覺察實相。知識傳播的途徑是理論和直接體驗，透過學校教導的特定方式生活。這會創造出一種連接、一種關聯，沒有它，我們就不可能同時活在兩個不同層面的世界裡。

葛吉夫的教學內容是講給當代人聽的，這些人不再知道要如何找回古代各種傳統所揭示的真理，他們深感不滿，覺得被孤立、人生沒有意義。但是，要如何去喚醒分辨幻相和實相的智慧呢？

葛吉夫認為，只有當組成人類的所有部分——頭腦、心和身體——都被同一股力量，以符合它們各自的特有方式觸碰到時，一個人才有可能接觸到真相。否則，發展就只會是單方面的，遲早會停下來。如果對這條原則沒有確切理解，所有的工作都注定偏離目標。我們會對最根本的工作條件產生誤解，只是在形式上不斷重複某些努力，這樣永遠也無法到達更高的境界。

葛吉夫知道如何利用生活中的情境，讓人去感受真相。我看到他在工作時，非常關心不同小組之間理解力的差異，以及每個學生主觀上的障礙。我看到他按照一個明確的計畫，刻意強調需要學生瞭解的一個面向，然後對不同的學生，又強調另一個面向。他在工作中，有時帶著一種能夠激發智慧、開啟全新視野的思想；有時帶著一種會讓人即刻完全真誠放棄所有機巧的情感；有時則帶著覺醒和靈動的身體，對任何需要服務的事物自由回應。

這條路不會讓學生與自己的生活隔絕，而是讓他們更投入生活；這條路兼顧是與否、所有的對立，以及所有衝突的力量；這條路讓學生理解掙扎的必要性，以便在參與的同時也能作壁上觀。學生會被帶到一個必須跨越的門檻前，在這裡，會是他生命中第一次覺得自己要有百分之百的真誠。穿越看起來也許很難，但拋在身後的事物已失去了原來的吸引力。在面對某些猶豫不決的情況時，葛吉夫自身的表現，為我們提供了一個標準，讓我們知道要付出什麼，以及為了避免走錯方向，我們得放棄什麼。

這不再是一個理論的教導，而是將知識化為行動——一位大師的行動。在葛吉夫的臨在之前，一個人會因為這臨在而短暫的瞭解真相，並願意為此犧牲一切。這就像一個奇蹟，這確實是奇蹟——它體現的力量來自比我們已知更高的維度。

葛吉夫帶給我們的是，生命素質層次提升的可能性。為了喚醒我們內在朝此方向前進的渴望，他透過他的話語、透過他與我們建立的關係、以及他自身的臨在，提供我們協助。他吸引我們，將我們帶到更高的層面。同時，他也透過讓我們覺察到自己實際的狀態、真實的本相，為我們帶來了巨大的痛苦。大多數人誤解和反對葛吉夫的方法與行為，都是基於這樣的事實：因為他同時對我們內在兩種特質下工夫。

葛吉夫一方面對我們的本質工作。他孜孜不倦，以耐心慈愛聆聽我們的內在需求，我們會因為覺得自己沒有價值而感到難過。他會關心我們的難題，提供實際的幫助，帶領我們邁向下一步。他會在某些特定時刻，帶著令人難以置信的精確性，為我們指出從自動反應系統中解脫出來時，內在該採取的具體行動。葛吉夫從不裝腔作勢，也不給我們任何壓力。葛吉夫的愛和他對於人類自我侷限的慈悲，是上天給予我們的禮物。他讓我們感受到自己的可能性和潛力，透過他的方法，讓我們對自己的發展充滿希望。

另一方面，葛吉夫也堅持對我們的機能工作——持續施壓，要求越來越嚴格，他讓我們置身於可怕的境地，經歷各種衝擊。他不僅不想博得我們的好感，反而將我們推向極限，迫使我們去抵抗他。他這麼做的時候是無情的。他透過他的臨在，迫使我們下決心去瞭解自己想要的。當然，誰都可以拒絕，然後離開。

這就是葛吉夫的偉大之處。他用第一種出離生活的方式對我們的本質（essence）工作，全然回到內在的行動。而第二種方式，則需要在生活中或透過生活，對我們機能（functions）的工作。他用一隻手召喚我們，又用另一隻手打向我們，讓我們看到我們被自己的機能所奴役。很少人有機會經驗這兩者。若不是領受過他兩方面的工作，就不可能理解葛吉夫的方法和行為。

沒有葛吉夫這位大師，我們就不可能有機會在那些特別狀況下。如今，他的教導依然存在——發展我們的內在素質。為此，我們必須理解他的教導並遵守相關的紀律，但這是我們無法獨立完成的。我們無法自己做到。我們的方法是透過活出這些理論來瞭解，然後依照自己能夠活出的程度，去教導別人。傳播你無法活出的理論，就是在傳播空洞的理論。葛吉夫留給我們的，不只是需要傳播的文字和理論，而是一種需要被活出來的生活，一齣需要與周圍的人共同演出的戲；沒有這些，所有的工作都會一直是想像。

因此，我們有一個責任。葛吉夫帶給我們的理論是一門科學的一部分，我們要很清楚的瞭解。但光有理論是不夠的，如果它沒有被我自己所有的部分活出來，我不會改變，我只能被動且受制於周遭的力量。在宇宙的層面上，人在地球上扮演的角色很重要。沒有人類，某些力量就無法發揮作用，無法保持平衡狀態。我們要是看不見，要是不瞭解這一點，就無法創造出那股能與內在其他宇宙能量相連結的力量。

我們必須在自己內在和周遭，創造出一種層次的能量，一種能夠抵禦周遭影響，又不會自行衰退的專注。它必須接收一股更為主動的力量，讓它不僅能抵禦，更能採取行動，在不同層次的兩種能量流之間，找到一個穩定的位置。維繫這種平衡的狀態，是我們在意識工作中一直會遇的挑戰，也是我們意識工作每一刻都要面對的困難。

chapter

I

對意識的召喚

A CALL TO CONSCIOUSNESS

我是沉睡的

I AM ASLEEP

❶ 對存在的嚮往 A nostalgia for Being

人對於自己來說，一直是個謎。人對本體的嚮往，一種對持續、永久和絕對的渴望，即對於存在的渴望。但構成他生命的一切卻是臨時、短暫和有限的。他渴望另一種秩序、另一種生活，渴望一個超越他自身的世界。他感覺自己注定要成為那個世界的一部分。

他會去尋找一個想法、一個靈感來推動自己朝這個方向前進。於是，便出現了一個問題：「我是誰——在這個世界裡的我，到底是誰？」如果這個問題足夠有生命力，它會指引這個人一生的方向。然而，他卻無法回答這個問題。他沒有資源可以回答這個問題——他不僅沒有面對這個問題所需的知識，甚至對自己也一無所知。但他還是覺得必須要面對這個問題，於是，他會追問自己到底是誰。這就是上路的第一步。他想睜開眼睛。他想清醒過來，想要覺醒（awaken）。

❷ 生命力 The life force

我們希望自己活著，在生活中成為自己。從出生的那一刻起，內在就有什麼驅使我們向外在世界尋求肯定。我希望有人聽我說、看見我，我想熱切投入世界。但同時，我卻不希望過度被關注。我希望總是能成為第一，但很快就遇到這世界的抵抗。於是，儘管有這種尋求自我肯定的原始衝動，我還是得顧及其他人。我的自我肯定經常會以奇怪的形式出現，比如自憐或自閉。

我希望自己活著，我認可生命。我竭盡全力讓自己活下去，內在的那股力量也同樣維持著我身體的生命。我希望能有所收穫，或有所作為。願望升起，那股力量就在這裡。它推動我去顯化（manifestation，指人在生活中透過各種活動對生命力所進行的展現）。我終其一生，所做的每一件事，都在尋求對這股力量的肯定。我所有的行為，無論多麼微不足道，都是對這股力量的一種肯定。在和別人講話或寫信給別人時，我在肯定這股力量，我在肯定我的智慧。即使我只是看著一個人，那也是這股力量的體現。我掛起我的衣服，靠的也是這股力量。在這種毫無節制的肯定背後，一定有些真實的東西。我內在的這股力量難以抗拒，但同時，我又不知道為什麼要去尋求肯定。我認為我在肯定自己。我認同這股力量。雖然它在我的內在，但我卻不擁有它。當我認為自己擁有這力量時，就是無意識讓自己與它分離。當我將這力量歸功於自己時，就阻斷了它的運作。如此一來，我就創造了一個這股生命力無法影響的內在世界。在這個世界裡，我對於「我」、對於自我，都是沉重毫無生氣的。

我們需要知道自己對於生命力的幼稚想法，我們不斷想要更多。孩子想要**擁有**，而成人想要**成為存在**。不斷想要「擁有」，會製造出恐懼和對慰藉的需求。我們需要在內在發展出一種注意力，讓我們能夠全然與高等力量連接。

能量的來源是唯一的。一旦我的能量被導向某個方向，就產生了一股力量。力量就是活動狀態的能量。儘管能量的走向是多樣的，但來源都是一樣。這股生命力，這股尋求顯化的力量，總是處於活動的狀態。它必須流動。如果我完全被它控制，就只能隨波逐流。於是，我開始學會省思，如果不面對自己未知的另一個部分，我將會一直被這股力量所掌控。

❸ 我不瞭解自己 I do not know myself

我是誰？我需要知道。如果我不知道，我生命的意義何在？到底是什麼東西在我的內在對生活反應？我必須嘗試去回答這些問題，去看看我到底是誰。首先，我的頭腦會站出來給我一些建議：例如，我是個男人或女人，我有什麼本領，我曾經做過什麼，我擁有什麼等等。它會基於它所知道的一切，主動提供一些可能的答案。但頭腦其實不瞭解我真實的樣子，它真的不瞭解當下的我。於是，我去詢問我的心。它是這幾個中心裡最有可能知道答案的。但它回答得出來嗎？它根本不是自由的。它不得不服從於「我自己」（me）。這個自我想要成為最偉大、最有力量的人，並且因為無法出類拔萃而一直痛苦。所以，我的心不敢回答這個問題，它充滿了恐懼或疑慮。它這樣怎麼可能給我答案呢？當然，還有我的身體，我能感覺到我的身體。但我就只是我的身體嗎？

實際上，我不瞭解自己。我不瞭解自己真實的樣子，也不瞭解自己的潛力和侷限。我存在，但卻不知道自己是如何存在的。我相信我的行為都是對我自身存在的肯定。我總是用一部分的自我，對生活反應。我不是用頭腦就是用心或身體反應。但反應的其實根本就不是「真我」（real I）。我也相信我可以按照自己的意志前進，相信我可以「做」。但實際上我只是被控制，被未知的力量所驅動。所有內在和外在的事件都在自行發生。我只是個被未知力量控制的木偶，但我卻看不到自己像個木偶，像個被外在力量控制的機器。

同時，我感覺到我的生命在流逝，就好像它是另外一個人的生命一樣。我似乎可以覺察到自己的不安、渴望、悔恨、恐懼和煩悶……但卻感受不到自己參與其中。我大多時候都是無意識的行動，過後才意識到自己的言行。我生命的開展竟然不需要我有意識的去參與。它在我沉睡時展開。生命中一次一次的刺激或衝擊，會讓我清醒片刻。在憤怒的爆發中，在悲痛或是在危險中，我突然睜開雙眼：「什麼？……這就是**我自己**，在這裡，在這樣的情境下，過著這樣的生活。」但衝擊一過，我又會沉睡了，需要很長的時間，才會被另一個衝擊喚醒。

隨著生命的流逝，我可能開始懷疑我並不是自己所認為的那個樣子。我是一個沉睡的存在，一個無法意識到自己的存在。在沉睡中，我把理智和智慧混淆了。理智是一種獨立於感受之外的思考機能，而智慧則包含了對思考對象的感受。我的各種機能——思維、感受和運動——都在無人指揮的狀態下運作，完全被偶然的衝擊和習慣所控制。這是人類最低等的生命狀態。我生活在自己那狹小而有限的世界裡，被那些基於主觀印象而產生的聯想所控制。我總是把自己關進這個自我的監牢裡。

尋找自我，從詢問「我」在哪裡開始。我必須去感受「我」的缺失，我們對這種缺失已經習慣了。我必須去瞭解那空虛的感受，看清那個需要被不斷肯定的自我形象，那個「假我」（false I），不過是個謊言。儘管我們一直都在說「我」，但我們並不真的相信它。實際上，我們也沒有什麼其他的東西可以相信了。正是那種對如是存在的渴望，促使我們說「我」。我所有的行為背後都有這種渴望，但這不是一個有意識的動力。通常我會透過他人的態度來確認自己的存在。如果他們拒絕我或忽視我，我就會開始懷疑自己。如果他們接受我，我就相信自己。

我難道就只是這個需要被肯定的形象嗎？我的內在難道真的就沒有一個臨在的「真我」嗎？要回答這個問題，我需要先瞭解自己，我需要透過直接的體驗來瞭解自己。首先，我需要看到瞭解自己的障礙。我必須覺察到自己非常相信我的頭腦、我的思維——我相信它就是我。「我」希望知道、「我」已經讀過、「我」已經明白，所有這些都是那個「假我」、我的「常我」（ordinary I，直譯為尋常的「我」，指我們的小我，與「真我」相對應。以下為行文方便，簡稱為「常我」）所進行的表達。是我的小我（ego）阻止了我向意識敞開，阻止我覺察到「**事物的本相**」（**what is**）和「**我的本相**」（**what I am**）。

我覺醒的努力不可能是強迫性的。我們害怕空虛，害怕自己的渺小，於是我們努力去充實自己。但是，誰在努力？我必須看清楚這種努力也是來自於那個「常我」。所有的強迫都來自於小我。我絕不能再被頭腦強加給我的形象或理想所愚弄。我需要接受空虛，接受自己的渺小，接受「事物的本相」。在這種狀態下，一種對自己全新的感知才可能升起。

❹「我」不在這裡　"I" am not here

「真我」來自本質。它的發展取決於對本質的渴望——一種是對「**存在**」的渴望，然後是「**能夠存在**」的渴望。本質由童年早期吸收的「印象」(impression) 所形成，這個過程通常在五、六歲停止，這時，個性開始從本質中分裂出來。本質如果要進一步發展，就必須活躍起來，突破來自個性的壓力形成的阻抗。我們需要「記得自己」，我們的本質才能繼續接收印象。我們只有在有意識的狀態下，才能覺察出本質與個性的差異。

我們一向以機械的方式接收印象。個性接收了印象，根據自身的限制，以自動化的想法或感覺反應。我們沒有吸收印象，因為個性本身了無生氣——它是死的。只有透過本質接收的印象，才能被吸收和轉化。想做到這點，就需要在接收印象時，做出有意識的努力。我們需要一種特定的情感，那是一種對如是存在、對臨在的熱愛。我們必須要以對臨在的熱愛，而非占據優勢地位的個性對印象反應。這會徹底轉化我們整個思考和感受的方式。

第一件必須做的事，就是要有對自己的印象。這可以從「我是誰」的問題出現時的衝擊開始。在這個片刻會有一個停頓、一個間隙，讓我的能量、我的注意力改變方向。它會轉回來指向我自己。這樣這個問題才能觸碰到我。這樣的能量會帶有一種振動、一個音調，它從來不曾在我內在響起。它非常精微精細，卻可以和我溝通。我感受到了它。這就是我接收的一個印象，它是一種我對內在生命的印象。我所有的可能性就在這裡。接下來我能否對臨在的體驗敞開自己，就取決於我如何接收這個印象。

我們不瞭解接收印象的那個片刻，也不知道它為何如此重要。由於印象帶來的衝擊會影響我們，所以我們需要處於當下。如果在接收印象的時刻沒有人處於當下，就會以自動、盲目和被動的方式反應，並迷失在其中。我排斥對自己的如實印象。在思考中、在反應中以及在「常我」介入接收印象的過程中，我關閉了自己。我在想像「我」真實的樣子。我根本不瞭解實相。我被我的想像和「假我」所編造出來的謊言禁錮。通常，我會試圖強迫自己清醒，但這沒有用。想要清醒，我必須學習對自己的印象有意識的敞開，覺察到我在每一個當下真實的樣子。這將會是一個可以喚醒我的衝擊，它來自於我接收的印象。它需要我自由的參與正在進行的活動，而不是讓活動停止。

為了處於當下，我必須覺察自己在沉睡。「我」不在這裡。我被一堆無關緊要的興趣和欲望圍困，「我」迷失了。只有在與高等力量連接時，我才能找回那個「迷失的我」。實現這種連接的前提是，我必須瞭解我的內在存在著一種不同的狀態，它高於我平常的狀態。不能滿足這個前提，就無法工作。我必須在經驗日常生活的同時，記得另一種生命狀態的存在。這就是覺醒。我在兩個實相中覺醒。

我要明白，如果沒有與高等力量的連接，我什麼都不是，也什麼做不了，只會迷失在欲望的包圍裡，脫不了身。只有當我感覺自己真的什麼都不是時，開始覺得需要幫助時，才有可能從中解脫。我必須要感受自己連接高等力量的需要，感受自己向另一種狀態敞開的需要。

記得自己

TO REMEMBER ONESELF

❺ 我們的注意力所在之處 Where our attention is

我希望能夠意識到自己，但以我現在的狀態，我能瞭解自己嗎？我能意識得到自己嗎？我不能。我太散亂了，我什麼都感受不到，但我能夠看見我正在沉睡，看到我在沉睡時的各種表現。我已經忘了我存在的意義，我已經忘了自己。這時我受到一個衝擊，於是我開始清醒，想要覺醒過來。但在我對這個衝擊還沒什麼感覺時，我已經被造成我沉睡的各種原因控制、阻礙——永無休止的聯想、讓我難以自拔的情緒和無意識的感覺。我覺得自己又退回到原來忘記自己的狀態。

我們沒有意識到自己有多被動，總是被外界的人、事、物牽著鼻子走。我們帶著極大的興趣開始做一件事，並非常清楚的目標。但過了一段時間之後，這種衝動便減弱，惰性占了上風。於是，我們忘記自己的目標，需要透過新的事物，讓自己重新提起對生活的興趣。我們內在的工作也是如此，有不同的階段，總是需要新的力量來推動。這一切都受制於相關的法則。我們必須放棄以為自己能夠朝直線進步的想法。在某些階段，工作的強度會減弱，如果我們不想倒退，就得找到更活躍的新動力。

我們的內在有一個被動的「人」，我們只知道這個人的存在，也就只能信任他。但只要我們保持被動的狀態，就不會有任何改變。我們要積極主動的應對我們的惰性，也就是各種機能的被動運作。如果我們希望改變，就必須往內在，去找尋那個隱藏的新「人」。他不會忘記設定的目標，他的力量只能源自我們的渴望、我們的意志，但這個力量需要慢慢增長。我們必須覺察一種更為主動的狀態，一種更高強度的工作是有可能的。

我得意識到，就算是處於常態之下的我，注意力也是非常集中的。當我向外界敞開時，我的注意力很自然會去關注外界讓我感興趣的東西。我不能控制我的注意力，但如果我的注意力完全被外界吸引，我就會沉睡，認同外界，在生活中迷失。這麼一來，所有處於當下的可能性都會喪失。我迷失了自己，感受不到自己。我的存在也失去了意義。所以，我要先學會分散注意力。

我們努力的方向必須保持明確——我們要處於當下，也就是說，要開始記得自己。當我能分散注意力時，我就可以同時於兩個方向保持臨在，這樣我臨在的程度就可以達到最大。同時將注意力投注在兩個相反的方向上，而我處於中心位置。這就是記得自己的方法。我希望讓一部分注意力安住於更高層面的覺知（awareness）上，並同時嘗試向外敞開自己。我必須在注意力下工夫，讓它保持著與內在更高層面的連接。我嘗試真正瞭解我的本相。努力保持臨在，同時感受另一個轉向更高層面的「我」，以及日常生活中的自我——人性。我希望能覺察到並記得我同時屬於這兩個層面。

我們必須看到自己的注意力在哪裡。記得自己的時候，我們的注意力在哪裡？在生活中我們的注意力在哪裡？我們只有直接接觸到內在的混亂，才有可能產生秩序。我們不是陷於混亂之中，我們正是這混亂的狀態。如果我們觀察自己真實的樣子，就會覺察到這種混亂。只有直接的接觸，才會有立即的行動。因此，當我開始意識到我的注意力在哪裡，我的臨在就在那裡。

❻ 入門第一課 The first initiation

在我所有顯化的背後，都有一種渴望，想去瞭解自己，想瞭解自己的存在以及瞭解自己是如何存在。然而，在我與外在世界的接觸中，會同時建立起一個「我」的形象。我執著於這個形象，我認為它就是我。我會盡力去肯定並保護它。我就是這個形象的奴隸。我執著於這個形象，並被與之相關的各種反應所控制，沒有多餘的注意力去瞭解自己其他的部分。

以我現在的狀態，我意識不到比我層次更高的東西，無論是外在的還是內在的。也許在理論上可以做到，但實際上卻不行。所以我沒有可以用來衡量自己的標準，在生活中只能依靠「我喜歡」和「我不喜歡」，作為衡量標準。我只顧著自己，被動追求那些能讓我高興的東西。這種對「常我」的重視，使我盲目。它是我開始新生活的最大障礙。瞭解自己的第一個要求，是先改變對自己的看法，需要我真的去覺察內在一些以前不曾覺察到的事物。為了覺察，我必須**先學會覺察**。這就是瞭解自己的入門第一課。

我試著看見自己在認同狀態下是什麼樣子，去經驗我在被認同時會如何。我要去瞭解認同背後那股力量具有的強大威力，以及它勢不可擋的活動。這股維繫我們生活的力量，並不想讓我們憶起自己是誰。它驅使我們去顯化，卻拒絕回歸內在的活動。

覺察自己在認同狀態中的樣子，就是覺察自己在生活中的樣子，但每當我記起自己更高等的可能性，我就會逃開，拒絕接受自己在生活中的樣子。這種拒絕妨礙了我對它的瞭解。我要很聰明的覺察自己，又不做任何改變，不去改變自己對顯化的渴望。我需要覺察到自己就是一台被念頭、欲望和活動等各種機能運作驅動的機器。我需要瞭解自己是一台機器——試著在我像機器般運作的時候保持在當下。在生命中，我是誰？我必須經驗，並對它有更具意識的印象。

要面對認同的力量，就必須有某種臨在的東西參與，一種穩定、自由，並與另一個層面相關的注意力。我希望能對發生的事處於臨在，同時又使自己保持意識不迷失。為此，我要透過一些不尋常的方式去努力，要具有某種「常我」不瞭解的意志和渴望。我的「常我」必須讓出位子。透過保持注意力並記得觀察，也許有一天我將能夠真的做到覺察。如果我能覺察到一次，就能覺察到兩次。如果這樣的覺察重複出現，我就能夠持續維持在覺察的狀態。

為了觀察，我必須要掙扎。我尋常的本性拒絕去自我觀察。我需要做好準備，策劃出一個對抗阻礙的掙扎，從說話、想像、表達負面情緒等認同狀態中撤出來一些。有意識的掙扎需要選擇和接受。我不能再讓我的狀態來決定我的選擇。我必須選擇以臨在為目的的掙扎，並接受將會出現的痛苦。掙扎肯定會帶來痛苦。掙扎是我們尋常本性最難接受的，這會讓它不舒服。這也是為什麼我們一直記得我們的渴望，我們的工作和臨在當下的意義是如此重要。我們會去對抗某種習慣，比如特定的吃相或坐姿，但我們的掙扎不是為了改變它們。在嘗試不去表達負面情緒的過程中，我們不是要與這些情緒本身對抗，或是透過掙扎來消除這些情緒的表達。我們對抗的是我們的認同，以便將浪費在認同的能量用在工作上。我們的掙扎不是為了**對抗**，我們是透過掙扎而**有所收穫**。

❼ 我們能夠變得有意識嗎？ Can we become conscious?

為了臨在當下所做的工作，能讓我們更具有意識——一種獨立於理性頭腦活動的特別感知，一種對自己的感知，包括：我是誰，我在哪裡，什麼是我已知的，什麼是我未知的。在有意識的時刻，我們會透過直接的感知獲得即時的印象。它與我們通常稱為「意識」的東西完全不同，後者的角色就是緊跟在體驗後面，忠實的反應它，並在頭腦中代表那個體驗。當這種「意識」反應了我的念頭或感受這樣的事實時，這已經是第二個行為了，它就像是影子一樣，緊跟在第一個行為後面。如果沒有這個影子，我會意識不到並忽視最初的念頭或感受。比如說，我很憤怒，憤怒得已經抓狂，但只有覺知到頭腦中這個對憤怒的反應時，我才能覺察到這個憤怒，這個反應會像一個目擊者一樣輕聲告訴我我在憤怒。這種輕聲低語與最初的情緒距離太接近了，以至於我以為二者是一體的，是同一回事，但事實卻並非如此。

我們能變得有意識嗎？這取決於我們內在的能量以及它們之間的關係，取決於我們內在的所有能量是否都能被一股更為主動、活躍的精微能量所管控，它就像塊磁鐵一樣，吸引住其他的能量。我們的機能，我們的思維、感受和感覺所運用的能量，都是被動的，也是惰性的。這些能量被用於外在活動時，對於作為高等動物的我們來說，品質已經足夠；但如果把這能量用於內在的感知行為或有意識的行為時，它的精微程度就不夠了。無論怎樣，我們還是有些注意力的，儘管只是表面上的。我們可以依照自己的意志把注意力投向一個地方，並讓它保持在那裡。這種注意力的種子或蓓蕾雖然比較脆弱，但卻是從內在深處萌發出來的意識。如果我們想要讓它成長，就需要學習專注。這是我們必需的基本功，也是我們能夠不依賴任何人而自己去做的第一件事。

練習在當下，就是記得自己。此時，各種機能的注意力不是受外界吸引，而是轉向內在，獲得具有意識的片刻。我需要意識到，如果我無法記得自己是誰，就什麼都不可能瞭解。這意味著要記得我最高等的可能性，就是在回到自我的層面時，記得我曾經向高等狀態敞開過。記得自己，也意味著在當下時自己所處的情況——自己所處的位置、所處的情境，以及如何被捲入生活。在這裡沒有機會作夢。

也許我無法達到一個令我滿意的狀態，但這並不重要，重要的是為了臨在所付出的努力。我們不可能讓一個感受新鮮的體驗一直處於最佳狀態。我們對此無能為力，於是得到一個結論，內在沒有任何可以依賴的恆久之物。這不是真的，這種恆久之物實際上存在。在一種更佳的狀態中，我們能夠覺察到我們擁有獲得這種恆久之物所必要的所有要素。這些要素已經存在。這意味著我們內在一直具有這種可能性。

我經常會忘記自己想要什麼，這將削弱我工作的意志。如果不知道想要什麼，我就不會付出任何努力，我就會沉睡。如果沒有對內在一種更佳狀態的渴望，如果不去追求我更高等的可能性，我將無所依靠，我的工作也無法得到支持。我必須一再回到這個問題上：我到底渴望什麼？這必須是我生命中最重要的一個問題。如果這種對內在更佳狀態的渴望來自於我的「常我」，那麼它將沒有任何力量。它必須與一些完全不同於「常我」的事物連接，並且放棄對結果的渴求。我絕對不能忘了，自己為什麼會渴望。對我來說，這必須是一個生死攸關的問題——我渴望**如是存在**，渴望以某種特別的方式生活。

❽ 觀看者 The watchman

我們無法覺察自己的沉睡狀態。在這種狀態裡，我們會思考工作，我們會想：「我渴望臨在。」但是，臨在的努力跟思考完全不同。它是一種為了有所意識而進行的努力。我們必須瞭解自己在某個時刻是否有意識，以及這種意識的不同層次。我們用內在的觀察行為來驗證這種意識是否存在。

我面對的是我不瞭解的事物。我面對的是一個奧祕，關於我的臨在之奧祕。我必須知道，以我平常瞭解事物的方式，是根本無法參透這奧祕的。但在理智上，我至少要明白「臨在」（to be present）的含義——它不僅需要我的頭腦、我的感覺或是我的感受參與，還需要我臨在的所有組成部分一起參與。明白這些也許仍無法使我真正的臨在，但至少我有了正確的方向。

誰臨在當下——誰在覺察？誰在被覺察？所有的問題就在於此。

為了觀察自己，我們需要一種不同尋常的注意力。我們掙扎著去保持警醒和觀察的狀態——這就是觀察者的掙扎。我們在內在尋找一個穩定的觀察者，那個觀察者就是臨在者。只有觀察者是主動的，我其餘的部分都是被動的。觀察者必須在嘗試覺察一切的同時，對內在狀態有一個印象，並對整體有一個感覺。我們必須學會去分辨「真我」和個性的區別，「真我」很難被找到，而個性則會去掌控，眼中只有它自己。個性控制著「真我」。我們必須要把這二者的位置調換過來，而風險在於，我們無法覺察到二者的位置又換回去了。當我認為我需要專注的時候，實際上我需要覺察和瞭解我的不專注。

對自己的觀察能讓我瞭解如何更集中和加強注意力。它會讓我發現我並沒有記得自己，也沒有覺察自己的沉睡狀態。我是四分五裂的，注意力也是渙散的，根本沒有力量去觀察。當我清醒時，我努力抽出足夠的注意力來抵抗這種渙散，覺察這種渙散。這是一種更為主動的狀態。現在，內在有了一個觀察者，這個觀察者是一種不同狀態的意識。我必須一直記得我並不瞭解我的本相，記得全部的問題就在於是誰臨在於這裡。以我尋常的思維進行的自我觀察，會將觀察者和觀察物件分裂開來，這樣只會使強化「常我」的幻相。

在某個時刻，我們在內在會覺察到兩個面向，兩種特質——一種與一個世界相連接的高等特質，和一種與另一個不同的世界相連接的低等特質。我們到底是什麼？我們既不是前者也不是後者，既不是上帝也不是動物。我們帶著一種神聖特質和一種動物特質投入生活。我們具有雙重而不是單一的特質。如果一個人不能同時活出這兩種特質，而只是退縮到其中一種特質中，他有的只是成為人的可能性。如果一個人退縮到他的高等特質中，他就會與他的各種顯化疏離，不再重視它們。由此，他就不再能夠瞭解和體驗到自己的動物特質。如果退縮到低等特質裡，他就會忘記動物特質之外的一切，從而完全被動物特質所控制。這樣他只是動物……而不是人。他的動物特質與神聖特質永遠是互不相容的。

一個有意識的人會一直保持警覺、保持警惕，他會記得自己雙重的面向，並且總是能夠去面對自己雙重的特質。

對知的需要

THE NEED TO KNOW

❾ 新知識是必需的 New knowledge is necessary

葛吉夫帶給我們的第四道體系要我們進行有意識的工作，而不是盲目服從。體系中一個最基本的觀點就是在我們尋常的狀態下，一切都在沉睡中發生。在沉睡中，我們是盲目的，無法依照自己的意志生活。我們完全受制於外部力量的影響，並且被各種機能的自動化反應所控制。我們完全處於被控制的狀態，無法接收高等的影響，也無法接收有意識的影響。

人有可能從這種沉睡中覺醒，意識到高等力量，並實現如是存在，他所需的工具就是注意力。

在沉睡中，注意力會被控制，我們需要把注意力釋放出來並投射至新的方向，這就是「主動的我」（I）和「被動的我」（me）之間的區別，也是主動力量與被動力量的對抗，在是與否之間進行掙扎，這種對注意力的調動就是實現記得自己的第一步。如果沒有調動的注意力，我們注定會像機器一樣，而有了這種主動調動的注意力，我們就可以朝向意識邁進。

分開注意力，讓我們能夠開始自我觀察。自我觀察，必須依據與能量中心及自動化運作有關的理論來進行，尤其要注意這些中心並沒有共同的方向。我們身、心、頭腦這三個中心，各自使用不同的能量在工作，這些中心綜合運作的結果，決定了它們對我們的影響。只有這些中心以適當的方式共同運作，我們才能接收到更精微更高等的力量對我們的影響。當我們完全被低等力量所控制時，高等力量就無法觸及我們。

一切都取決於我們服從於哪種層面的力量，是高等的還是低等的。在我們現在的狀態下，每一種力量，都會在我們內在產生相應的反應。負面情緒是很低層面的否定反應，如果我們的反應發生在較低的層面，我們接收到的東西也一定是低層次的。我們需要遵從支配高等力量的法則，有意識的讓我們的意志臣服於高等力量。那些有意識的時刻，就是我們具有真正意志的時刻。

我們需要新的知識，需要它給我們帶來對人的全新理解以及素質的轉變（change in being），也就是進化。第四道體系中包含的科學非常古老，已經被我們所遺忘。這種科學不僅研究人的現狀，而且研究人的潛力。它認為人具有進化的可能性，並對與這種進化有關的事實、規律和法則進行研究。這種進化是一些無法自行進化的品質所發生的進化。這種進化不是一個自動的過程，它需要有意識的努力和覺察。知識是對整體的瞭解，但我們所接受的知識都只是片段，我們需要自行組合它們，以便形成對整體的瞭解。

第四道需要被活出來。在為了臨在所進行的工作中，我首先每天都要找到一種有品質的回歸自己的狀態。然後我需要有能力去觀察我對生命力的認同，並在內在為我的注意力找到一個位置，讓它停留在我和生命力之間。為此，我必須與他人一起工作。

❿ 自我觀察 Self-observation

如果我希望瞭解自己，首先要讓我的頭腦在進行觀察時不扭曲事實，這需要我全神貫注。而要做到這點，我必須瞭解自己的真正需求，必須讓頭腦在觀察時排除一切干擾。我從未能在行動中觀察自己，我從未覺察到自己正樂此不疲的以機械的方式運作，我需要認識到我的體驗和知識會讓我多繞路，會妨礙我觀察自己。能觀察到這些，就是了解自己的開始。

我希望去體驗我內在的每一個念頭、每一份感受，但我的注意力卻總是到處亂跑。我沒有一個念頭是完整的，沒有一份感受會有最終的結果。我的感受在不同的物件上擺盪，被牽著鼻子走，像奴隸一般。在這種持續的活動中，我無法發現這些念頭和感受的深刻含義，我的反應必須慢下來，但該怎麼做呢？我不能強迫自己，這樣只會製造衝突並讓我的努力付諸流水。

當我集中注意力進行觀察時，這個動作本身就可以使反應的速度慢下來。如果我的注意力是自由的，不受任何內在形象、語言的限制，不受知識的限制，感受的活動就會慢下來。在某個片刻，我甚至有機會在反應發生之前，覺察到我念頭和感受的升起。我覺察到它們就是一些事實。我有生以來第一次瞭解「事實」是什麼——它是我無法改變、無法迴避**事物的本相**（which is）。這才是真實的！由於我的興趣點只是去覺察，不介入，這些念頭和感受的真正意義就會浮現出來。實相對我來說才是重要的。在這樣的狀態裡，我的認知停止了，我只是在探尋。我要如何瞭解一個有生命的東西呢？透過跟隨。要瞭解本我（Self），我就必須跟本我在一起。我必須跟隨它。

葛吉夫告訴我們自我觀察的必要性，但這個練習幾乎完全被人誤解了。我觀察時，通常都會從一個點開始，我的頭腦會投射出觀察的想法，想像自己是一個與觀察物件截然分離的觀察者。觀察的想法不是觀察本身。覺察不是一種想法，而是一種行為，一種覺察的行為。在這裡覺察的物件就是我自己，一個活生生的生命要被辨識出來，才能開始過一種特別的生活。這種觀察並不是一個固定的觀察者觀看一個觀察的物件，它是一個完整的行為，是一種當我們不再區分觀察者與觀察物件，不再從一個點來觀察時，才能獲得的體驗。這時，我們會產生一種特殊的情感，一種**對瞭解的渴望**。這是一種擁抱一切所見之物的熱情，它對一切都感興趣。

我需要去覺察。當我開始覺察時，我會愛上我所覺察到的一切。我密切、全然的與它們接觸，彼此之間不再分裂。我**瞭解**了它們，正是這種新的狀況，為我帶來了這樣的瞭解。我意識到我的本相，接通了真愛的源頭，真愛是如是存在狀態的一種品質。

我真實的本相只能被一種精微的能量——一種我內在具有覺察力的智慧——覺察到。在我尋常的思維與這種智慧之間必須有一種明確的關係，前者必須臣服後者，否則我就會迷失在思考的內容裡。我的內在不能有任何衝突，無論這個衝突是多麼微小，否則我就無法覺察。這個衝突指的是我一方面有瞭解我的本相的需求，而另一方面我的頭腦卻只顧自己，我的心也是如此，身體的緊張把我和身體感覺之間的連繫切斷了。當我發覺自己迷失在黑暗裡，我就會感受到對清晰、對洞察的需要。我感受到覺察的必要性，這是一種完全不同的感受，它不同於因為今天的狀態不如昨天而產生的想要改變的渴望。隨後，那些身體裡的緊張就會逐漸自行消退。頭腦的覺察不再尋求一個結果，身體也會向更高等的狀態敞開。於是，能量變得自由，一種內在的實相顯現了。衝突就此消失。我覺察……就是這樣……我只是覺察。

沒有衝突的觀察，就像是用視線跟隨一股湍急的水流、一股洪流時，我們需要用視線去預測奔流的水，看到每一個細小波浪的運動。沒有時間去構想，去命名，去判斷。不再有任何的思考。我的頭腦變得安靜而敏銳——很有活力但又很安靜。它的覺察不會有任何扭曲。靜默的觀察會產生理解，但真相必須首先被覺察。秩序產生於對混亂的理解。在讓自己成為那混亂的同時在混亂中保持臨在，能讓我領悟到一種新的可能性，一種事物的新秩序。

❶❶ 有意識的努力 Conscious effort

我為什麼要開始工作？為了瞭解我的努力背後的驅動力，我就需要更有意識的注意力。這種注意力不可能是機械的，因為它需要被不斷調整才能夠持續。一定要有個警醒的人在一旁觀察，這個觀察者會處於一種不同狀態的意識。

當我從外在生活中撤回，向我的本相敞開，有時候我會覺得自己屬於一種新的秩序，一種宇宙的秩序。我接收到這樣的印象，並且意識到它。這個印象就會成為我臨在的一部分。它是來幫助我的，如果我能將它與其他類似的印象相連接，它就能幫到我。透過將它與其他相似的印象連結在一起，我就可以有意識的讓這種印象出現。為了盡可能持久的保持對自己有意識的印象，我必須帶著主動的注意力來進行觀察。

我們會因為有意識和無意識的印象，偶然產生記憶。這些印象在我們的內在反覆出現，但我們卻不知道它們是從哪裡來的。我們因為沒有主動把它們連接在一起，於是它們會跑掉並消失。由於我們在體驗這些印象時沒有採取主動的態度，因此它們注定導致盲目的反應。我需要找到一種更有意識的態度，來對待這些印象。當我覺察到自己的狀態每一刻都在變化時，我需要找到一個參照點。我在衡量這些不同的狀態時需要參照某種一成不變的東西。我所有的工作都會圍繞著這個參照點進行。對我來說，這個參照點反映了我對於「怎麼樣才算是有意識的存在（conscious being）」這個問題實際的理解程度。

我努力保持對臨在的感受時，必然有所犧牲。我必須自願放棄我平常的意志，並且讓它來服務，一切都取決於我是否能夠主動參與。我通常會花過多的力氣防止注意力被控制，以免失去我已經擁有的狀態。我忘了何時要去尋求幫助。我會信任一些根本無法給我支持的東西，卻不會向內在更精微、更高等的力量祈求協助。於是，我得不到支持，也失去了我需要的東西。情況就只能是如此。

我們感受的發展，會經歷一些與注意力狀態有關的階段。當注意力開始變得主動，會具有一種更精微的品質，並且能夠掌握在其他層面上發生的事情。在那些層面上的振動有不同的波長，當我感受到我的臨在時，就會連接到高等力量。同時，我也連接著低等力量，我處於這兩者之間。低等力量在我的內在運作著，沒有它的參與，我無法感覺到自己。有意識的注意力就存在於兩個世界之間。

我們難以理解，為什麼缺乏有意識的努力，就什麼都做不到。有意識的努力與高等特質相關。單憑低等特質是無法將我帶向意識的，低等特質是盲目的。當我清醒過來，我會感覺自己屬於一個高等的世界，而這只是有意識的努力的一部分。只有在我向自己所有高等和低等的可能性敞開時，我才能夠真正變得有意識。

唯有有意識的努力，才具有意義。

12 顯化為內在意識的神性 The sacred manisfests as inner consciousness

我們不斷探尋，希望能瞭解未知，打開通向內在奧祕的大門並走進去。為此，我們必須完全臣服於一種內在的聲音，臣服於內在的一種神聖感受、一種對神性的感受，可是我們沒辦法完全做到。神性顯化為內在的意識。我們必須從內在去尋找神聖，尋找上帝。實相，唯一的真相，就存在於意識裡。

任何存在於世上的東西都由三股力量組成。它們可以用聖父、聖子和聖靈代表：聖父，主動的力量；聖子，被動的力量；聖靈，中和的力量。聖父創造了聖子。聖子會回歸到聖父身邊。下降的力量與想要回歸、想要上升的力量是一回事。

人的頭腦與身體是對立的，中和的力量來自於使它們能統一和連接起來的渴望。一切都取決於這種渴望、這種意志。想要彰顯上帝，就必須先呈現這三股力量。這三股力量被整合起來的地方，就是上帝所在的地方。我們的注意力在哪裡，上帝就在哪裡。當兩股對立的力量被第三股力量整合時，上帝就在這裡。我們可以去祈禱：「主啊，請慈悲為懷。」我們可以祈求幫助，**讓這種整合在我們內在發生**。這是我們能獲得的唯一幫助。我們的目標是：在內在容納、整合這三股力量……**成為本體**（to Be）。

chapter

II

向臨在敞開

OPENING TO PRESENCE

處於被動的狀態中

IN A PASSIVE STATE

❶❸ 我的機能是被動的 My functions are passive

無論我當下處於何種狀態，無論我所顯化的力量帶給我何種感覺，我最高等的可能性都在這裡，被我的自以為是形成的厚實屏障遮蔽。當我感受到內在另一種力量的呼喚，並主動回應它時，才會開啟我真正的人生。這是我第一次主動的行為，它讓我做好準備，迎接改變我人生目標的實相。我需要聽從那股力量的召喚，而不是去利用它或占有它。我需要理解這種主動的行為，它能夠開創一種負責任的生活。

現在的我，感到空虛，生活沒有意義，缺少真正的目標，而且漫無目的。我活著只是因為我被創造了出來。我在生活中沒有任何方向感，總是容易被影響，總是受制於我的願望、我的期待以及我的責任等各種因素。我的機能是被動的，被我所接觸到的任何東西所影響，任其擺布。我的頭腦聽到它自認為瞭解的話，馬上就展開聯想；我的心總是在分辨它喜歡和不喜歡的東西，以便決定要去探索還是拒絕；我的身體很沉重，不是在消化食物就是在發懶。我感受到自己的被動。當我不得不去顯化，去展現自己的時候，我只是以各中心習得的模式對接收到的印象去反應。我只能看到形式——事情和人，卻看不到它們背後的力量。我從來不是透過洞察和對實相的瞭解為基礎去反應。我內在那個更真實的「我」沒有出現。所有的內在和外在事件就像夢境一樣，我從沒有真正被它們觸動過。那麼，這些印象所觸及不到的部分是什麼呢？我內在感受不到被深刻觸動的部分又是什麼呢？

我希望覺察自己。但我用於觀察、用於覺察的能量是被動的。我透過某種形象或觀念去覺察。我沒有真正在覺察，沒有與覺察物件直接接觸。既有觀念讓我的注意力變得被動，失去自由。我對自己所覺察到的形象做出反應，並無數次重複這種反應模式。我的思維以自動化的方式反應，它會去比較，並聽命於過去多年累積的經驗。我能否擁有一種主動的思維，而不再總是從記憶庫裡調取資料呢？這樣的思維能夠讓自身去面對事實，帶著敏銳和接納，不帶任何評判和意見，沒有升起任何念頭。這樣的思維只是迫切想要瞭解真相，它就像一束光，具有覺察力。

我的感覺也是被動的。我總是以一種熟悉的形式來感覺自己，這種形式與我平常的思維方式相對應。我能否具有這樣的感覺？它更主動，可以完全覺知到所接收的能量。這種感覺就像主動的思維一樣，不帶任何占有的企圖。

當我能夠同時體驗到這種更主動的思維和感覺時，我就會發現一種新的渴望，迫切的想要保持住這種狀態。只有當想要覺察，想要瞭解**事物的本相**的渴望強烈到這樣的程度時，我才能夠覺知自己，完整的覺知到我的本相。我清醒的目的不是為了改變，而是為了瞭解真相、瞭解實相。改變的是我的態度，它變得更有意識了。除此之外，我還覺察到，如果沒有這種主動的渴望，我將會掉回到自己的夢境裡。

我對於瞭解和理解的渴望比任何事情都重要。它不只是我頭腦中的一個想法，或是一種特別的感覺或情感。它同時向我所有的部分發出邀請，但我是否能夠學會去聆聽它呢？

⓮ 我需要對於自己的印象　I need impressions of myself

在我現在的素質中，缺乏穩定性，缺少一個「真我」。我不瞭解自己。我開始覺得我必須達到更為完整的臨在狀態。為此，我首先要對自己有一個盡可能深刻的印象。我從未有過深刻的印象，以往有過的印象都很膚淺。它們只是在粗淺的表層引發了一些聯想，沒能讓我留下任何的記憶，也沒能帶來任何的改變和轉化。葛吉夫說印象就是食物，而我們並不理解用印象滋養自己的含義，也不瞭解印象對於我們素質的重要性。

對於自己的印象，我累積得不多，那僅有的一點累積顯得無足輕重。如果我真的想要瞭解和確信某些東西，我首先需要被我對它的認知所「觸動」。我需要這些新的認知。我必須被強烈「觸動」，在當下用自己所有部分，用整個的自己來**瞭解**這些東西，而不是只用頭腦**思考**它們。如果我沒有足夠的印象，沒有足夠的素質層面的認知，我就不可能信服。如果沒有這些認知，沒有這些素材，我要如何來衡量事物的價值呢？我要如何來工作呢？沒有它們，我無論怎樣都難以找到動力的源泉，也不可能有意識的行動。

想要有意識的行動，我首先需要的是對於自己的印象。這些對自己的印象包括我在安靜狀態下，對我的本相更加敞開時得到的印象，也包括在生活中，當我嘗試覺察自己的迷失時所獲得的印象。這樣的印象累積到一定數量之後，才能對自己有進一步的覺察，才能有更深入的理解。

我們認為印象死氣沉沉，如照片一樣靜止不動，但實際上我們接收的每一個印象都會帶來一定的能量。這些充滿活力的能量對我們發生作用，激勵我們。想要感受這一點，就要對自己有一種新的印象，這與我過往對自己的體驗完全不同。我突然能以一種新的方式去瞭解我內在的真實部分，並接收到一股讓自己生氣蓬勃的能量。但隨後，我又會失去這股能量，我無法留住它，它就這麼離開，好像被偷走了一樣。

當我最需要它時，當我需要在生活中保持臨在時，我得不到支持，迷失了自己。於是我才知道，我對自己的印象就是糧食，它們會帶來讓我可以接收和保存的能量。

我們要去覺察是什麼阻礙了我們，我們要瞭解為何接收印象會如此困難。不是我不想接收印象，而是沒有能力去接收。我在任何的生活情境中，都一直保持封閉的狀態。有時候，也許一剎那，我會向印象敞開自己，但隨即就開始反應。印象自動與其他事物產生關聯，反應也就此開始。按鈕一旦被按下，想法、情緒或動作就會隨之而來。我對這過程束手無策，最主要是因為我沒有覺察到它。我的反應把我與印象及印象所呈現的真相隔絕開來。這就是我接收印象的障礙和壁壘。在反應中，我關上了自己。

我沒有覺察到，當我被習慣性機能控制時，會失去與實相的所有連接。例如，我回到我的身體，感覺我的身體在這裡，我感覺到我的左臂，也就是說我對自己的左臂有了一個印象。而當那個印象一旦觸碰到我，它就會引發我的念頭：「手臂……左臂。」當我對自己這麼說時，我就失去了這個印象。在想著手臂的時候，我相信我是瞭解它的。儘管關於手臂的念頭不是一個事實，但我對這個念頭的相信程度遠遠超過了我對「手臂的真實存在」這個事實的相信程度。在有關我自己實相的問題上，我也是如此。我在內在對於生命有了一個印象，一旦我開始想「這就是我」時，我就失去了這個印象。我把自己的念頭當成了事實本身，並自認為很瞭解它。當這種輕率和盲目的信念占據了我的思想時，我就不會再有任何疑問，對於接收印象也不會再有任何興趣。

我無法有意識的吸收印象，因而不瞭解自己。但同時我對印象又有著超越一切的渴求。如果無法接收到對於自己的印象，我將永遠無法記得自己，也無法瞭解我的本相。接收印象的時刻就是變得有意識的時刻。這就是覺察的行為。

❶❺ 被我的頭腦催眠 Hypnotized by my mind

一個不專注的頭腦充斥著各種念頭，在被動的狀態中，會不斷創造一些形象並把它們套用到觀察的物件上。這些形象會引發儲存在記憶中的快樂或痛苦，以及要去滿足欲望的幻覺。頭腦在一個固定的有利位置上進行觀察，創造出一種分離、對立、評判，並且帶著基於已有知識的預設對一切去反應。這種內在的模式是我們接收印象的最大阻礙，它會評判我們自己，評判另一個人，評判其他所有人，評判一切。實際上，這種我們難以抗拒的強大模式會影響並進而控制我們全部的生活。無論它在何時何處出現，這種評判都意味著我們的「常我」參與其中。我們無時無刻不在進行評判，連獨處時也是如此。這種評判使我們受到無情的控制，而控制我們的正是我們所篤信的那些知識和自我認知。

我的內在有一種根本的能量，它是一切存在之物的基礎。我無法感知這種能量，因為我的注意力被記憶中的一切——念頭、形象、欲望、失望以及感官的印象——占據。我並不瞭解我的本相，我好像什麼都不是，但有股力量驅使我，以嚴肅而真誠的態度去看、去聽、去探尋。當我嘗試去聆聽，發現自己被各種念頭和感受阻擋。我根本聽不到什麼，我的能力還不足以讓我聽到和感受到什麼。我渴望瞭解的東西是更精微的。我還不具備瞭解它所需的那種注意力。

有一種自由的注意力不帶任何執著，不受任何阻礙，它會讓我所有的中心同時參與進來。這種注意力，與我內在單一部分那種被動注意力是不同的，而我還沒有意識到這種差異。我常態的注意力會被我的某一部分捕獲，並被它的活動與運作一直控制著。

例如，當我去思考當下的感受時，我的頭腦就會替代我去反應，但它的反應不是基於真正的瞭解和直接的認知。我的念頭只是記憶儲存資訊的呈現，與新的事物無關。這種思維只侷限在我內在一個狹小空間裡。它總是帶著預設，並把我的注意力禁錮在這個狹小空間裡，讓它與我其他的部分，與我的身體和心分隔開來。隨著我的注意力不斷被投注在川流不息的念頭和形象上，我就被我的頭腦催眠了。這些念頭，以及我所有的欲望、喜好和恐懼都只是透過習慣或是附著來連接彼此的。我的注意力深陷在這洪流中，因為我從來沒有真正意識到老天給我的注意力是有其他用途的。

我的頭腦能否安靜的去感知事物呢？它在感知的時候，是否能夠不去分辨和命名，不在一旁自以為是的觀察和評判呢？要做到這些，我需要一種未知的注意力，這種注意力從不會與它觀察的物件分離，它會帶來一種完整的體驗，不會將任何事物排除在外。只有當我不去排斥任何事物時，我才能夠自由的觀察並瞭解自己。

當我的頭腦能夠在一種專注的定境中保持主動、敏銳和活躍的狀態時，就會有一種超凡的品質開始活動。它不屬於思維、感覺或情感中的任何一種。這是一種完全不同的活動，它會引領我們到達真相，到達一個無以名狀的境地。我的注意力是完整的，不會被分散……在這種狀態下，我想看看自己是否能做到「不知」，做到不去為感知到的東西命名。我對自己有種感覺，我習慣性的思維稱之為「身體」，但我不知道它是什麼，我不知道該如何為它命名。我覺知到緊張——即使是那些最細微的緊張，但我不知道緊張是什麼。接著我感受到呼吸，但我不瞭解它……我待在一個自己所不瞭解的身體裡，被一群我所不瞭解的人所圍繞……於是，我的頭腦變安靜了。

我開始發現：當我的注意力變得全然，意識充滿每一個部分時，真正的瞭解才有可能發生。那時我不會再有分別心——一切都是平等的。一切都只是純粹的存在。創造性的行為，就是洞察發生的一切。這樣，我就學會了觀察。

❶❻ 取決於我的那些事 What is up to me

我們對於瞭解自己，產生了一種更加強烈的渴望，但我們感受不到足夠的動力，感受不到付出有意識的努力的必要性。我們知道要做些事情，要付出努力，但到底要付出怎樣的努力呢？我們沒有切身體驗過這個問題。它一旦出現，我們要不是忽視它，就是以我們尋常的方式嘗試去回答。我還沒有要面對這個問題，我得讓自己準備好。我需要集中所有的力量記得自己。

在嘗試記得自己的過程中，我覺察到我的渴望來自何處，它來自於我的「常我」。只要這種渴望來自我個性中處於核心位置的占有欲，它就不會帶給我直接感知事物所必需的自由。當我看到這些……我會覺得自己自由了一點……但我渴望能保持這種自由，而這種渴望又是來自於我的占有欲。我們好像從一種控制我們的力量中，找到了自由，結果卻再度回到它的控制之中。我們好像先是走向內在更真實的部分，然後又向外走，遠離那真實的部分。如果能夠觀察和體驗這個過程，我們將會發現這兩種活動並不是獨立的，它們屬於同一個完整的過程。我需要用一種敏銳的注意力去感受它們就像是潮汐的漲落。這種注意力不會被其他東西所吸引，它透過覺察，維持著一種平衡。

我能夠分辨內在被動和主動的狀態嗎？此刻我的力量無所適從，任何事物都能夠侵占並隨意處置它。它沒有完全被用在我期望的目標上。我聆聽，我往內看，但我不是主動的。我用來觀察的能量強度是不夠的。我的注意力並沒有與我自身連接，沒有與**事物的本相**連接。這種注意力產生的感知不足以讓我自由，不足以改變我的狀態。

所以，我是被動的。我的身體會自作主張，我的心是漠然的，我的頭腦被各種理論和形象充斥，完全不知道該解放自己。在這種狀態中，我的各個中心互不相連，它們沒有共同方向。我是空虛的……但是我感受到一種對臨在的需求，我發現當我的思維能夠更主動轉向我自己時，就會出現一種感覺——那是一種對自己的感覺。我一體驗到這種感覺……我的思想又會開始四處遊蕩，於是我會覺察到這種感覺減弱消失了……我安靜而專注的回到自己……那種感覺又再度出現。我覺察到思維和感覺的能量強度是互相影響的。這會喚醒一種內在渴望，想將它們連接起來。如此一來，我的三個中心就參與了達到臨在狀態的共同目標。但是它們之間的連接並不夠穩定。它們不知道如何聆聽彼此，也不知道如何協調彼此。

現在，最重要的是向這種難以形容的新狀態敞開，向一種難以名狀的體驗……對臨在的體驗敞開。安靜時，我就能感受到它對我的影響。我沒有採取任何行動，但我的心被觸動了。我有了一種未知的感受，它與我對個人的執著沒有關聯。這種感受是一種直接的瞭解。當它出現時，我的內在不再有任何孤立的部分，我會感受到臨在的完整性。這種感受只有在我的思維是自由的並可以保持靜默時才會出現。當思維的狀態改變時，感受會跟著改變。身體也會有相應的調整和協調。我不知道各部分之間的這種連接是如何出現的。當建立起這種連接時，總是像奇蹟一樣的發生，完全不取決於我，但去建立這種連接卻在很大程度上取決於我。我必須覺察到哪些事情取決於我。

首先，我需要學習讓我的每個部分保持被動，以便去接收一股更主動的力量。一切都與力量有關。我們在人世間的存在、臨在也都與力量有關。一切都不屬於我們，一切都不是我們的。我們在這裡要不是傳導力量，就是在掌握方法後轉化力量。我們首先要以一種特定的方式去感受這些力量，在切身感受每一股力量之後去整體感受它們，從而創造出一股新的力量。這股新的力量可以抗衡其他的力量，可以恆久存在，可以實現**如是存在**。

II

對臨在的體驗

AN EXPERIENCE OF PRESENCE

⓱ 「在這裡」的覺察 The awareness of "being here"

我的內在有一個非常真實的部分——自我，但我總是不願向它敞開，反而要求外在的一切向我證明它的存在。我總是浮在表面，向外在去抓取或保衛自己。也許我可以採取另一種態度，另一種心態，不去抓取，只是接收。我需要接收一種從外界無法得到的印象——一種對素質、對自身具有的價值和意義的印象。瞭解的行為，是一種放棄的行為，我必須放開手。

在注意力強一些的時候，我有一種「在這裡」的覺知——這是一種觀察，一道光，一種具有理解力的意識。意識就在這裡，我無法懷疑它，但我也無法相信它，我無法感受到它就是「我」，是我最根本的本性。我認為我可以尋找意識，看到它並瞭解它。我們把意識當做一個觀察的物件，但我們無法覺察到意識。如果我能夠體驗到意識來自於我身體的後面或上方，我就會發覺其實是意識本身在覺察、在瞭解。沒有觀察者，只有瞭解。如果我體驗到的意識在我的身體裡，那樣「我」好像就是這個身體，而意識也就成了身體的一個屬性。

當我的頭腦能夠**如實**瞭解自己，我的心也能夠**如實**瞭解自己時，我就能開始感受到真實意味著什麼。另一種思維出現了——安定、靜默，並能夠包容我尋常的念頭。一種對本質的感受也會出現，它不是一種對形式的感受，但卻可以包含形式。於是我具有了一種新的思維和一種新的感受，它們可以覺察到事實，覺察到**事物的本相**。

所以，現在對我來說，唯一的實相就存在於我覺察自己的努力之中，其他一切都不是真實的。一切都被我的頭腦扭曲了，這使我無法接觸到事物的本性。我必須先去接近自己的本性，清醒覺知到對「我」的意識，並只是專注於此。意識永遠都是對自我的意識。我們可以用任何自己喜歡的名稱來稱呼本我——意識的寶座，甚至上帝的寶座。關鍵在於，它就是中心，我們素質的核心，沒有它就沒有一切。

我需要學會將注意力專注於這個中心，並停留在此。我需要去理解臨在的這種行為，理解臨在的這種主動活動，它總是被一種反向被動的活動所威脅。我覺知到一種我無法占有的實相。這就是我自己，這就是在素質深處的我的本相。我覺得自己需要具有某種品質才能辨識出來……但又不知道所需的品質是什麼。瞭解這種實相，需要更高層次的感知力，而我尚未開發過這樣的感知力。我的貪婪會把我與這個實相隔絕開來，阻礙我去瞭解自己真實的狀態。我總是想要去得到或抓取我認為應該擁有的東西，但卻忽略了尊重。尊重，本身就可以帶來一種無條件的敞開。

我才明白，我試圖接近的，不但不屬於我，也並不存在於我之內。它無邊無際，更為本質。在它面前，我的緊張一一得到釋放，直到某一刻，我感受到一種內聚的臨在，這是整體所賜予的禮物。它帶來一個問題——一個與我的存在相關的問題。我時時刻刻都對這個問題感到疑惑，一直都不確定，一直都不確信，一直都難以作答，它需要我將自己完全投入。現在，我存在著，感覺到一股難以名狀的神祕力量，它帶領我走向了這種統一的狀態。我到底在向什麼樣的力量敞開自己……我渴望知道。我在這裡。我不是封閉的，我沒有被禁錮在內在的任何一部分裡。我意識到自己成了一個整體。

18 意識到內在的素質 Conscious of inner being

我不明就裡的存在著。我的存在本身就是一個我必須回答的問題，無論我是否情願。我當下的存在狀態和我的所作所為，就是對這個問題的回應。無論我的覺知力達到何種程度，我的回應都會完全受制於我素質的狀態。這個問題總是為我帶來新的挑戰，而我那總是老套的答案會讓我與這個問題失去接觸，因為在這千篇一律的回答中，「常我」在發揮作用。

「記得自己」到底是什麼意思？它指的並不是去記得我所代表的那個人——我的身體、我的社會地位以及我的責任，而是意識到我內在的素質。我渴望變得完整、統一與合一，渴望活出我的本相。當我感受到這個渴望時，我整個的方向似乎都會改變。不用做什麼，我各個部分就自然會產生一種趨向臨在狀態的活動。如果要讓這種活動自行發展下去，我就必須臣服，並讓各部分保持完全同頻的狀態。這種活動的強弱，完全取決於我各個中心的平靜程度，以及我注意力的自由度。我需要去感受這種臨在就在我的內在自行形成。

在觀察的過程中，我開始覺察到自己必須同時與我所有的中心相連接。它們之中總有部分的能量流不是太強，就是太弱。如果我過於處於頭腦裡，就不會發生這種所需的連接，如果我過於處於心或身體裡，情況也是一樣。我與所有部分的連接程度必須是一致的。為此，我必須具有一種有意識的注意力，它是一種我所未知的注意力。我只有安靜下來，進入越來越深的寧靜時，才能感受到這種注意力。臨在就在這裡影響我、掌管我，但我必須對它有渴望、有意願。這樣，「真我」就會出現。

我學著去淨化用來覺察的力量，這種淨化，並不是摒棄不想要的部分，選擇想要的部分，這是要學習去覺察一切，不排斥任何細節。我要學習清晰覺察。我覺察到一切都同等重要，我能夠接受失敗對我的積極意義。我重新開始千百次。一切都取決於我的覺察。

我不試圖去尋找或行動，但我可以感受到那個想像出來的自我的重要性，這種感受迫使我一直透過激烈的鬥爭，來維護它的延續性。而在這個形象後面，我覺知到的是空無、虛空……我不知道自己是誰。我也無法瞭解這種空無，因為它已經被占據了。當我覺察到這些時，會從內在升起一種**瞭解**的渴望——不是要去瞭解具體的事物，而是去瞭解誰在這裡，去瞭解我當下的真實狀態。這個空間被占據了。我從緊張中，從不停閃過腦海的念頭中，從一波波的情緒反應中，感受到了這種占據。我不抗拒，也不逃避或分心。這就是我真實的樣子，我欣然接受。在體驗這種狀態時，我**如實**覺察它，彷彿我能覺察得更深入，穿越它，變得越來越自由。我覺察到自己的不專注。我意識到自己的素質，就取決於這種覺察力。我可以自由的做到，既不把自己的一部分當做整體，也不讓自己被隔絕在某一個部分裡。

我要發展一種純淨的注意力，它需要足夠的強度，不會被任何主觀的反應所分散。我不知疲倦的一再回到感知升起的地方。在這個過程中，我的注意力會自行淨化，逐漸去除那些與直接感知無關的部分，只有對實相的印象會留下。

⓳ 「我」的迴響 An echo of "I"

為了臨在，我需要一種力量，它既要意識到自身想前進的方向，還要有意志力去付諸行動。來自各個中心的注意力，必須投注恰當的比例，共同形成一種有意識的臨在。我們的注意力不斷因外界事物的吸引受到威脅，我們要意識到這種吸引。我們有一種對活動的渴望，對創造、對行動的渴求；我們同時也有一種對被驅動、被牽引以及去臣服的渴望，這兩種力量一直存在於我們的內在。在某個特定的位置，主動去面對它們可以產生的一股凝聚能量，這種能量會有自己獨立的生命。在這兩股力量摩擦的過程中，一種將它們重新統合的力量就會出現。

在一切的生活變遷之後，在我所有的煩惱、悲傷和喜悅之後，有一種更偉大的東西，我能感受到它能賦予我意義。在與它的連接中，我能感受到自己的存在。它存在於我的外在，也存在於我的內在。它在我的內在，於是我能夠瞭解它——這種生命，這種非常精微的振動。我因為感受到它的純淨，而覺得它非比尋常。當我的念頭與我的感覺相連接時，我能感受到它。我覺得它就像是一種迴響，一種對「我」的感受。這連接顯示出我是一個統一體、一個整體，我可以作為一個整體而存在。這種迴響是我現在可以瞭解的另一種內在特質，它經由我的高等中心從另一個世界而來。我能夠感受到它在以一種精微振動的形式與我共振，我努力使我的各個部分與這種振動同頻。我的注意力就需要具有一種品質，能夠讓自身靠近這種振動，並保持與它的連接。我需要一種特殊的能量，它要強大到足以在我的念頭和感受前，保持一種活躍的狀態。這種能量不會自行減弱或被任何東西影響。我對覺察自己的渴望中，含有這種活躍的能量。

然而，來自另一層面的能量，驅動我的念頭和情緒。如果要瞭解它們的特性，我就要如實去覺察和瞭解它們。它們來自另一個源頭，那是一種惰性的影響力，它控制著我與它同頻。如果想自由，我就必須讓自己置身於一種更主動的影響力之下。也就是說，我需要從內在找到一種足夠強大和敏銳的注意力能量，觀察這惰性力量的活動。我絕對不能讓它們逃出我的視野，我必須與它們共存。這些活動就在這裡，它們不斷吸引我。如果我無法如實覺察到它們，就會賦予它們另一種價值，從而去信任和臣服於它們。一旦如此，無論是這些活動還是我自己都會完全失去意義。因此，為了瞭解自己，我必須自願去探索。

只有透過為了臨在而進行的工作，我的注意力才能得到發展。當注意力具有更好的品質時，我會努力防止它變弱或被其他東西控制。我努力嘗試，但卻失敗了，於是我繼續嘗試。即使失敗了，我也會因此開始瞭解如何才能成功。在這種努力中，我回到內在，然後再度走向外在去顯化。我發現當我的注意力完全被外界吸引時，我就徹底失去了它，但如果它走得不太遠，我就可以像用磁鐵吸東西一樣將它拉回。在注意力的活動中，我瞭解了它的一些特性。我不得不去進行外在的顯化，除非我的注意力能夠同時投注在生活上和我的內在，否則我將總是會迷失自己。

我們認為可以把注意力平均分開，但其實分開的兩部分並非完全相等和相同。我需要去體驗那兩部分之間巨大的差異。如果我無法以適當方式密集的努力，我注定會迷失自己。我必須覺察到自己之所以做不到，是因為注意力還不具備它所需的品質。這就是我得繼續努力的地方，這就是我需要練習的地方。只有這才是最重要的。

20 兩股能量流 Two currents

我們並不瞭解自己在本質中的真實狀態，即我們最高等的可能性；也不清楚我們在個性層面的樣子，即那些框住我們而又難以擺脫的侷限。我們認同自己的個性，卻忽略了它與本質之間應有的連接。內在的成長始於得到一種認識自己、徹底瞭解自己的能力。

我必須瞭解自己有雙重特質，內在有兩股力量：進行顯化的下降力量和回歸本源的上升力量。我需要同時體會到這兩種力量，才能完整的瞭解自己。我的存在一定是有原因的，這兩種力量之間需要一種連接。這就是我的臨在的意義。

在生活中的每一個事件裡——無論是關乎家庭、工作還是精神生活——都有著一種包含內收和外展的雙重活動。我們為了一個目標，為了顯化而行動，但在這種行動背後卻有另一股能量流。它沒有目的性，不向外放射自己，而是回歸本源。這兩股能量流是互相依存的。

我們在理論上知道這兩股能量流的存在，但卻沒有真正意識到它們。我對那股上升的能量流瞭解不足。在我渴望它時，我的內在卻沒有準備好，我無法感受到這股上升能量流的生命，無法感受到自己的生命。我也不瞭解那股下降的能量流，我只是盲目沉浸其中。無法察覺到這兩股能量流，無論身處何時何地，我們對臨在狀態的渴望都是沒有意義的。我需要不斷覺察到它們，使我的注意力以及不讓自己迷失的意願找到著力點。

以我注意力現在的狀態，是無法同時覺知到這兩種方向相反的活動。我會沉浸在一種活動中，忽視或排斥另外一種。無論怎樣，我都不得不接受這個事實：這兩股能量流決定了我的生活，我的內在有兩種特質。我必須學會在覺察到低等特質的同時，記得高等特質的存在，同時活出這兩種特質會為我帶來掙扎。

我需要對自己這兩個面向留下有意識的印象，先是對單一面向的印象，然後是對兩個面向同時的印象。低等特質必須為高等特質服務，但服務是什麼意思呢？我必須找到自己真正的位置，並欣然接受。我是被召喚至此的。我必須看到如果自己沒有臨在，就只會去服務於我的「常我」，從而使本質的我走向滅亡。這樣的話，在這兩股能量流之間什麼都沒有，沒有任何人在那裡。

關鍵在於，讓這兩種力量在內在扎根，維持它們之間穩定的連接。直到現在，下降的能量流一直都是我臨在的主人，它沒有遇到任何的挑戰。上升的能量流源自想要**成為存在**的意志——這不是一般意義上的

「意志」，而是一種「渴望**成為存在**」的意志。我先要將這種意志釋放出來，給它一個空間。我必須接受自己被動的狀態，只有我真正處於被動狀態，才能感受到那活躍的振動。我在日常狀態下唯一能夠做出的努力，就是主動保持被動的狀態——這就是一種有意識的努力。

高效性的運動

A MOVEMENT OF AVAILABILITY

❷❶ 以新的方式運作 A new way of functioning

我今天的素質狀態，受制於我的思維、感受和感覺的模式。它們占據了我全部的注意力，將我侷限在非常狹小的部分自我裡。為了要超越，我的機能就必須以一種新的方式運作。當我在探尋真實本性時，會發現自己的思維和感受處於效能不足的狀態。思維和感受的自動化運作，介於世界的本相——即我真實的本相與我對它的感知——之間。我內在的狀態是混亂、盲目和漫無目的的。我在這裡，但不知道為什麼或我要服務誰。

我的每一種機能，好像都只能從它們已知事物的角度，單獨對印象所有反應。但，這些機能卻無法單獨感知實相，實相所含有的能量品質太高了。這些機能的力量太被動。如果它們想要獲得在意識層面上對實相的瞭解，就必須在協調統一的狀態中做好準備。這些力量之間，只要有任何不協調，就會失去共同的目標，盲目依照自己的習慣去行動。

因此，我們首先要理解做好準備的含義，這裡指的是我們的頭腦、身體和心要做好準備，在同一時間一起去接收一個它們無法預知的印象。它們如果不能安靜，就無法獲得對此時此刻實相的直接感知。我必須去經歷看到這些機能介入時產生的失望，這些我信賴的機能只會帶來一些來自記憶的形象，而非直接的體驗。然後，我也許會開始明白為什麼這個教學體系會這麼強調一個事實：我們的各個中心在運作時，彼此完全沒有連接。只要不建立起這種連接，我就無法超越我慣有的意識狀態。

這種連接能建立嗎？我能實實在在切身感受我缺乏這種連接嗎？在當下這一刻，我能感受我缺乏瞭解自己的真相，以及面對這一切的真相所需的智慧嗎？我能覺察到自己受制於語言、想法和情緒，充滿了疑惑、信念和恐懼嗎？我需要透過切身的體驗來瞭解各個中心缺乏連接到底是什麼意思。我有一種對自己的感覺，我的思想可以投注在這種感覺上。二者之中總是會有一個過於強勢。我不是合一的，不是統一的。

我各個能量中心的協調性以及它們運作的協調性是強求不來的。我需要讓它們安靜下來，不再躁動，這樣才會出現一種能量的平衡。但我感覺好像缺少了些什麼。我感覺自己總是太過被動。我需要一種能量，一種自由的注意力，它不會黏著在任何東西上。這種注意力會包容一切，不會排斥任何東西。它不帶有任何傾向、目的、占有以及貪婪，而是一直帶著一份真誠。這份真誠來自於一種為了瞭解而保持自由的需求。

❷❷ 喚醒一種新的力量 Awakening to a new force

我們希望能意識到內在能量的狀態和活動，這只能在當下完成。我需要在內在具有更多的主動性。我透過練習來嘗試臨在，嘗試清醒過來。但所有那些我還無法掌控的活動都會讓我緊張。我渴望，但卻無能為力。於是我會緊張，為實現目標增添障礙。我會一再遇到這樣的障礙，直到發現自己對於努力的概念是錯誤的——認為努力是為了結果而採取行動。這時，我就會鬆一口氣，放手是我達到臨在狀態的一個明確標誌。

觀察的練習並不容易理解。我會希望自己是一個客體，去觀察瞭解。我與觀察對象是分開的。我試圖用不同的中心瞭解並觀察事物。我發現自己在交替使用不同的中心。我能夠覺知到每個中心單獨的努力，以及它們的焦慮。隨後我會發現所有這些努力都是無效的。我在試圖用一種被動的能量，一種低品質的注意力去瞭解、去覺察。這種注意力能量的活躍程度，並不比觀察事物的能量高，因而無法讓我瞭解觀察事物。我試著用一個中心去瞭解另一個中心，而它們的品質都是在同一個層次的。這就不可避免的會帶來衝突。所以，我無法觀察。我什麼也覺察不到。我有的只是一種渙散和混亂的印象。

瞭解到底從何而來？要如何覺察自己？我不知道……正因為我不知道，所以我開始安靜。於是，我的內在升起一種可能性，一種新的力量覺醒了。其他的力量都沒有幫助，無法讓我接觸到真正的事實、接觸到我的本相。我渴望意識到生命的真相。我的內在有一種讓我無法瞭解的神祕力量，我的思維和感受都幫不上忙。只有在我不被各種念頭和感受網羅時，這股力量才會出現。它是一種未知的東西，我無法用已知的東西來理解它。

只有在完全安靜時，我才能擁有瞭解未知所需的自由。要達到這種安靜的狀態，我必須放下對自己能力的自負和對既有知識的篤信。我必須覺察自己一再盲目相信思維和感受告訴我的東西。我要明白，如果我體會不到這些東西的無用，體會不到自己其實很可憐，就會一直被它們矇騙下去。隨後，一種平靜就會升起，也許我會學到一些新的東西。無論接下來發生什麼，這種狀態都像是開啟了一道門。我能做的，就是讓門開著，我無法預見接下來會發生什麼。

我接收到何種品質的影響力，取決於我臨在的品質。我臨在的品質取決於我的思維、感受和感覺之間的關係。為了達到與更精微的力量同頻的狀態，來自我每一部分的注意力都需要保持專注，在一種全新意義和力量的激發下主動的連接彼此。這樣，思維會進行自我淨化，感受和感覺也都會如此。各個部分都會為了共同的目標承擔起自己的職責並與其他部分一起和諧的工作。這個目標就是：與一種更為精微的臨在同頻。這種臨在需要發光，需要我的身體帶來活力。它具有一種智慧、一種洞見，就像是一束亮光，照向我黑暗而厚重的沉睡狀態中。

在當前的狀態下，我被小我所控制，無法瞭解我本體的實質。我還沒有準備好。我必須放棄更多的東西，更著迷於「真我」，著迷於我「神聖的」特質。我感受到這種需求，覺知到這種渴望、這種動力。我感受到這種智慧的覺醒。

❷❸ 我們採取的態度 The attitude we take

我們所採取的態度，我們內在和外在的姿態，是我們的目標也是我們的道路。

我們時時刻刻都不可避免會採取一個特定的姿態，一種特定的態度。我們的身體總是採取同樣的姿態，並在頭腦中引發相應的姿態或態度。姿態對我們的心也有同樣的影響。我被封閉在一個慣性態度構成的主觀世界裡，但我對此卻沒有覺察。我甚至覺知不到身體的哪些部分是緊張的，哪些部分是放鬆的。身體用它既定的姿態禁錮了我。我必須在內在和外在都找到一種姿態，讓自己從既有的態度中解放出來，從沉睡中清醒過來，向另一個空間、另一個世界敞開自己。

在靜坐中，身體的姿態非常重要。必須要有非常精確的姿態，才能建立起所需的能量場。同時，我必須找到一種放鬆、安詳和穩定的感受，這能讓我的頭腦完全做好準備，以一種自然的方式放空，放掉那些紛擾的念頭。姿態正確時，我的各個中心才會統一並連接起來。這需要我的思維、感受和感覺進行緊密持續的合作。一旦它們分開，這樣的姿態就無法保持了。

我們都在尋求穩定性。而問題的關鍵總是在於脊柱的姿態，它必須是自由的，但同時又是挺直的。當脊柱不直的時候，感覺與思維，或是思維與感受之間就難以建立起正確的連接。每一部分都保持著相互隔絕的狀態，與其他部分之間沒有真正的連接。當脊柱挺直時，我們會感覺身體裡的能量在影響著身體。身體的密度會有變化。於是不再有形體和臨在之分——它們是合一的，也是一樣的。

我採用這樣的姿態靜坐，會更穩定：坐在地板的坐墊上，讓臀部略高於雙膝。如果可能的話，一隻腳放在另一邊的大腿或小腿上。交叉雙腿可以抑制那些活躍的能量，帶來最深的平靜。雙手疊放在大腿上，掌心向上，常用的那隻手放在另一隻手下，拇指相抵。然後，我會挺直身體，讓雙耳垂直於肩膀。眼睛可以微睜，也可以閉上。如果無法坐在地上，我會坐在凳子或椅子上，但會坐得很直，讓雙膝低於臀部。保持脊柱的垂直可以減少壓力，這樣上半身就不會感覺到任何的重量。

開始靜坐時，我會試著讓骨盆找到正確的位置，這樣身體就不會因受牽引而前傾或後仰。如果我的脊柱是豎直的，像一根中軸一樣，我的頭就會保持正確的姿態。這時，一種放鬆會自行發生。隨著緊張得到釋放，我會感覺到有能量往我的小腹移動，同時又有一股能量向上方移動。我嚴謹的態度完全來自於一種迫切的需要——避免對朝向整體狀態的活動造成任何阻礙，這種狀態是我向高等中心敞開所必需的。這種態度不容易建立。它不是一勞永逸的，需要我一個片刻接著一個片刻的重新建立起來。為此，我必須有一種持續存在的智慧。如果沒有主動的注意力，我的脊柱將難以維持這個姿態，我面對生活的這種態度也將徹底失去意義。我需要覺察到一旦我的努力停止，我的態度馬上就會成為意識的障礙。而每一次的努力只能夠持續一瞬間。

❷❹ 聚集在一起 Coming together

注意力是有意識的力量，是意識的力量。它是一種神聖的力量。我們的探尋是為了連接到一種來自高等中心的能量。有時候，我們或多或少對這種能量都有直覺。這種直覺就是高等中心對我們的影響，但機能的執著，使我們與高等中心分開。當我們感覺到這個行為，它就會對接收更精微和活躍感受的身體產生影響。它也會在思維上產生作用，觀察到當下發生的一切。它還能使我們的心，引發一種全新的感受。

但是，高等中心對我們的影響，是無法透過外在尋得的，也無法透過低等中心的運作而強行獲得。如果要讓我的身體、頭腦和心感受到這種影響，它們就必須做好一定的準備。在此，我會遇到困難和障礙：

我必須讓低等中心的能量品質與高等中心的振動一致，否則它們之間就無法連接，低等中心也無法在生活中去顯現高等中心的影響。這樣的話，低等中心就無法作為媒介來提供服務，它們無法接收到服務的指令。於是，它們就不會進行任何有意識的活動，也感受不到任何自我淨化的需要。

這種與高等中心的連接為什麼不會出現？它有那麼難嗎？造成這種狀態，是因為這些低等中心之間沒有連接，沒有共同的目標和興趣，它們感受不到任何需要統一的需要，這是因為我們無法覺察並體驗到這些中心彼此隔絕的狀態，以及這種狀態所帶來的後果。然而，為了讓轉化發生，我必須有一種全然的注意力，也就是來自我所有部分的注意力。為了讓一種融合發生，我的思維、感受和感覺必須聚集在一起。

在萬物初始，在最純粹之處（the Absolute），有三股力量聚集在一起，為了相互瞭解並形成一個整體。它們保持聚合，從未分離。在聚集的過程中，有些新的事物出現。但是，在絕對者那裡還有一種尚未統一的計畫，創造出機械性的活動和分裂狀態。人內在的一切都是分裂的、隔絕的，我們活著就像一台機器般。儘管如此，我們還是具有如臨在般聚合的可能性。當我們感受到某種程度上的聚合和整體時，就能夠說出「我——我是」。為了保持這種整體的狀態，我必須保持一種相應的活動，但我卻總是缺乏這種活動。

支配宇宙的法則就在這裡，它在我們的內在發揮作用。我們的目標是讓內在所有的力量轉向一個中心，再度形成一個整體。我們必須學會這種提升的活動。但低等世界裡的一切都在扯我們的後腿。它們都要被淨化。在這種統一的過程中，我們的能量會具有一種不同的品質。這種再度統一的目的，就是獲得實現**如是存在**的力量。

II

chapter

III

共同的方向

IN A COMMON DIRECTION

自由的思維

A FREE THOUGHT

❷❺ 頭腦的機能 The functioning of the mind

臨在是什麼意思，當下在這裡又意味著什麼？我感覺到我是臨在的。我思考它，我感受它。三個中心都臨在於此，有同樣的力量，有同樣層次的活動產生的同一種能量強度。我感受有一股能量，能更自由的在它們之間迴旋，不會被任何一個中心過度掌控。三個中心主動滋養這股能量。如此一致的方向性，將使有意識的行動——這個同時來自三個中心的動力——成為可能。我希望用盡一切力量去**瞭解**真相。

為了臨在，我必須瞭解自己理性的頭腦是如何運作的，它的功能只是定義和解釋，不包括體驗。以形象和聯想為形式所累積的知識，構成了思想，它抓住體驗只是為了將其歸入一個已知的類別。雖然，它在安靜下來時可以容納新鮮的事物，但思維馬上就會將新的東西與過往經驗形成的形象連結，將它轉化成舊有的。這個形象會引發一個即時的反應。這個過程往復迴圈，於是，就不會再有任何新的事物。

現在，我能說我已經瞭解我的本相了嗎？我頭腦的態度，能讓我真的面對這個問題嗎？這種態度的重要性比我所認為的要高得多。我相信自己是無知的嗎？我相信我自以為是的一切都是毫無用處的嗎？我可能口頭認同這些說法，但對此卻沒有真正感受。我十分認可我的知識，總是希望找到一個答案或得出一個結論。我因此受到了侷限。我所知的一切，限制了我的感知，侷限了我的頭腦。我所知的一切，只是一大團記憶，它推動我去累積重複類似的體驗。

我要去看到，我的頭腦總是被「常我」的要求、聯想和反應驅動。這會毀了頭腦。被聯想驅動的念頭不是自由的。它行經的路徑上，布滿各種形象、固有觀點和體驗形成的障礙。這些障礙使得念頭在原地打轉或改變方向，總是讓我留下一種念頭具有連貫性的印象。然而，連貫性並不在於思考的內容，而是用於思考的能量本身。過於相信思考的內容，容易讓用於思考的能量陷入迴圈的念頭中，喪失流動性和敏銳度，變得越來越衰弱，使我們的思想變得狹隘和偏執。我們可以從頭部、臉部和頸部的持續緊張中發覺這種變化。

被「常我」限制的頭腦不可能平靜下來。但我們不可能透過對這種限制的逃避或抗爭，讓頭腦清明寧靜，這樣不會帶來自由。我只有透過看清我所受到的限制，才能將從中解放自己。忽視和排斥是行不通的，只會造成新的限制。我需要去覺察和理解頭腦的運作。頭腦是「常我」、小我的根基與核心。這個「我」在尋求安全感。它是恐懼的，並透過認同來獲得安全感。這是一場持久戰。我尋常的意識裡，充斥著評判，以及隨之而來的接受或拒絕。這不是真正的意識。在這種狀態下，沒有一個安靜的頭腦，任何真實的東西都不可能顯現。

❷❻ 安處不知道的狀態　Not knowing

如實覺察自己在感知真相，這是一種直接的感知，它只有在一種不受任何侷限的狀態中才能出現。我相信我在探尋，但我卻看不到我的探尋被驅動它的力量羈絆。我尋求擺脫思想、記憶和既有知識對我的束縛。我尋求超越。我試著努力工作，試著臨在，但是在這種努力中，我被控制了——在整個的努力過程中，我一直都處於被控制的狀態。第一個阻礙我的念頭就是「我在工作」。我其實並未覺察到是誰在工作，我沒有覺察到頭腦是一個障礙。我為自己尋求的事物賦予一個名稱或概念，投射出一個形象，然後懷著匱乏感出發，向目標前進。我認為自己有必要去瞭解探尋的事物，於是，一個代表真相的東西反而比對真相的探尋更為重要了。

我與理性的頭腦之間的關係必須有所改變。我要去看到它的侷限，不再幻想它有能力直接感知超越它自身機能的事物。真相是無法被思考的。它也無法只是用思維來探尋，或是憑藉對占有或成就的渴望來探尋。真相不可能成為別的東西——它是客觀存在的。我需要覺察，我的思維會受到某個頑固的想法或對形式的執著阻礙。當我覺察這一點，頭腦就從這樣的想法或形式中解脫了，有一種新的感知。直接的感知意味著，去發現頭腦無法為我們帶來的全新事物、未知事物。

為什麼我的頭腦從未發現過任何新的事物呢？因為我被內在累積的所有印象困住了。我被記憶容量所侷限，這裡儲存了一切曾對我產生影響的事物所留下的印象。在生活中，我找到的所有答案都來自於這裡。逐漸的，我無意識的接受了這種被侷限的狀態，我頭腦的能量也因此衰退。我的頭腦失去了活力和力量。它只會累積越來越多的資訊。我可以訓練我的頭腦，讓我的知識更加完美。頭腦甚至可以變得聰明絕頂，但我仍舊侷限在已知的範圍內。我要如何超越這種思考方式，讓新的事物呈現呢？

我需要足夠的自由度摒棄一切，質疑而不期待答案。我理解到這種摒棄一切已知的「不知」狀態，是最高形式的思考，如果有答案浮現，那肯定是假的。我需要與問題在一起，而不去作答，學會如何去覺察，不帶批判、念頭和語言去覺察。這是一種超凡的行為，需要一種我所未知的注意力。注意力可以帶來自由，帶來一種新的思維、一個新的頭腦。注意力是人類內在最重要的能量。一個人只有在持續觀察、聆聽和質疑，而又不陷入理性的頭腦對事物的認知時，才會具有這種注意力。對於面前的問題，我們必須用全然的注意力來關注。如果我們尋求一個答案，我們的注意力就不會是全然的。全然的專注就是一種靜心的狀態。

透過保持警醒和靜心，我有可能瞭解思維的特性，也就是它運作的方式。如果我能全然意識到「我不知道」，我就不再依靠我的記憶去尋找答案。在此刻，也只有在此刻，我才能從我的侷限，即記憶的牢籠中解脫，直接感知超越它的事物。我瞭解到思維的角色就是記憶功能的一個要素，僅此而已。

❷❼ 一種新的思維　A new thinking

我們的念頭和情緒構成了一個主觀的世界，這個世界控制著我們。我們像個懦夫似的被這些浸染我們的低等能量所控制。如果沒有對高等能量的渴望，我們的情況將會一直如此。

我把我的思維、念頭都當做「我」，就像我把我的身體也當做「我」一樣。我隨時準備好成為念頭的俘虜，因為我從未把自己和它分開。我還沒有發現，念頭在我對意識的探尋中是個極大的障礙。我必須明白我不是我的思維，我沒必要去歡迎每一個升起的念頭，並對它們有所指望。

我要知道「我」的念頭，是實現自我意識的最大障礙，我透過感官瞭解的一切都有一個名稱。我頭腦裡充滿了名稱，它們變得比它們所代表的事物本身還要重要。我稱自己為「我」，好像很瞭解自己一樣，這麼做會讓我接受一個使自己處於無知狀態的念頭。如果我學會讓自己從名稱、從念頭中分離出來，就會逐漸瞭解頭腦的特性，解除它對我的蒙蔽。我會瞭解被思維奴役的含義，以及擺脫這個暴君的可能性。

此時，我的頭腦不能逃避，逃避會帶來恐懼，不願面對事實會帶來恐懼。我的頭腦要覺察到它自己，覺察到它自身的運作但又能不迷失在語言中。這就需要異常清晰的思維和非常集中的注意力。語言消失了，還剩下什麼？這時我們就會來到感知的門前。頭腦瞭解到它是孤立的。這時，它才會瞭解一個詞語的意義和重要性——取決於它是否能引發感受。如果頭腦能把這個詞語視為一個事實，就可以擺脫它的影響。

我要覺察到，我的頭腦幾乎從來沒有處於當下……以及接下來的每一個片刻，它沒有如實去瞭解我的本相。對頭腦來說，專注於**事物的本相**太難，因為它是以記憶為基礎，並且不斷的在設想能夠**成為什麼**。想要**成為什麼**的渴望，遠比**事物的本相**更加誘人。我的念頭很難停留在未知的事物上，因為這意味著放棄對所有已知事物的篤信，哪怕是上一個片刻所留下的痕跡。

要面對未知，我的頭腦必須徹底靜默。這種靜默無法透過壓抑或犧牲而獲得。我無法創造出靜默的狀態。當頭腦覺察到自己難以獨自與它所無法衡量的高等力量連接時，這種靜默就會出現。這樣，頭腦就會停止追尋並放棄想要成為什麼的企圖。

我需要看到頭腦從未安靜過，所有基於已知的思考都無法讓我體驗到實相。這時，我才會發現安靜和靜默的意義。頭腦是有可能安靜的。於是，我不再去尋求已知的東西，不再去尋求安全感和想要成為什麼。我感覺到自己更加自由、更加敞開。我的思想也變得自由了，只專注於每一個片刻，於是每個片刻都會升起對真相的理解。這是獲得瞭解的唯一途徑。真正的思考不會得出結論，它總是一再的重新開始。

❷❽ 超越我們尋常的意識 Beyond our usual consciousness

我們在尋求某種東西，它超越了我們尋常的意識、念頭和感受所組成的世界。我們認為真相、實相是固定的，就好像是我們需要找到一條路來到達的一個點，但是實相不是固定的，它是活生生的。我們無法用任何已知的東西來衡量它。只有完全自由的思維才能觸碰到它。這種思維不受制於任何事物、任何預期和任何恐懼。它完全靜止、完全靜默，只知道自身的存在。這種只知道自身存在的思維是活在當下的。在此時、此地、當下，它沒有任何的期待，也沒有什麼可以失去。它就是「對本體的意識」——不是像這樣或那樣的本體，就只是本體本身。它只是客觀的存在著。

在此，我們找到了思維的源頭，看到觀察者和觀察物件的差異，它就出現在我們思維的源頭。觀察者植根於記憶，它所知道的都來自於過去的體驗，它基於記憶來進行觀察、思考和行動。這種將觀察者和觀察物件分開的做法無法接觸到實相，只會強化自我。但是當觀察者與觀察物件合為一體，思維與體驗合為一體時，念頭就不會產生。在這樣的清明狀態裡，我們就可以像小孩子那樣接收到新的印象。眼睛會清晰的接收到外部的圖像，但是沒有一個在感知的觀察者，也沒有頭腦的加工處理。

如果要體驗這種沒有觀察者的統一狀態，就需要先去體驗我尋常的狀態，並且看到它不足以帶來我要的這種體驗。只要思維在跟隨著我的行為和體驗，並以這樣或那樣的方式對它們進行評判，我就仍然處在我有限的意識範圍內，我仍然受制於我的「常我」。關鍵是覺察到觀察者和觀察物件的分裂，覺察到是思維製造了這種分裂。在這樣的覺察中，我就能夠從思維的操控中解放出來，向另一種實相敞開自己。

我是誰？這個問題之所以會困擾我，是因為我與它是分裂的。它在我的面前，但卻是在外面。只要這個問題跟我是分開的，沒有與我全然的合為一體，我就無法明白它。我要覺察到我無法理解這個問題會給我帶來痛苦。當這種痛苦真正發生時，這個問題與我的分裂就會消失，思維會停止，剩下的只有靜默。

臨在的時刻是短暫的。我剛一回歸自己，印象就會觸發思考，我就會在思考中再度進入分裂的狀態。我遠離了自己，不再活在當下。這時，如果我能覺察到這一切，對迷失狀態的印象就可以讓我再度回歸自己。這種回歸和離開都是我所需要接受的正常活動，活著和存在的感受就是建立在這種活動之上的，我的念頭永遠不會止息。一個念頭過去了，當下又有一個，後面還跟著另一個。我認同於所有的念頭，但如果某個時刻在思維中出現一個空白，我就失去了認同的物件。這樣我就自由了。在這種靜默中，頭腦就可以感知到思維的每一個活動。這種感知不會引發反應，由此產生的能量也不是機械性的和來自頭腦的。這種能量正是靈性探尋者長久以來所尋求的。

III

內在的感覺

AN INNER SENSATION

❷❾ 一種接觸的工具 An instrument of contact

我希望體驗到這樣一個事實：我存在著，不只是作為一個身體、一隻動物或一台機器存在著，而是作為一個人存在著。我的念頭和感受都是動物層面的。當我把注意力轉向自己，我發現我從未有過覺知，從未清醒過。我不知道自己的存在，也不知道自己是如何存在的。我完全忘記了這些問題。我一生都從未體驗過這些最重要的東西。

當我嘗試把注意力轉向自己時，我發現這樣做很困難，實際上我幾乎從未這麼嘗試過。我的注意力總是投注在一些**我自己**以外的東西上，什麼都比**我自己**重要。我會去思考這個世界，但不會去思考**我自己**，思考我是誰。所以第一步就是去思考「我存在」，思考存在這個事實。沒有這種思考，我永遠不會記得自己的存在，但是只有這種思考是不夠的，這不是一種體驗。只有我的思維參與了進來。要記得我的存在，我還需要去渴望。然而我卻沒有這樣的渴望，也根本不在乎。我對自身存在的這個事實沒有興趣。如果我能真正的看到這一點，那將對我是一個衝擊。我開始瞭解原來我的心並不聽命於我，我對它完全沒有任何控制力。

我將自己的存在當做理所當然，但我對此並不**瞭解**。我不知道作為一個人而存在意味著什麼。除非我意識到自己的存在，否則我永遠也不會瞭解我為什麼存在以及我是如何存在的。我必須去體驗，去瞭解——我的存在必須是一種有意識的存在，否則它就沒有意義。但**瞭解**和體驗又意味著什麼呢？我需要看到思考是不夠的，我永遠無法靠思考去獲得體驗，我需要讓更多的部分參與我的臨在之中，但我要怎麼做呢？

我需要看到自己缺乏與身體的連接。沒有這種連接，我就會陷入引發幻想產生的念頭，或是多變的情緒裡。我的身體要不是我的主人，像暴君一樣不斷要我滿足它的需求；要不就是我的敵人，不得不為我所有的念頭和感受付出代價。我的身體可以為我體驗自己的存在提供最好的支援。它處於地球的層面上，從地球上汲取力量。我們生活中的行動就是在這個層面上、這個範圍裡，而非飄在天上。我需要體會到自己的身體在地球上、在大地上。這要靠我的感覺——感覺身體的重量、體積，更為重要的是去感覺身體裡有一股力量、一股能量。我需要透過感覺去體會與身體的深入連接，就好像它已經成為我的親密夥伴一樣。

我們以後會覺察到不同種類的感覺，但現在我需要意識到感覺是一個瞭解的工具，是一個接觸自我的工具。如果我想要瞭解自己的存在，就需要透過接觸來感覺內在的那股力量和能量。比如說，如果我想瞭解自己思維的品質，就必須透過一種感覺來接觸它。對於身體的能量和情感的能量，我也需要用同樣的方法來瞭解。我需要有一種感覺，不僅是對肌肉的感覺、對緊張的感覺，而是一種對能量的內在感覺——一種對身體活力的感覺。

我們很難有主動的感覺。在生活中只有巨大的悲傷或危險，這類偶爾產生的衝擊才會帶給我們內在的感覺。如果不是被迫的，我就不會感覺到自己的存在。如果胃不疼，我就會忘記它的存在。但如果要瞭解自己內在的能量狀態，我就必須要有一種主動的感覺。一個有意識的人會恆久保持對自己的感覺，隨時瞭解自己內在的狀態。所以，我們的第一個目標就是發展出一種內在的感覺。

30 臣服地球的引力 Obeying the attraction of the earth

我的身體臣服於地球的引力，它從地球上吸取能量。我內在那股精微的力量，即那股精微的能量，則臣服於另一種引力。當身體臣服於地球的引力時，那股精微的力量就會更加自由，這兩種力量的活動就像是互補的一樣。人因為這些力量才可以直立起來。無論在什麼情況下，我都必須接受這個為我帶來平衡的法則，讓這些力量在內在自由的運作。當我以有意識的方式臣服於地球的引力時，那股精微的力量就得到了解放，我的「常我」、我的小我就能夠找到它的位置、它的目標。這兩種力量是相互連接的。我臣服於這個法則，並且在這些塑造我的力量組成的世界裡找到我的位置。不過思考這些是沒有幫助的，我必須要把這種狀態活出來。

緊張和放鬆，對於我們顯化的方式和與周遭世界連接的方式來說，有著重大的意義。在生活中，我們讓自己緊張起來以便去抓取、對抗和控制。我們所有的自我證明中都帶著緊張。這些緊張會將我們與一種精微的能量和更為根本的實相分隔開來。我們被緊張所禁錮，無法去實現我們的可能性。身體中帶著緊張的抗拒會讓我們的注意力無法發揮作用。它只能浮在表面而無法滲透到我們內在更深的層面。

我只能透過感覺來接觸自己。感覺有很多種。我們通常所瞭解的那種感覺來自於一種我們無法控制的緊張，無論那種緊張多麼細微。當我把思維專注於身體的某一部分時，這種感覺就出現了。這是一種靜態的感覺，固定在一個特定的部位。我們只有停止活動才能去研究它。這種感覺會喚醒一種膚淺的能量。它沒有深度。為了接收到一種更深刻的感覺、一種對實相的感覺，我必須放鬆，在這種放鬆中變得完全自由，並讓自己做好準備。我需要做的不是去尋找一種感覺，而是敞開自己，接受一種對於精微振動的印象。為此，一種能夠讓這種振動擴散開來的情感必須出現。這就是為什麼葛吉夫會讓我們說：「主啊，請慈悲為懷。」這會讓我們感受到自己的卑微，並且能喚醒一種更深層的能量。

感覺的品質取決於我身體的狀態。如果我能夠注意到自己尋常的狀態，我就會發現放鬆和緊張是一個持續的行為。我要不是過度緊張，用暴力、用傲慢去證明自己；要不就是放鬆，因為脆弱而放棄。當我看到是小我在控制著這樣的行為時，我就會開始想要融化它堅硬的外殼，讓生命在我的內在展開。然後我可能會體驗到一種下降的活動，釋放掉我的緊張中積聚的力量。一旦這些力量活動起來，它們會自動順從和遵循地球的引力。同時，我會感覺到一股上升的力量出現了，它讓我所有的中心整合成為一個完整的臨在。

只有在瞭解到自己的無能和抗拒時，我才有可能接收到一種更為精微的振動。正是因為有了這種瞭解，我才能夠向一種不同密度的振動敞開自己，就好像穿越了一個臨界點一樣。當下對自己不足的瞭解會讓我整個的身體放鬆，以便能與這種精微的振動形成的臨在同頻。我會開始覺察到感覺有著無窮的層次，它們代表著一個未知的世界。

我需要寧靜和很高的敏銳度才能感覺到體內的臨在。這種感覺不是來自於緊張而是透過接觸顯現的。我的身體歸於中心，在任何方向上都沒有緊張。它不會想要向上，這不是它的本性。它不會拉扯我，我也不會拉扯它。在這裡沒有緊張。我感覺到自由。我的整體性不再受到任何威脅。我看到感覺就好像是一種臣服於這個臨在的行動。對敞開的需求就是我們所說的祈禱。

❸❶ 一種總體的感覺 A global sensation

我需要花很長的時間才能瞭解我那些緊張的重要性。但我可以覺察到它們就在這裡，我內在的能量是不自由的。念頭是種緊張，情緒也是。能量被缺乏活力的振動所阻滯，這讓我活在內在較為低等的部分裡。我被緊張抓住，就好像被黏住一樣，致力於滿足內在某一部分的特定需求而忽略了整體。我無法自由追求不受阻礙的能量活動，或去體現完整的生命力。我首先得體驗到一種自由的能量。

通常我在內在體驗到的能量會以一種低等的形式存在，不夠自由。儘管如此，我也許還是能夠以一種更加純淨、更加平靜的形式體驗到這種能量，並由此體驗到我的本相。為此，我必須願意釋放所有的緊張。我必須保持不帶任何評判、企圖和期望的狀態，完全處於對**事物的本相**的覺知中。也許這時我會在內在感知到一種活生生的臨在，對整個的生命有一種總體的感覺。我的覺察包括我整個的身體，也包括整體的活動。雖然我可以著重感覺某一個部位，比如一條手臂、一條腿或是頭部，但我必須保持著對整體的感覺。一旦我被某一部分的企圖所阻滯，我的感覺就會被扭曲，我的覺察也就失去了意義。

尋求緊張與放鬆之間的平衡，會讓我展開與「常我」的抗爭。當我放鬆時，我能感覺到我所有的部分，我與內在的素質是一體的。我是合一的。在我根本的素質中，我已然**如是存在**，並且是自由的。我想要活出這種狀態，就必須保持一種正確的態度，一種正確的內在姿態，一種緊張與放鬆的平衡。我感受到自己歸於中心，同時又對自身有著總體的感覺。儘管如此，我還是能覺察到再次走向分裂，回到緊張狀態的傾向。那些緊張是一成不變的，是它們在維繫著我的「常我」。我感覺到我需要一種可以把自己從緊張中解放出來的放鬆狀態。

這就是一種為了活出我的本相而進行的抗爭，抗爭雙方的一方是在緊張中不斷重生的主觀的「我」，另一方是我內在一種未知的生命。我要不是被對「常我」的感覺所囚禁，斷掉與「真我」的連接；要不就在內在最深處感受到一種對「神性」的嚮往，由它指明我所要服務的物件。我整個的生命都被這種抗爭所影響，如果我希望自己的生命變得有意識，就必須對這種抗爭有所瞭解。我的緊張貫穿了我的生活。它們一直都在這裡。我的頭腦被一個目標所吸引，而後把這個目標強加於我，我的身體於是會產生相應的緊張。即使在我沒有緊迫的目標時，我的內在也會有已經固化的緊張。每一份緊張都會把整個的我牽扯進去。

在尋求對自我的感覺的過程中，我覺察到自己仍然充滿緊張。我唯一能感覺到的就是這些糾結，它們像一堵牆一樣把我的注意力與我自身隔絕開。我的注意力無法觸及內在以另一種方式活動的臨在。我感受到這種缺失。這種缺失感是現在我能接觸到的最了不起的真相，它像星星一樣為我指引道路。一旦我能意識到這種缺失，對它保持專注而不被念頭和感受所影響，我就能看到這個形式層面的世界，這個已知世界的侷限。為了面對未知，我不得不摒棄這個世界。

❸❷ 被靈性化 To be spiritualized

當前驅動我們的這些力量給予我們的活力是有限的。它們的波動、振動很快就會消失。這些振動是惰性的。我們在活動時使用的能量中沒有足夠的意願，沒有足夠的「對**如是存在**的意願」，它也沒有能力傳播這種意願。

來自我內心深處的呼喚一直都在。它變得越來越急切，就好像有一股新的能量在期待我聽到它的呼喚，在尋求一種連接。在一種靜止的狀態中，在平靜中，這種連接可以更好的建立起來。但這需要我向一種不同的內在密度、一種不同品質的振動敞開自己。對這種全新品質的感知就形成了感覺。我需要在內在感受到靈性的臨在。靈性會滲透到物質中並將它轉化。我需要靈性的這種影響，我需要被靈性化。

生命力的創造行為只會在沒有緊張，也就是只有空無的地方發生。如果我想發展自己的素質，就必須達到沒有緊張的狀態，這種狀態感覺起來就像是一種空無、一種未知。在這種空無中，小我不存在了……這是一種我不瞭解的東西——這就是我的本質。我感覺到空無，是因為那種振動的精微程度要高於我平常所瞭解的那種內在密度。此時，我接觸到了對**如是存在**的渴望，接觸到了一種願望，想要活出自己超越形式和時間的本相。我透過自己感覺的變化，意識到這種空無，我的感覺會隨著緊張的消解而變得更加精細。

我開始明白純淨的感覺是什麼意思：當我的頭腦變得自由起來，能夠不透過任何既有形象進行覺察的時候，純淨的感覺就會升起。在這種覺察之下，我的身體會放鬆下來。放鬆自行發生了，並且在清晰的覺察之下不斷深入。在我們向更偉大的力量臣服的過程中，這種感覺是最先出現的信號。只有我自願的進入被動狀態，這種感覺才會變得有意識。這種行動不是「常我」的所作所為，也不是這個「我」力量的體現。支持我的是另一種力量。如果不是這樣——如果我在工作時沒有真正的瞭解這種力量——我將無法把自己解放出來。

我需要認可一種高等力量，認可一個主導者，並感受到它的權威。這樣的認可在我的「常我」、我的小我停止活動時就會產生，這時一種具有特殊品質的能量就會出現，它只要得到我們的認可和臣服，就會是無法抗拒的和無所不能的。我們可以和所有的體系一樣，用「愛」來命名這種能量，但我們必須瞭解愛的真正含義。有意識的感覺是向這股力量邁出的第一步。

為了獲得一種有意識的感覺，一種對**事物的本相**的感覺，我需要一種新的思維，一種不被任何知識、信念及過往經驗所左右的思想。這樣的思想可以即時覺察到所有的矛盾和混亂，而同時又保持著平靜與安寧。這時，我可以感覺到身體進入完全被動的狀態，就好像它已經不存在了一樣。保持被動狀態是我對身體實現真正掌控的開始。這顯示有一股新的能量參與到我的臨在。我不再允許自己被任何緊張——任何對立、任何念頭或感受——所占據。我所有的中心都會來參與實現我唯一的目標：去感知一種精微的振動，直到能夠辨識出它獨特的品質。

對自己有意識的感覺是靈性顯化的特有標誌。在這種顯化中，靈性被物質化並具有特定的密度，形成了肉身。在肉身中體驗到一種純淨的感覺，會帶來靈性的體驗。我們滲透到了能量的世界、精微物質的世界。我的身體在這裡，體現為我內在生命力的能量也在這裡。我感受到它們是一體的，是一回事。這是可能的嗎？面對這個問題，我既無法否認也無法確認，於是一種對真相、對實相的感受就會升起。

一種新的感受

A NEW FEELING

❸❸ 我盲目相信自己的感受　I blindly trust my feelings

在面對生活時，「常我」的力量在驅動著我，它的存在完全取決於周遭的世界。這個「我」有一種深深的恐懼，怕自己什麼都不是、怕沒安全感、怕沒權力、怕自己一無所有。它很脆弱、容易受傷、總是需要被認可、很容易灰心、很容易背叛他人，並且充滿了自憐。它這種一般性的而非有針對性的恐懼一直都在，怕自己不安全、沒有能力或是有其他的弱點。此外，它還一直有著一種貪婪，想要獲得、想要改變、想要成為什麼。

我通常的情感狀態是負面的，總是以自私、自我為中心的角度對他人和事件反應——只在乎什麼讓**我自己**高興，什麼讓**我自己**不高興；**我自己**喜歡什麼，**我自己**不喜歡什麼。我在一種長期封閉的狀態中變得麻木，被不停呼喊著「我」的小我所禁錮。而我的素質，我整個的素質都被遺忘了。同時我還有一種去給予、去愛的需求。但是，愛只能在有意識的狀態下才能產生。愛是意識的一種品質。

如果我想要瞭解**事物的本相**，就必須意識到無論語言還是伴隨的感受都不是對實相的感知。語言不是事實，感受也不是事實，它們都是我基於我的侷限對印象、對一切觸動我的事物的反應。我盲目的相信我的感受，從未懷疑過它們。我相信它們是一種客觀的呈現，而沒有看到它們實際上只是反映我難以擺脫的侷限。因此，我無法明白觀察那些感受的絕對必要性——保持面對它們而不去反應，無情的對待我想要反應的渴望。我需要對瞭解自己的感受升起強烈的渴望，既不袒護它們也不排斥它們。我的思維必須敏捷而精確，這樣才能擺脫感受的影響。如果我想要瞭解感受的意義和它們對我的生活的影響程度，我的注意力就絕對不能減弱或分散。在這樣的時刻，我需要向一種產生於靜默的智慧敞開自己，只要做到這一點，理解就會升起。

為了開始這種探尋，我必須去觀察那些總是占據我注意力的感受——無論是恐懼、憤怒還是妒忌。我總是逃避去觀察這些感受，如果我想要覺察到它們，就必須面對它們，並且時時刻刻與它們共處。我會帶著自己整個的臨在專注於我的感受活動。這種注意力是純淨的，不帶有任何野心勃勃的主觀企圖。為了覺察，它必須一直保持著這種純淨的狀態。這是一種高等的能量，比那些攪動我的感受更有力量、更有智慧。只有以這種方式來工作，我才能夠衡量出自己對這些感受有多麼執著。

我需要去體驗是什麼將我的思想和感受侷限在一個特定的範圍裡——那是一種與控制思想的一系列信念所進行的反覆接觸。我需要覺察到這種接觸對我的催眠作用。為了接觸到其他的印象，我需要去感覺到一種屬於更高層面更精微的能量。與這種能量更為頻繁的接觸會帶來新的可能性。

❸❹ 感受會帶來連接 Feelings allows relation

我的內在具有一切的可能性，但我還是有可能度過一生卻沒有任何真正的改變。創造萬事萬物的最高等能量就在我的內在。它是我的一部分。我需要做的不是讓它顯現，而是允許它顯現，臣服於它的運作。我越努力，就會受到越多的阻礙……無法有任何的進展。我必須學會主動臣服於最高等能量的影響。在我的內在，這種主動的力量和被動的力量一直都存在，但只有這兩種力量是不夠的。它們之間沒有連接，這就需要第三種力量，即中和力量的出現，它會帶來一種特別的感受，從而允許這種連接出現，最終將一切轉化。

如果我們可以覺察到這種力量法則的運作，就更能理解為什麼覺察自己和保持臨在會這麼困難。我需要同時臨在於自己的兩個部分，並且體會到它們之間出現中和力量的必要性。一種新的感受會隨之升起——感受到「我」迎向了一種自己也參與其中的偉大實相，同時也感受我所生活的世界牽引著我。這兩個世界呼喚我要保持臨在，呼喚我理解它們互相依存的關係，以及後者被前者所靈性化的必要性。一種有意識的連接必須出現。

連接是一種接觸，是以同樣的能量強度在同一層面上進行的直接接觸。接觸有很多種：有時透過感受、有時透過感覺、有時則是透過覺察。當三個中心的能量強度相同時，意識就會出現。但有意識的連接不可能來自舊有的思維，那種思維只會執著於語言或形象，它不具有覺察到未知所需的力量。只要舊有的思維仍然活躍，新的境界就不會顯現。

我開始發現我內在最高等的能量並不自由，我的念頭會影響我的狀態。當我看到即使是最細微的念頭也會控制我時，我就會對此加以關注。但我必須更進一步，尋根溯源，覺察到念頭的升起。我需要小心謹慎，不帶任何預設和理所當然的心態，靜默觀察頭腦的本源和反應。這是一種需要耐心的艱難努力，它會讓我摒棄一切。對於想要瞭解、想要知道真相的深切渴望，無論那是什麼，不管那與我的預期是否相符，我都會發現新的東西。在如實面對事實的狀態下，注意力的品質會帶有一種光、一種智慧——我在使用「感受」（feeling）這個詞時很猶豫，因為我們都想當然耳的認為自己知道感受是什麼，但，真正的感受是一種具有瞭解能力的全新品質。當它出現時，我的思想會放棄它的權威，我的身體也會從思想的控制中解放，放鬆下來。被解放的能量會有自發的活動，我的身體會臣服，以便與這股能量建立起正確的關係。對我的本相的感受會整合覺察的客體與覺察的主體。於是，不會再有覺察物件和覺察者的分別。我既是覺察的客體也是覺察的主體。

當我完全向我的臨在敞開，當「我是本體」時，我會進入另一個時間與空間都不存在的世界。我是合一的，我是一個整體。念頭停止了，理性消失了。我**感受**到「真我」的存在。感受是進行瞭解的根本工具。

❸❺ 我感受到「我是」 I feel "I am"

你們是否看到我們面前的問題是一個與感受有關的問題？我們開始覺察到自身所有感受的不足之處，以及對更純淨、更有穿透力的感受的需求。但我們還沒有能夠到達內在那個可以讓轉化發生的深度。我不會放棄我的理想。我渴望活出更加真實的自我，渴望向我更高等的部分敞開，渴望體驗到一種會帶來瞭解的情感力量。我需要聽到這股力量的呼喚。為此我需要進入一種更深層的靜默，讓我的感受不再受制於我的小我。這只有在靜默中才會發生。

我渴望臨在，渴望保持臨在的狀態，但我卻感受到自己的無力，感受到自己無法渴望，也無法如是存在。我沒有一種強烈的渴望或意志。我需要幫助，需要另一種品質的力量。幫助會以一種感受的形式出現，這種感受是更加活躍的，帶著更多的堅定，它是來自高等情感中心的一種感受。這時，我會瞭解到一種臨在的全新可能性，它會在我與周遭環境的關係中將我重新定位，並為我的臨在賦予意義。

但是，只有在感受到迫切的需求時，我才會獲得這樣的幫助。迫切的需求來自於對我當前無力狀態的覺察和體驗。這樣，我會對自身的狀況具有更加正確和真實的覺知，並且渴望這種力量的幫助，渴望實現如是存在。由於我渴望臣服於與這股力量相關的法則，於是我會為這股力量讓出空間，保持專注，以便讓我所有的部分願意接受它的說明。只要我把這種力量置於首要的位置，我就能接受到它的幫助。但這種無力感轉瞬即逝，我會再一次相信在我當前的狀態下我能夠「做」，並且回到對「我」的想像中，回到盲目的狀態中。

要如何理解感受帶來的體驗呢？我們知道感覺是什麼，它是一種內在的觸覺。感受則需要另一種品質。它與「喜歡」或「不喜歡」無關，但它仍舊是情感的一種。我可以**感受**到悲傷或喜悅。感受總是會向上升起。它像火焰一樣爆發，然後熄滅。然而我可以**感受**到「我是」。這種純淨的感受是沒有物件的。只有當我能夠不帶有任何觀念、語言或形象的覺察，並接觸到**事物的本相**時，我才能夠理解純淨的感受是什麼。

我開始看到我所生活的世界是一個幻想出來的世界。它不是真實的。我對自己的覺察也不是真實的。

我透過思維去覺察自己，迷失在對「我」的想像中。我只有在一些短暫的片刻會觸及內在真實的東西——我感受到「**我是**」。我對自己的感受會讓我瞭解自己的實相。這時，只有在這時，我知道我是。我回到了本源。現在，我對自身的實相有了衡量標準，這個標準就是實相本身，而非我在通常狀態下的普通感知力。這個實相一直都在。它需要成為一個吸引我感受的中心。

葛吉夫給予我們「我是」的練習，讓我們來對自己的感受下工夫。我在內聚的狀態下會找到對「我」的感受。我把這種感受導入我的右臂——「**我**」，然後在右腿中獲得一種感覺——「**是**」。之後，我會去感受右腿；感覺左腿；感受左腿；感覺左臂；感受左臂；感覺右臂。這樣重複三次，每一次都去感受「**我**」和感覺「**是**」。隨後我會去感受整個身體——「**我**」，然後感覺整個身體——「**是**」。我會一直將「**我**」體會成一種感受，將「**是**」體會成一種感覺。感受是一種更高強度的感覺。這個練習也可以從右腿開始，然後是左腿，按順序進行。「我是」也可以被替換成為「主啊……請慈悲為懷」。

❸❻ 對如是存在狀態的熱愛 Love of being

也許我可以感受到驅動身體的那種能量，感受到頭腦和身體之間的連接，但這是不夠的。儘管有種平衡被建立起來，但只要我的心沒有敞開，這種平衡就沒有真正的生命力。

我開始有種渴望，想要具有整體性並感受到自己的整體性，但總是被自身自動反應系統的力量所挑戰。一方面，一種趨向統一的活動給我帶來了新的感知；另一方面，又會有一種無法阻擋的趨向渙散的活動。這種挑戰會在我的內在喚起一種值得信賴的力量，喚起一種在這種狀況下所必需的注意力。

能夠帶來有意識狀態的注意力就像一團火焰，它可以融合各種力量，可以帶來轉化。能夠同時意識到上述兩種活動需要一種更為活躍的注意力。我的努力會**喚醒**它，喚醒這股沉睡的力量。這樣，我的注意力就完全活躍起來，同時活躍的還有我所有的高等中心和低等中心，即我的整個臨在的機能。這取決於一種全新感受的出現，這是一種對**如是存在**狀態的情感。記得自己首先就是記得這種高等的可能性，記得在內在去尋找一種更為活躍的注意力。我渴望瞭解，我渴望**如是存在**。

我需要理解改變素質所需的條件，理解沒有高等中心的幫助我將毫無所獲。在尋常的狀態下，我只會求助於那平凡的大腦，但它沒有我所必需的能量。如果我們想有更深的理解，就需要去瞭解自身的狀態，瞭解自己聽不到高等中心的呼喚，也不願去聆聽它們，並在瞭解這個事實的時候能夠有更多情感上的觸動。為了改變我的素質，我必須帶著感情去理解自己的狀態。

我認為我理解自己的狀態，但我的情感並沒有被觸動，這樣的思維是被動的，它沒有覺察力。它所帶來的覺察沒有穿透力，無法感知真正的事實，它的能量也不足以觸碰到這樣的事實。所以，我要不試圖去避開我的念頭和情緒，不然就是與這些禁錮我的東西對抗，然後無法掙脫。我無法理解自身實相的全部，事實也無法影響我，我思考、我感受、我感覺，或者，反過來，我將注意力突然撤出，進入平靜和安心的狀態，但卻沒有意識到我已經變得很被動。接下來發生的並非來自於一種瞭解的行為，而是出於一種需求，想要緊抓住我所感受到的東西以及我所肯定或否定的東西。我沒有覺察到我需要一種沒有被念頭和感受所汙染的能量，它可以滲透到與它對抗之物的核心裡。

只有在我的需求變得有意識之後，才會出現能夠帶來改變的力量。我不滿意，我的內在沒有任何部分可以帶來瞭解。這不是一種焦慮，而是我看到的事實：我各個中心之間缺乏一致。我被這個事實所觸動。於是我有了一種新感受、一種急迫感、一種關切、一種對**如是存在**狀態的熱愛。我調動自己去覺察，就在這種覺察的行為中，一種能量產生了。它來自於覺察的行為，而且只要覺察的行為是純淨的，這種能量就會持續存在。這樣「真我」就出現了。

對自我有意識就是意識到接收的印象。在這個有意識的時刻，覺察的主體與覺察的客體融為一體。整個素質發生改變。產生一種純淨的感受，這是一種沒有被汙染的能量，是我走向深入所必需的。沒有它，我將永遠無法知曉什麼是真實，永遠無法進入一個全新的世界。

chapter

IV

為臨在所做的工作

THE WORK TO BE PRESENT

在安靜的狀態中

IN A QUIET STATE

❸❼ 理解之道 A way of understanding

第四道是一條需要被活出來的理解之道。我們的存在狀態，我們的生活方式就是一個恰如其分反映我們理解程度的事實。我不能說我理解了什麼是臨在。這肯定不是真的，因為我沒有將它活出來。如果我沒有保持臨在，就說明現在的我對有些東西還沒有完全理解。除非有關的疑問在我的內在升起，否則以我現在的狀態，我永遠也無法理解臨在是什麼。

我們稱之為「工作」的這種努力到底是什麼？我們在試圖獲得什麼？今天我理解了什麼，我還需要理解什麼？我們總是希望對內在的某些東西有所改變，因為我們不喜歡它。這不是一個正確的出發點。它不是以理解為基礎的。既然它不是源於理解，就是不值得信任的。我投入的程度與我理解的程度是成正比的。

理解以有意識的印象為基礎，它取決於我素質的狀態，取決於我臨在的狀態。我在覺知的片刻所瞭解的東西才是我理解的東西。一旦我的狀態改變，意識水準降低，就會失去這種理解。它會立即被充滿聯想的思維以及自動化的感受所占據，被我慣有的模式所占據，它們會竊取這種理解並假裝它是屬於它們自己的。我需要將這種傾向作為一個事實來瞭解，以避免自己被愚弄。理解是一件稀有的珍寶，它必須作為一個活躍的元素融入我的努力中。如果它帶著清明進入我的努力，就能夠給我正確的動力，並幫助我獲得一種有意識的印象，一種新的理解。我們必須要小心，不要讓我們慣有模式透過不必要的聯想來汙染新的印象。

在通常的沉睡狀態或認同狀態中，我們無法瞭解任何東西。當我處於完全認同的狀態時，我已經不在這裡。這裡沒有人在覺察、在瞭解。我的注意力也完全沒有覺察所需要的自由。在沉睡的狀態中，我渴望工作，並且嘗試了各種方法，但這完全沒有用。我很荒謬的在沉睡中去渴望工作，並一直幻想著自己可以做到。我需要去質疑我對自身的幻覺，質疑我習慣性的自我肯定。為了能夠覺察，我首要的努力就是清醒過來。

對於清醒的時刻，對於看到自己在沉睡中的樣子的時刻，我們沒有足夠的重視。我們認為清醒意味著進入一種完全不同的生活，那種生活與我們現在的生活完全不同。但實際上，清醒首先意味著覺知到我們當下的狀態，覺察和感受到我們沉睡、認同的狀態。只有當我們臨在並覺察到自己的認同狀態時，**當下一**股動力才會出現。這時我才會有機會清醒過來。隨後，在下一個片刻，我開始辯解，開始欺騙。在獲得這種印象時，我意識到自己的狀態處於很低的層次。我很擔心，並希望獲得自由。這時，我會渴望臨在。在覺察到自己被想像所占據時，我忽然清醒過來，就好像被一束光喚醒一樣。我透過覺知自己的夢境而清醒過來。我意識到一個巨大的可能性：在沒有完全迷失的時候，我可以清醒過來。

雖然我們可以清醒過來，但我們大多數時候都會拒絕這個機會。我們能夠覺知到自己的臨在，但卻不願意這麼做。當我們這樣做時，我們覺察到自己無法保持臨在狀態。我清醒了，現在我發現自己是沉睡的。我臨在，然後再一次迷失。大多數時候我都不在，但我卻並不知曉。如果我無法發覺自己是如何迷失的，就會一直陷在這樣的迴圈裡找不到出路。覺察、瞭解成了我最重要的目標。我必須要瞭解我是有能力的，我有資格去渴望，我可以透過工作來實現臨在。我需要對保持臨在狀態懷有渴望，並且想辦法做到。

我質疑自己的方式和我瞭解自己需求的方式是非常重要的。我不能再從一個想當然耳的模糊願望開始。我必須知道我為什麼要工作以及在付出怎樣的努力。

❸❽ 每一天 Each day

我們需要不斷重新界定我們的目標，這是因為我們會在路上忘了真正的工作和正確的努力是什麼。我們會忘記辨識出內在的兩個層面，忘記將它們連接起來是必要的。我們沒有覺察到同時進行的兩種活動，一種是向外顯化的活動，一種是向內回歸本源實相的活動，這是兩種不同的振動。我總是去滋養對「常我」的感受，盲目執著於第一種活動，即把我向外拉扯的振動。我被我當下的活動所占據，並且相信這種振動是對我的一種肯定。在這樣的認同中，我迷失在我的某個部分裡，而意識不到整體的存在。所以，我努力的方向就是去記得自己。

我們在這個世界的法則的影響下受制於我們的認同狀態，但是由於我們沒有意識到這一點，也不知道其他的可能性，我們會臣服於認同狀態並迷失在其中。我們可以從認同中解脫，但前提是我們要能看到這是一種沉睡狀態，並且意識到內在有另一種生命，有一種更高等的實相。為此，我們首先要瞭解一種不同的狀態，它的品質與我們平常體驗到的狀態不同。這只能在靜坐中，在一個不受外在生活影響的環境中，才可能會實現。

為了達到專注的狀態，我的思想只是關注在關於「我」的問題上，我所有的部分都會專心去瞭解我的存在。我只在乎一件事：「我存在。」我知道我存在。我能夠存在，我渴望存在。其他都不重要。因為我知道我存在，於是我知道周遭的一切都存在。一切都在起起伏伏，生生滅滅。

而在這些活動的背後，有一種靜止的、不變的東西。我必須意識到它，我不能只是浮在表面，而是要盡可能深入專注於一個難以滲透，更難以安住的層面。我渴望這種瞭解，對在這個層面能夠獲得的瞭解充滿期待。這種渴望超越了一切。這是一種有意識的渴望，我想要聽到「真我」的聲音，聽到它在我內在的迴響。

每天我必須花上足夠的時間——有時會多些，有時會少些——來獲得一種清晰的感知，感知到內在的一種臨在，感知到內在一種比我的身體高等許多的生命。我需要切實感受到這種臨在的存在，而非只是將它作為偶爾觸及的一種可能性。為此，我需要進入一種主動的被動狀態，安靜到足以讓一種具有不同品質的能量出現，並被我所承載。這是一種深層的放鬆，我的機能保持在被動的狀態。我允許我的機能來融入我的臨在。不是我去融入它們，而是它們來融入我。只有注意力是主動的，這是一種來自所有中心的注意力。我需要一再找到這種臨在，直到它成為我無法質疑的實相。

這種確鑿的實相會成為我工作的基礎。如果我每天都能回到這種我所理解、信服並有絕對把握的東西上，我就能看到一條道路、一個方向，從而知道自己的生活是什麼樣的狀態。我將會看到自己被封閉在一個由欲望和興趣形成的狹窄圈子裡，完全被生活所占據。而如果我能夠在每天都在另一種狀態中，在這個圈子之外體驗到自己的存在，那麼我將會意識到我實際上是可以逃脫的，我甚至也許會覺察到這個圈子根本不存在。

❸❾ 上升之路 The way up

獲得對實相的一種內在感覺或感受需要什麼樣的前提條件呢？我們需要瞭解相關的途徑、過程，並接受這樣的一個事實：以我們現在的狀態，我們在生活中進行活動時，無法向實相敞開自己。我必須要瞭解自己所走的道路——上升之路和下降之路。我要學會先從日常活動中撤回，找到這種臨在，找到內在某種真實的東西。隨後，我會要再度走向顯化。

在轉向一種不同品質的感知時，我覺察到自己尋常的思維、感受和感覺都幫不上忙，於是我會放棄慣有的態度和關於自己的幻想。我什麼也「做」不了。儘管如此，我還是可以意識到內在的一切是如何發生的，並且找到一種態度、一種內在的姿態，讓自己向高等能量敞開。意識意味著我所有的部分都已經對此有所瞭解，走向敞開的狀態需要我的每一個部分都變得被動，做好接收高等能量的準備，並且處於記得自己的有意識活動中。這種敞開取決於注意力在每個中心都具有同等的強度，就好像所有的中心都協調好了一樣。這就好像是在締造一個每一部分都自願各司其職的世界。

對意識最大的阻礙就是四處遊蕩的頭腦，任何把我拖離專注狀態的東西都是我的敵人，但我沒必要去對抗這些讓我分心的東西，我需要忽視它們，不用我的能量、我的注意力去餵養它們。我的思維非常不穩定，會被每一個衝擊所影響，因為我幼稚的期待從思維那裡有所收穫。這樣的思維被持續不斷侵入大腦的念頭，以及它們的振動所干擾。儘管如此，我的頭腦還是有能力專注於某些念頭，透過與它們的頻率相連接，阻止其他念頭進入意識的範圍。因此，頭腦可以是我被控制的原因，也可以成為我獲得解放的一個要素。

在靜坐中，我學著把自己與大量的念頭分開，只是去感受一個問題的振動：「我是誰？」隨著我嘗試讓自己與這個問題共振，一種靜默的對「我」的持續感知就會出現在一波波念頭的背後。於是，我不再被這些念頭的振動所打擾，保持著漠然的狀態，對它們沒有任何期待。我是誰？我安住在這個問題帶來的衝擊裡，直到所有其他的念頭都安靜了。這不太容易，但我不會讓自己氣餒或恐懼，也不會執著於發展自我意識的這個想法。專注於這個單一問題的目的是讓我達到有意識的狀態。其他任何附加的想法——即使是與意識有關的——都是無用的、有害的。如果有另一個念頭出現，我會意識到它的存在，但不會對它有任何興趣。這樣我的頭腦就會沉靜並具有力量，它有能力在沒有思維參與的情況下獲得瞭解。

當我的頭腦平靜，我會感覺到一種更為精微的能量出現了，並在內在感覺到一個活生生的臨在。我感受到它來自於我的頭部，是一種在各種想法背後的振動，它在我的體內迴圈——是一股在肌肉裡面的能量流。要產生對自己的強烈感覺，就需要一種比用於顯化的能量流更強的能量流。

我擴展了自己注意力所及的範圍，讓它可以滲透到任何地方，像一張網或一個過濾器般將高等能量流保存住。我最深層、最細微的肌肉是放鬆的，但只是放鬆到一定的程度。它們保持著精確的緊張度以便能夠保存住能量流——它們既不會因過度緊張而阻斷我和身體的連接，也不會因為過度放鬆而讓能量流跑掉。更粗大些的肌肉則是柔軟的，沒有任何緊張，隨時準備被另一種用於顯化的能量流所調動。調整緊張與放鬆間的平衡，即總體的「肌張力」，會影響到念頭的產生，影響到念頭出現的頻率，並最終實現對聯想的控制。我於是感受到一種寧靜，一種對實相的內在感覺。

當我分開注意力，並讓心參與進來時，記得自己就會開始變得更加圓滿。當我去關注頭腦和身體時，心就不可能不參與進來——它無法再置身事外，它若不是被我當下狀態的品質給觸動，就是被各部分缺乏協調性所觸動。記得自己所必備的特殊能量只有在產生強烈感受時才會產生。此前的一切，都只是準備工作。

40 練習只是暫時的幫助 An exercise is a temporary aid

當我靜坐時，我不會被在日常生活中運作的力量所打擾，可以具有一種包容自身雙重特質的正確態度，一種正確的內在姿態。然而在日常生活中情況卻並非如此，我會被那些為我的工作製造極大困難的力量所控制。

隨著我體驗到緊張與放鬆這兩種感覺之間的差異，我會瞭解到只有在一個放鬆的身體裡，一種對臨在的感覺才會出現。這種臨在好像需要在身體裡建立起它的秩序。我需要去理解這種新的秩序，覺察到自己是它的一部分，覺察到自己對它的渴望。在這樣的秩序裡我才能活出更為本質的自己。

在回歸自己的過程中，我可以做一些練習來使對臨在的體驗變得清晰。然而練習一直都只是一種暫時的幫助、一種工具，用來幫助我邁出必須的一步，更好的看到我的處境，瞭解我所要付出的努力。只有在我有需要並且理解了練習的意義時，它才會對我有幫助。否則，練習不但沒有幫助，反而會妨礙我獲得進一步的理解。因此，不要盲目去嘗試一個練習，或是設計給他人的練習。

在做練習時，我必須首先問問自己為什麼要做這個練習，以及是否真的想做這個練習。否則，我就是在被動的做練習。由於被動狀態永遠不會帶來領悟，所以這個練習根本幫不到我。在做練習時，我要特別注意同時用三個中心工作，如果我看到自己只用一個或兩個中心工作，那麼我的努力一定是機械性的或不是完全有意識的。只有三個中心以同等的強度一起工作時，真正的有意識狀態才可能產生。

如果動力來自於其中的一個中心，例如，開始時重心位於頭部，然後又轉移到太陽神經叢——就會出現問題，想像出來的工作只能導致自我欺騙。如果我只是以平常的方式放鬆，也會有問題。沒有意識的參與，練習就沒有價值。如果要全然參與，我的頭腦需要像個警醒的看守者一樣；我的身體需要對內在的能量非常敏感，保證內在沒有無意識的緊張；而我的心則需要一直對我真實的狀態有所覺知。這樣，我才會感受到一股在體內迴圈的精微能量出現了。

由於我難以感覺到整體——我真實的本相，我可以從感覺身體的各個部分開始。我可以在右臂裡更多的感覺到這股能量，它是活躍的、流動的。它從我的右臂傳到我的右腿，然後到我的左腿，然後是左臂。我把四肢走一遍後，就可以依次從下一個肢體開始重複這個迴圈。隨後，我感覺到那股活躍的能量在背部……在頭部……在太陽神經叢……在整個身體裡。「我是。」我可以透過在感覺肢體時數數來增加練習的強度——例如，一、二、三、四……四、三、二、一；二、三、四、五……五、四、三、二；三、四、五、六……六、五、四、三……直到九、十、十一、十二……十二、十一、十、九，然後再從一開始。

在做練習時，我嘗試不迷失在練習所帶來的體驗裡。這是一個嚴肅的時刻。我感受到練習的嚴肅性。我的工作取決於當下要去瞭解的東西。如果我的每個部分都能保持它們的主動性，我對真相的體驗就會更穩固，對「我是」的體驗就會獲得一種支持，這是這種有意識的努力所產生的振動，但這種振動可能會馬上消失。為了讓它保持得更久，我必須有一種主動的思維。在練習結束時的寧靜狀態裡，我下定決心，在下一次練習開始前要一直保有這次練習獲得的東西，並且在下一次練習時爭取更多的收穫。

IV

為臨在所做的工作——在安靜的狀態中

在日常活動中

IN THE ACTIVITY OF LIFE

41 只能在日常生活中 Only in everyday life

如果我想瞭解我的本相，就必須在生活中保持臨在。當我向更高層面的力量敞開自己時，我就能夠在那個時刻參與其中，但是停留在那裡不是我的角色、我的位置。我無法讓自己一直處於這樣的連接中，一段時間後，這種連接就只是我的想像了。當我回到生活中，我又開始以我的「常我」回應。我會回到慣有的思維和感受中，忘記我曾經實現過的另一種可能性。它是遙遠的，離我很遠——隔著很遠的距離。我不再信任它，在顯化中也不再臣服於它。我服從於我的反應，在我的主觀感受中迷失了自己，並且認同於這些感受。我自以為了不起，不再需要任何東西。我聽不到高等力量的召喚。

以我現在的狀態，我無法避免在生活中迷失自己。這是因為我不相信自己已經迷失，看不到我願意被控制。我不知道「被控制」是什麼意思。我對此沒有覺察是因為我在顯化中覺察不到自己，沒有真正瞭解我需要對什麼說「是」，對什麼說「不」。我沒有足夠強烈的印象來支持我臨在的努力。所以，我第一個有意識的行動就是了解我的機械性，覺察到自己正盲目服從著一股自動形成的吸引或排斥力量，並意識到自己在這股力量面前的被動性、惰性。

我的自動反應系統是一個監牢，只要我相信自己是自由的，就不可能從這個監牢裡出來。如果我要做出必要的努力，就必須瞭解自己在監牢裡。我必須要覺察到自己是台機器，瞭解自己這台機器，並且在這台機器運作的時候保持臨在。我的目標是體驗到自己的機械性，並且永遠記得它。

我對自己的感受在顯化時會遇到考驗，我們所有的認同都被一股基本力量驅動，這股力量是我們必須要去面對的。認同的形式不重要，它們不是問題的核心，我需要回溯到這股力量的源頭，看到它就存在於我們每一個面具背後。它本來是屬於我們的力量，但是我們的小我在自我肯定時竊取了它。我們從早到晚都在說著「我」，無論是一個人的時候，還是與他人交談的時候，我們都在說「我」、「我」、「我」。我們相信自己的個體性，這個幻相支撐著我們的存在感，我們不斷致力於成為我們所不是的東西，因為我們害怕自己什麼都不是。

同時，我們也是高等可能性的承載者，在狀態好一點的時候，我們都會感受到自己是一種更偉大東西的一部分。我們的內在就帶有它的種子，這就是我們作為人類的價值所在。我們必須要意識到這些可能性，才能讓它們與我們的生命力連接，並參與到我們的生命力中。透過意識到這些可能性，我真正的自我和我的「常我」，才能夠互相瞭解並建立連接。

日常生活會阻礙我去瞭解隱藏在我內在的高等可能性，它用一種自然而然且難以抗拒的方式將我塑造成今天的樣子。但是，當我覺察到內在對立的兩種生活，兩種受制於不同法則的層面時，我會感受到我必須有一條出路、一個方向。沒有這種對立，我就不會感受到這種必要性，也學不會如實覺察自己。只有在日常生活的情境中，我才能瞭解我的力量在哪裡以及我的弱點在哪裡。在瞭解這些之後，我還將會瞭解到是否有必要改變。

❹❷ 顯化的源頭 The source of manifestation

生命力一直都存在於我們的內在，它是顯化的持續性源頭。但我們與它沒有接觸，沒有連接。我們感覺不到自己參與其中，我們不瞭解我們的生命力，如果我們要瞭解它，就必須覺察到我們的認同。我們必須接納自己走向顯化的傾向，同時努力覺察到自己被生命力所控制，並且去跟蹤自己狀態的變化。我們必須主動參與這個過程——這是一種我們透過選擇、透過抉擇而進行的有意識的參與。

我們必須接受這樣的情況：我們內在有一股力量，它總是在活動，總是渴望展現自己，渴望顯化。我的思想將會一直持續，我的感受將會一直持續，我的身體將會一直活動。我一直都對活動有一種饑渴，有一種渴求。而我要如何參與其中呢？我與它的關係又如何呢？以下才是問題的根源——我沒有覺察到在我所有顯化背後的小我，我並不瞭解它。我沒有覺察到是什麼樣的動力在內在引發了這種渴求——這種「我」、「我」、「我」的念頭伴隨著我所有的情緒和動作而生……這種無止無休的「我」的念頭。這種動力是我的一部分，我無法否認它的存在，但我不瞭解我與它的關係，不瞭解它應有的位置。我甚至不知道它裡面的東西是好是壞，或者在面對它的時候要採取什麼樣的態度。這一切都不是有意識的，我甚至無法在它的面前去瞭解它。

為了覺察到我的認同狀態，我必須接受自己無力保持臨在的事實。我必須體驗到我的認同狀態，不斷尋求對它的瞭解。要瞭解一股力量，我們需要先對抗它。所以我透過對抗認同來瞭解那股使我認同的力量。但「對抗」是什麼意思呢？我要怎樣才能有意識的區分高等和低等力量，以便意識到它們呢？在解放注意力的行動中，我發覺態度是至關重要的。為了保持臨在，我需要看到自己的態度何時發生了變化，並且拒絕服從那股控制我的力量。

在通常的認同狀態下，我盲目追隨顯化的活動。我迷失在自己的一部分裡，被當下的活動所控制，無法意識到整體。這會滋養我對「常我」的感受，我相信這種感受是一種對自我的肯定。儘管如此，我的內在還有一股更為精微的能量，它更加靈活、更加強烈。如果我能意識到它，我就能夠確認自己內在的更高品質。

在顯化時會考驗我對自身的感受，我會瞭解我對臨在的感受不夠強烈，它很快就會消失。這種消失是必然的，因為我無法讓自己的努力持續。但是我可以重新來過，可以再一次找到同樣的力量，同樣的真相的體驗。然後，我會掙扎著不讓自己這麼快在活動中消失，我嘗試著去瞭解臨在所需的條件。在工作時我需要犧牲什麼呢？我要怎樣才能具有「意志」呢？又是誰在發願，誰在渴望呢？如果我有一種對自我的感受，那會是哪一個自我呢？誰在這裡？我需要覺察到自己是如何允許自己消失的。

❹❸ 來自更高層面的衡量標準 A measure from above

我們在生活中為了工作所做的首要努力，就是去發現我們當前的狀態與自己最高等的可能性相距多遠。逐漸的，我們會瞭解自己不同狀態的差異，我們的瞭解就是對差異的瞭解。我們在安靜時和在日常活動中體驗到的狀態是不同的，在生活中的狀態是多變的，我們在這裡的狀態與那裡不同，此刻的狀態與一小時後，甚至五分鐘後的狀態都不相同。我們可以覺察到自己狀態的變化，但如果我們只是在同一個層面去記錄我們不同的狀態，那將是毫無意義的。我們必須把這些狀態參照更高等的東西才能進行衡量，那些更高等的東西是不變的，它是一種始終如一的內在覺察。我們用自己高等的部分來衡量低等的部分。

我們工作的核心就是一種對以更加真實的方式生活的渴望。但是一旦我們開始，所有的阻力都會顯現，它們會讓我們說謊並且否定我們的渴望。我們缺少一種對自己的感覺或感受。所以，當我們講出「我」和思考「我」時，我們所肯定的並不是我們認為真實的東西。這就是我的謊言——在肯定自己時卻沒有體驗到真相，沒有體驗到實相。但我無法同時堅持謊言和真相。要瞭解我的本相，我必須騰出空間，放棄我的謊言來獲得對真相的感受。我要進行的掙扎就是努力從謊言中解脫出來，並在我工作的核心中再度找到真相。為此我需要一個參照點，需要一種不變和始終存在的感受——它反映了我對「怎樣才算是一個有意識的存在」這個問題實際的領悟。每當我工作的時候，都要去接觸這種感受。這種接觸是一種連接，它是否深入取決於一種主動的注意力。這就是我的衡量標準，它可以衡量我的能力以及我此刻的工作品質。

為了回歸真我，我需要從語言、形象和情緒中解脫出來，這樣才能去感覺一種更為精微、更為高等的能量。為了接收這股能量，我必須臨在，讓所有的中心都準備好進行有意識的行動。如果我能夠找到平衡，就可以感受到這種不同能量的存在，感受到與另一個層面的力量的接觸。然而，感受到這種與高等世界的接觸只是我在生活中為了瞭解自己所做的有意識努力的一部分。在這個過程中，我只能夠瞭解到自己的一個面向。

在工作的時候，我需要先找回因認同而失去的那部分注意力，並且與內在最直接的實相連接。我的注意力會因轉向更高等的可能性而改變，但為了臨在，我必須在再度轉向生活時帶著這種全新的注意力。這種注意力的一部分仍舊在覺知我自身的實相，而另一部分則冒著各種認同的風險轉向生活。我用一種有意識的努力把自己同時與高等和低等力量相連接。我在中間，在兩個世界之間。我的注意力同時在兩個方向被調動起來，並且保持活躍的狀態，既不會被控制，也不會從行動中撤回，我覺察到了自己素質水準的波動。

44 下降之路 The way down

我必須瞭解自己當下在走的道路——上升之路和下降之路，在撤回內在發現的真相後，我就要學習更加有意識的去進行外在的顯化，在生活的活動裡保持與實相的連接。

當我在生活中碰巧清醒過來時，我覺察到自己並沒有做好準備。我的清醒並不是有意識的選擇，我的注意力是渙散的。為了臨在，我必須有種不同尋常的渴望或意志，有種不同尋常的品質。我必須以超越尋常的方式付出，往超越「常我」的層面努力。

為此我需要做一個決定，我下決心要在某個預先設定的時刻和情境中記得自己，並保持與兩個方向的連接。一般說來，我工作的那些片刻是分隔開來的，彼此間沒有連接。當我獨自在安靜狀態下記得自己時，我會脫離在生活中的狀態。我會排斥自己在生活中的狀態，而且也無法瞭解它。隨後，當我嘗試在生活中工作時，我沒有預先做好準備，我的努力也沒有根基。於是，我的努力會變得脆弱、懶散。我需要把靜坐中的那些片刻與生活中工作的那些片刻連接起來。我需要下定決心，有意識的把它們連接起來。我在生活中工作的收穫必須要進入到獨自的工作中，在獨自工作中的收穫也必須進入到在生活的工作中。

在靜坐的工作中，我嘗試再度找到對自己生活狀態的印象，並感受到來自它的一種阻力。如果我能夠把一種對自己兩個面向的強烈印象帶入往後工作中，我就可以主動做出臨在的決定。只要我的努力是明確的，上述這種事先得到認可的連接就可以在我需要的時候建立起來。下決心工作不是件容易的事，因為它需要同時觸及我的兩個面向。我在這方面能力的薄弱反映了我「**做**」的力量十分有限。

在做這樣的決定時，我們全部的臨在都必須在此，包括我們的「常我」。雖然從有意識的角度看小我是幻相，是令人失望的，但這個「我」卻是為我們日常生活提供動力的暫時性核心。它必須要贊同我的決定，這樣執行決定時我內在所有的力量才能都參與進來。當然，我的「常我」並不希望如此，它對執行我的決定沒有興趣。但它必須感受到那些更為緊急和重大的事情，並加以認可。在執行決定時，它會抗拒，但同時又不得不接受——接受這種掙扎的狀態。在我們選定的工作時刻，當我們記得自己的決定時，我們需要感受到對更偉大的力量的一種遵從、一種臣服。這樣，我平日的那股生活動力才會願意以高等力量的名義去執行我的決定。

於是，我們被轉化的生命力成了我們行動的核心動力，我必須要足夠精明才能覺察到我在生活中的狀態。我沒必要去改變對顯化的需求。我需要出其不意的覺察到自己，同時分開我的注意力。這幾乎是不可能的事。

在執行決定時，我們必須「有自己的衡量標準」，這樣才能保證付出的努力是正確的。這意味著去衡量那些力量。如果我要進行有意識的掙扎，就需要瞭解自己的能力——什麼是我能做到的以及什麼是我做不到的——並預估到將會遇到的阻力。

有一些障礙是我必須預作準備的，包括「常我」的幻相以及對自己能力的不斷質疑。我的被動特質是不會甘心放棄的，它是個狡猾的傢伙。它會告訴我它無法做決定或執行決定。這是真的，它確實不能，但我內在的其他部分可以。我需要去聆聽這些部分而非來自被動特質的懷疑。我現在還做不到在任何情況下保持臨在。選擇一項與我的衡量標準、我的臨在能力相適應的活動是非常重要的。我需要覺察到即使在最簡單的活動中，我都無法向臨在敞開。

每當有所收穫時，我總是會傾向於因滿足而停止工作。當我完全停滯不前時，我會忘記自身惰性的力量，忘記重新開始有多困難。我必須學會持續的為工作創造動力，創造一些艱難，但又不是極為艱難的條件。如果創造的條件不夠艱難，它們就無法扮演動力的角色。如果創造的條件過於艱難，它就會產生讓我停滯不前的阻力。不要對自己做你不知能否兌現的承諾。如果你要完成一項任務，就必須在一開始的時候強烈感受到它的迫切性。為了製造出掙扎，我的渴望必須與認同背後的強大力量一樣有力。

保持面對

STAYING
IN FRONT

❹❺ 瞭解自己 to "know myself"

我的臨在中包含兩種活動：一種趨向源頭的活動和一種趨向生活的活動。我需要覺察到並記得自己屬於兩個層面。要變得有意識，我就必須感受到一種高於我的實相，必須意識到沒有它我什麼都不是，也沒有力量來對抗認同的控制。於是，我會向這種實相敞開，有意識的接收它的影響和滋養。達到這樣的狀態所需的態度是我所難以維持的。我總是會回到對「常我」的感受上，而它不瞭解自己必須去服務。這個「我」是盲目的。它相信自己是自由的，並總是會回到被控制的狀態中。

當我覺察到自己的狀況時，就會開始理解這個由我生命力餵養的「我」的幻相，就會感受到我需要具有一種對自己的全新態度。我首要的努力是把自己的注意力從認同中解放出來。但我的內在沒有可靠性和穩定性。我需要瞭解如何努力才能形成一個核心，才能讓注意力有一個更為穩定的重心。為了保持與兩個層面的連接，我的注意力必須被充分調動起來，同時投注在兩個方向上。這種被分流的能量所具有的力量就是我注意力所具有的力量。

我們對於安住在兩種力量之間的短暫時刻，沒有足夠的重視。在記得自己的每一個步驟中，我們都會遭遇懷疑。我懷疑自己，懷疑自己那更為真實的部分，懷疑自己是否能找到幫助——那是一些超越已知的高等可能性。我需要在這種即使是最佳狀態中都會出現的謊言面前，保持真誠的狀態。我需要與懷疑掙扎，直到它認輸。這時，幫助就會出現，呼喚我繼續保持真誠的狀態，保持與高等能量的連接。我沒有必要總是達到一種至高無上的境界，只要能夠達到保持臨在久一點的境界就可以了。我只需保持在高於沉睡狀態的層面——只是高出一點點，但卻具有穩定性，這已經是非凡的了。它可以喚醒我們內在的一些東西。我們需要瞭解自己的真實狀態——無論是無意識的奴隸還是有意識的僕人。

我們的注意力沒有重心。它沒有被一股有權威的、能夠左右它的力量所控制，因而會不斷被牽引到任何地方。也許由此我會發現自己沒有準備好，因為我的注意力並沒有準備好。我無法在更加內聚，回到更深內在的同時，更多的走向外在。那麼，我到底需要怎麼做呢？內在的實相是我生命的源頭，但我絕對有種向外展現自己的需要。如果我把內在的實相看做是磁鐵的一極，那麼外在就是相對的另一極。這樣，我也許就能明白注意力是什麼。它是一股把我同源頭和外在世界連接起來的能量，讓我能夠去接收知識，也就是去**瞭解**。

我們頻繁使用「瞭解」這個詞，以至於讓它失去了意義。但是，當我們說「我希望瞭解自己」時，我們指的不是獲得概念上的瞭解，不是獲得那些一勞永逸，可供日後被動的為我們所調用的瞭解。我們指的是一種強烈而活躍的行動。在經歷過臨在、清醒所帶來的第一次衝擊並回歸自己後，我們會掙扎著去保持面對內在的兩種活動、兩個層面。對維繫這種臨在狀態的需求會帶來第二次衝擊，它會喚醒一種新的感受、一種新的渴望、一種**意志**。為了繼續保持對自己的瞭解，不讓自己迷失，維繫臨在狀態的**意志**就會升起。

這種努力的結果總是可以預計的。它是既定的，依照法則而發生，但發生的情況並不總是符合我們的期待。如果出現這樣的情況，那就意味著我們的努力出了偏差。只要努力是正確的，結果就一定會在適當的時候發生。

46 只有接觸，只有連接 Only contact, only relation

有一些非常被動的東西妨礙了我試圖臨在當下。我忘記了我的努力是去意識組成我臨在的不同力量之間是如何相互連接的，並在這種連接中找到自己的位置。在短暫的嘗試之後，我體驗的不過是自己的一種努力形式，我會讓自己緊張以保持這種形式。我不再能覺察到瞭解這些力量之間關係的必要性。我忘記了自己的角色是覺察以及保持這種覺察。我被動的緊抓住一個沒有任何用處的形式。

我的內在總會有種以高度聚集的形式所存在的能量，也總會有另一種能量，一種缺乏力量並流向外在的渙散能量，我人生的意義就在於對這些力量的意識中。這並不是要阻礙這些力量的展現，而是為了瞭解它們之間的關係。為此我需要一種更為純淨的注意力，這樣我才不會被引發緊張的向外的活動所控制。這些力量之間的關係，以及對這些力量的不斷覺知，才是我有意識努力的意義所在。但我卻忘記了這一點，認為單獨考慮一股力量就足夠了。

例如，我會強迫自己的身體放鬆，內在卻陷入了沉睡。努力的形式成了目標，好像放鬆就意味著臨在一樣。我需要意識到這種會不斷出現的風險並加以防範。我探尋的意義就在於一個片刻接著一個片刻去質疑。「我是誰」這個問題一直都存在——在這些構成我臨在的力量之間，我到底是誰呢？

覺察需要一種主動的注意力，它並非僅由一個印象帶來的衝擊所引發的那種注意力。我們需要意識到我們尋常的注意力與感知物件沒有接觸，因此我們沒有真正的覺察。只有主動的注意力才會帶來這種接觸。我們需要面對自身注意力的被動性，意識到我們的不足、我們的渺小，並且保持這種面對的狀態。這會帶來主動性。

一切總是在重複。我們需要保持面對這種重複，才能邁向新境界，邁向未知。對此，我們無法依靠我們那平凡的頭腦。我們總是期待一個結果，所以我們的思想總是無法獲得自由。我們只對改變有興趣，而不是真正想要瞭解。為了超越這種侷限，我們必須向一種超越尋常機能的意識敞開，向一種覺察而跳脫判斷的意識敞開。我們到底是希望改變表象，獲得一種倉促的體驗，還是希望保持面對、不逃避，從而瞭解我的本相呢？我學著覺察，一再的覺察，保持面對我意志的缺乏，在這種缺乏中我缺少一種對於面對**事物的本相**的渴望。保持面對未知是件了不起的事情——我對於自己來說就是一個未知。我開始理解只有接觸、只有連接才會帶來真正的改變、帶來意識。

以我尋常的覺知水準，高等中心無法影響到我。它們被我經常的渙散和不協調的狀態所阻礙。在這個層面上有一個法則：我什麼也做不了。但我能覺察到這種渙散的狀態並且理解它嗎？除非我能覺察到，否則什麼也改變不了。我不會有新的動力，我內在能量活動的方向或品質也不會改變。獲得來自高等中心更佳品質的途徑就是敞開，也就是說，具有一種此前從未有過的注意力。當我無法理解這樣的品質，也無法接收到它時，我就會停下來。而就在這種停頓裡，那被占據、被囚禁並且意識不到自身的注意力會突然變得自由。一旦獲得自由，它就可以去保持面對、去意識它自身。這種向另一個層面的敞開會讓我去質詢我的本相是什麼。

47 為了如是存在所進行的掙扎 The struggle of being

當我們像機器一樣運作時，我們只會用一個中心來行動，我們在毫無覺察的情況下讓能量被聯想、情緒和行動所耗盡。我們必須覺察到自己的機械性，然而我們只有與之對抗時才能覺察到它。我們透過對抗認同來瞭解驅使我們認同的力量。當我們對抗時，一種不同品質的能量、一種不同品質的臨在就會出現，帶著一種不同的味道——這是一個暫時的重心。但對抗到底意味著什麼呢？

當我沒有臨在的時候我在哪裡呢？我必須要覺察到自己完全受制於各種影響，甘願被操控。我願意去服從，接受自己的怯懦。我甚至都無法理解想要解放自己是什麼意思。我從未想過在為了瞭解自己的被操控狀態而進行的掙扎中，可以找到一種獨立存在的感覺。我從未嘗試透過不讓自己太快屈服的掙扎而在生活中保持臨在。

我對於掙扎的渴望不夠強烈。否則，我就會去觀察。在開始時，我想要撤回到內在，撤回的程度只要讓我能透過掙扎保持臨在就足夠了，但後來我卻忘記了我的渴望，而想要完全撤回到內在。如果我能夠理解讓自己臨在的唯一可能性就在這種掙扎之中，我將不會尋求讓自己置身於掙扎之外，或是透過從認同中撤回和逃開來避免掙扎。我領悟到覺察自己的認同與這種掙扎是相關，它就是掙扎的一部分。有意識的努力不是意味著一成不變的待在同一個位置上，而是意味著**持續**努力。我們總是夢想著到達一個位置，然後就可以持久停留在那裡。而持久只有在活動中才能找到。我們不是在尋求一種靜態的東西，而是在尋求一種流動的、有意識的注意力帶給我們的力量，它可以在任何的情況下去跟隨我們整個顯化活動。

我們要記得，我們的掙扎是**為了有所收穫**而非**為了對抗**，尤其是對於我們稱之為「欲望」——希望獲得快樂或其他的滿足——的東西。欲望的幻相來自記憶中以快樂或痛苦為區分所記錄的形象，雖然欲望會導致分裂，但並不是說獲取滿足是不好的，事實上我並不在這裡，因此根本無法真正去滿足或不去滿足我的欲望。比如說，有時候我可能會體驗到一種想要放縱自己抽菸或進食的渴望，於是我要不就屈服於這個想法，失去與那個欲望的連接，不然我就會抗拒並製造衝突，同樣失去與那個欲望的連接，因為它早被我拋在一邊了。每一個在我內在升起的欲望都是如此，而我內在的欲望就是生命本身，它非常美妙，但由於我既不瞭解我的欲望，也無法理解它，我就會在屈服於欲望或壓制它時體驗到挫敗感，體驗到一種痛苦。所以，這種掙扎是要與欲望共存，而非排斥它或迷失其中，等到我不再被思維的機械性所控制時，注意力就自由了。

在這種努力中，一切都與注意力有關。片刻的不專注就會失去一切。我必須在內在找到某些真實的東西。它一直都在。我需要去信任它。沒有它，我在顯化時就得不到支援，無可避免的會被控制，會迷失。這就是為什麼我需要不斷回歸我在內在找到的實相——我屬於這個實相。我知道我必須在當下記得什麼對我而言是真實的，並且在進入生活時記得它，這樣我才能夠**如是存在**。我必須有這樣的需求，並且感受到這種需求。這就是我對**如是存在**的渴望。我需要它，因為沒有它我什麼都不是，會徹底的迷失。

同時，我也要預計到阻礙。探尋「真我」是一個貫穿一生的歷程。我前進一步，我跌倒了。我再前進兩步，我跌倒了。在跌倒的過程中我開始瞭解那些阻礙，當我重新開始時，就會有事先的準備。我一個一個的去瞭解那些阻礙，我們在向上的過程中都不希望跌倒，但卻看不到這樣會有的風險：如果我們在離終點還差兩步時跌回谷底，將不會再有時間重新攀爬。我們必須接受這種不連貫性。在進化的過程中，每一步或每個八度音階中的每一個音符裡，都蘊含對前一步或前一個音符的阻礙。

❹❽ 扮演一個角色 Playing a role

要臨在就需要分開注意力。我們必須把四分之三的注意力保持在內在，只用四分之一的注意力去支持顯化的活動。這是一個無法回避的法則。為了**如是存在**，我們必須「扮演一個角色」。

我需要把對高等世界的嚮往與在生活中肯定自我的渴望互相中和。我想要把這兩股力量聚集在一起，以便能夠整體的意識到自己，保持住這種意識，並且在所處的情境中主動的臨在。如果我不能保持臨在，就會變得被動，被這樣或那樣的力量所控制。在這裡我需要覺察到自己的侷限，覺察到我的各個中心之間缺乏連接。我的注意力必須保持面對這樣的事實，不回避，直到對「真我」的感受出現。在努力讓自己更為長久的保持面對自身過程中，對「真我」的感受就會出現在這種掙扎的核心地帶。我自己就可以解決這個問題……如果我渴望，如果我有**意志**。但為了具有這樣的**意志**，我必須帶著一種主動的注意力持續的保持面對。這會產生一種影響我自身被動性的力量，還會給各個中心之間的關係帶來變化。

當我覺察到自己的能量完全被吸引到外在時，我會感覺需要把自己調整到一種不同的狀態。這需要一種絕對的寧靜，好讓我能感受到各個中心之間缺乏連接，並且體驗到讓它們互相協調的需求。我體驗到這種缺乏連接的狀態，體驗到這個事實，並且覺察到頭腦和身體的能量沒有連接。隨著我開始去面對，這兩種能量會具有同等的強度，但我知道這還不夠，一種新的感受，一種對如是存在的情感必須出現。這是一股新的能量，一股有意識的力量，沒有它我就會被我的自動反應系統所控制。

當我們撤回到一種寧靜的狀態時，就可以與內在的實相連接，但我們在生活中顯化時這一切又會消失。我們的「常我」、小我掌握了控制權。我們甚至都無法覺察到這個變化。讓我們能夠保持連接的關鍵就是去服務，但前提是這個「我」要願意服務於我們的目標。葛吉夫教導我們要「扮演一個角色」指的就是這個意思，但這個練習卻經常被誤解。

我們在內在必須意識到自己的渺小，不去認同於任何東西，而在外在我們要去扮演一個角色。這二者是相互支持的。如果我們沒有在外在扮演一個角色，就無法不去認同。如果內在不夠強大，外在就不可能強大。沒有外在的強大，內在也不可能強大。我們的目的是透過按照他人而非自己的喜好去做事，來獲得內在的自由。如果別人喜歡我坐在他右側，我會這麼做。如果下一次他喜歡我坐在他左側，我也會這麼做。這樣我會習慣於履行責任，而這正是一個自由之人的特質。我們必須臣服於我們想要去服務的力量，同時把我們的意志貫徹到我們的機能中。

我們尋求在所做的任何事情中保持臨在。通常我們要不是無意識的活在自己的機能中，就是向有意識的狀態撤回，失去與機能的連接。如果我們的努力足夠明確，我們的機能就可以有意識的運作。例如，當下。

如果我在內在處於沉睡狀態時把這個盒子交給你，給你這個盒子的並不是「真我」。但如果我臨在於我的內在，並且我**希望**，我有**意願**給你這個盒子，那麼我會知道自己在做什麼。我在這裡。「**我**」給你這個盒子。我知道，我是臨在的。

我們想要忠實於自己，不想完全失去對高等狀態的渴望，但又想能夠對生活回應。我必須要過自己的生活。真誠意味著去詢問自己能夠有多大的能力去應對這樣的狀況。其實我在這方面的能力一直就比我所認為的和表現出來的要高。我可以更加的主動。我可以一再的重新來過。

chapter

V

與他人一起工作

WITH OTHERS

一種特殊的能量流

A SPECIAL CURRENT

❹❾ 我們說我們「在工作」 We say we are "in the Work"

我們說我們「在工作」，這是什麼意思呢？工作是一種由一個能量的源頭所維繫的特殊能量流，只有具有整體性的人才能接觸到它。這種能量流包含了思考、感受和行動的能量。它的生命取決於加入的每個人，這些個體和他們組成的團體都要負起責任來，為這股能量流帶來品質和清澈度。一起工作是必要的，合作可以帶來益處——這就好像是一群想要更有意識的人，其中每個人的努力都會說明到其他人。每一個加入這個圈子的人都需要找到自己的位置，他的位置取決於他的作用。然後，透過自身的態度和行為，他要不是在自己所處的連接點上維繫這個圈子並給它增添生氣，不然就是離開，不再參與。

生命力一直在這裡持續的影響著我。高等力量也在這裡，但我卻還沒準備好接受它。我很難靠一個人努力，讓每個中心都維持所需的能量強度，所以一個團體是必需的，共同的工作也是必需的，它可以使大家一起達到更高的能量強度。

一群人一起專注於更高的層面會產生一種共同的振動。這種振動產生的生命力可以形成一個引力中心，一個強有力的磁場，把其他人吸引到它的活動。這就是清真寺、教堂、廟宇或其他神聖場所的力量。這種專注越有意識，產生的引力就越強。但是，在一個團體裡，就像在自己內在一樣，參與這種專注活動的每個部分都必須能夠達到某種均衡的狀態。否則這個引力中心和能量的強度都會比較弱，受到同一個衝擊時所產生的共振也會缺乏協調性。

以第四道工作之名採取的任何行動，對團體的共同目標來說不是加強，就是會有阻力。與第四道工作相連接意味著與那些對工作有責任感的人相連接，這種連接會帶來責任。我們首先要意識到彼此之間沒有有意識的連接，我們必須建立起這種連接。如果我們無法讓彼此產生有意識的連接，第四道工作就完全無法開展。我們現在所走的每一步，無論多麼微小，要不是會加強我們的連接，就是會減弱它。迄今為止，我們已經接收到前人努力的成果和他們的能量。接下來，第四道工作的生命力就取決於我們了。沒有我們，沒有我們分擔責任，它就不可能存在。這需要我們完全投入，發揮我們所有的智慧、所有的主觀能動性。

如果我們能夠理解什麼樣的方法與形式能夠適應現今的狀況，就可以讓第四道工作在世間發揮作用。我們會遇到阻力，遇到內在和外在的對抗，但這是我們所需要的，這樣的阻力可以幫助我們找到自己的位置，找到自己的職責，在這個過程中，我們有時候具有共識，有時候根本沒有連接。這一切既取決於在團體內的一種重要活動，也取決於個人內在的一種能夠帶來全新可能性的創造性活動，還取決於一種與更大團體進行交流的活動。我們稱之為工作的這股能量流的力量和品質取決於我們能夠活出什麼樣的狀態，以及能接收到什麼樣的影響。

❺⓿ 為什麼要在一起？ Why together?

為什麼我們要到一起工作？因為我們覺得如果不置身於特定的環境中，就會被習慣所控制並迷失在生活環境裡。也許在這裡，我們一起，才可能體驗到一種讓高等能量在我們內在和周遭出現的環境。這樣，我們將一起承擔起服務於這種高等能量的責任。

我們必須要理解與他人一起工作的必要性，他們與第四道的教導有著同等的重要性。在艱難的時刻我們會認為，單獨工作比在這個環境下與這些人一起工作更容易些。這種想法顯示出我們完全不瞭解這條道路，完全不瞭解我們需要覺察自己，並將自己從自我意志中解放，它與真正的意志沒有任何關係。念頭和感受組成的狹隘圈子封閉了我們，我們必須從中跳出來。我們必須逃脫出來才能夠有機會接觸到另一個世界，有機會以另一種方式存在。為此，我們必須付出努力。

我們一起是因為我們每個人都感受到意識自己的必要性。只要我保持現在的狀態——以現有的方式去思考、去感受，我將不可能瞭解任何正確的、真實的東西。我需要意識到自己思考和感受的方式，它們侷限了我所有的行動。只有對真相的感知才會讓我們聚集在一起。真正的一起工作、合作，來自於對真相的共同領悟，來自於我們每個人都覺察到真相，並且迫切的需要一起把它活出來。第四道工作的基礎並不是一種特殊的途徑、方法，或特別的環境。它的基礎首先就在於向自己和他人內在的一種新秩序敞開。生活就是互相連接以及一起工作、合作，一起覺察、感受，以及一起生活。這種連接需要在同等層面同時呈現同樣的能量強度，否則就談不上「一起」了。

我們每個人都是單獨的，在內在我們只能是單獨的——單獨面對我們的領悟，單獨面對神性的呼喚以及我們作為一個人這樣的事實。當我開始意識到自己的本性，覺察到大家都同樣難以全然的去展現自己的本性之時，我們就會與他人產生連接。這種連接會帶來一種特殊的能量，讓一種品質更為精細、更為精微的活動發生。這股能量有力量去發出呼喚和散發出難以抗拒的吸引力。這體現了我們能夠給予彼此的真正幫助。這是唯一的幫助，唯一真實的連接。其他的任何連接都只會讓我們失望。我們必須要接納和維繫這種連接。這就需要我們在每一刻都真誠和嚴謹。所有人都相互依賴，相互負有責任。一個人工作的成果可以幫助到其他人，而如果他帶來的是惰性或抗拒，那就適得其反了。也許對於努力的理解我不及其他人，也許有些人所進行的探索會多於其他人，但這沒關係。對於共同的前進方向，我們已經達成了共識。

在更深的層面上，與他人一起工作對於活出第四道的教導，演好葛吉夫給我們留下的戲碼來說是一個前提條件。內在重生之路需要我們保持警醒，為此我們首先要去抵制自我肯定的行為中帶有的謊言。這是一個關鍵性的考驗。在真相的問題上我們絕不能妥協。這就是為什麼對於工作來說，一個最為重要和必要的條件，就是與那些有類似經驗和領悟的人一起工作，他們有能力顛覆個性所建立的完全錯誤的價值標準。我們需要覺察到在一切的內在，都瀰漫著可怕的虛榮和自我主義，它們占據了全部的空間。真誠的在一起工作就是要瞭解我們自身的渺小，以及什麼是真正的人際關係。

❺❶ 組織工作 To organize

我們的工作需要有組織的進行。偶然和無序的努力不會有任何結果。我的努力需要規範，需要受到高等秩序的法則和規則的約束。如果覺察不到臣服於這種高等秩序的絕對必要性，我就會繼續信任我的「常我」，無法開始真正的工作，無法向目標邁進。我必須意識到這種必要性。我需要在一群致力於清醒的人中間去考驗自己，考驗我的「常我」。為此，在某些時候，我必須屬於一個組織、一個中心，裡面的人在依照共同的方向一起工作。

「組織」這個行為意味著創造一個機構，一個具有既定目標的有機體。就像每一個有機體一樣，它本身必須包含它的緣起，並且把這個緣起顯化在自身組織的細節中和它所帶來的結果裡。這個組織所有的分支機構、所有的下屬中心所產生的影響都要反映出這個緣起的某些品質。能夠理解這個緣起的人可以在它所有的痕跡中感知到它。這個組織必須包含一種神聖的感覺。這個方面是一定不能缺失的。在表象之外這個組織必須有一種外人無法看到的內在能量強度。正是這種能量強度創造了奇蹟。一個不接受奇蹟的有機體不是一個活的有機體。

一個活的組織首先要能夠把大家聚集在一起，統一在一起。沒有滿足「聚集在一起」這個條件，我們什麼都做不到。當我們進入一種沒有焦躁、沒有機巧，也沒有多愁善感的狀態時，相應的結果就會發生。我需要被召喚，也需要去召喚他人。這兩種需要的動因是一樣的。我需要去聆聽，去聽到他人的召喚，並以一種他人能接收到的方式去召喚。我們需要一種有意識的連接，為了維繫這種連接我們需要保持警醒，並且為了一起工作而放棄自我意志。我要不是接受，不然就是拒絕這種與他人的連接。到了某個階段，團體中就不再有領導者和跟隨者，只有不斷質疑和聆聽的人。教學只是一種指導，只有那些進行更深入質疑的人才能擔負起服務的責任。每個人能領悟到的東西取決於他的素質水準。我必須學習去瞭解自身的侷限，並且認可那些比我懂得多的人。

當我想到自己和他人時，我會意識到他人會使我高興、使我害怕或使我受到威脅，但我需要他們。在我的反應中，我可以覺察到自己和他人，而不只是我自己。為了瞭解我自己真實的樣子，我必須不斷去發現。在「好」與「壞」的評判中我們無法獲得解放，解放只會發生在小我消亡，我們與所有事物和所有的人融為一體的時刻。世上唯一的壞是無明，唯一的好是覺醒。然而每個人都把尋求領悟放在一邊，想要按照自己的喜好去指導或接受指導，去評判和批判。這種態度是完全錯誤的。我們所尋求的並非強行貫徹一種秩序，而是去進入一種秩序，進入一種早已存在的秩序。這種秩序才是關鍵，而非我們的組織。

我們必須要瞭解我們的組織在生活中存在於兩個層面。在一個層面上，這個組織已經可以給我們帶來真正的價值，為我們的工作、為我們的探尋提供條件。另一個是事務層面或外在的層面，這只是層遮蓋物，僅僅如此，但它卻可以保障我們的工作不受干擾。這種區別看起來容易理解，但實際上卻沒那麼簡單。我已經看到在事務的層面上，我們試圖讓這個組織去符合日常生活對於形象和規範的要求，我們總是要拿回權力，把管理的架構強加到我們的工作上來，也就是說，我們在把一個不符合我們組織真正價值體系的形式強加於上。

❺❷ 一所第四道學校 A school of the Fourth Way

一所用於第四道工作的房子，就像是以這條道路、這種教學的原則為基礎所建立起來的學校。它會在這裡存在一定的時間，在這期間有一些需要完成的任務。這所房子的作用取決於來這裡工作的人所處的層次。房子裡的人也許知道自己還沒有成為他應該成為的樣子，但又沒有想要去改變自己的素質，也不瞭解努力的必要性；房子裡的人也許已經對自己失望了，不再相信他們的「常我」，並且知道只有對清醒和看清自己的狀況做出精確的努力，他們的生命才會有意義；另一些房子裡的人也許在這條路上走得更遠。這所房子在整個工作中所扮演的角色每一次都不同，這取決於來這裡工作的人所處的層次。我們需要瞭解如果沒有一個有組織的中心提供所需的環境，沒有依照我們所遵循的教學原則去生活，我們的工作就永遠不可能走向深入。在一所學校中，我們需要瞭解工作的原則，也需要瞭解基於這些原則的紀律。我們需要為得到的東西付出代價。

這所房子就像是存在於一個世界中的另一個世界一樣。我尋求去瞭解和活出我的本相。為此，我的注意力總是會轉向自身，轉向對我真實本性的感知。這種本性不是我的個性、我的小我的展現。我覺察到我的小我在透過我的念頭、我的欲望、我的行動來表達自己。我嘗試不被它們所控制。我不斷去評估自己的狀況。正因為如此，正因為我不斷的質疑，所以我不會去評判他人。我學習不帶評判的去覺察、去理解，於是不再有「我」和「你」，只有各種顯化。我學習去覺察我們所處的這個世界的法則，即顯化的法則。

這個學校的一個基本原則就是比我們平常所做的多做一些，只有這樣才會帶來改變。如果我們只是去做自己能做的事，就會停留在現有的狀態。我們必須去做不可能的事，這與我們在日常生活中只是去做可能的事是不同的。另一個原則就是我們有意的不去依賴一個預先的具體形式，這樣一種主動和更有意識的探索才會發生。這麼做的目的是為了讓我們不去陷入對任何一種活動的執著，進而發展出一種可以讓我們走向深入的警醒。

我們在學習一種工作形式時，它對我們來說是新的，但隨後我們會不斷的按照所學的去重複。在這種重複中，我們對形式背後原理的理解就會越來越少。為了保持一種形式的活力，我們需要不斷的回到本源，回到真相。在絕對者之下的所有層級上，都會有一種記憶和一種渴望，想要回歸到更高等的層面，回歸**事物的本相**。但是，隨著我們順著顯化的階梯向下，我們開始遺忘，並且遺忘得越來越乾淨。

另一個層面的真相可以透過理念來傳播。這需要在素質層面的瞭解和理解。我們必須要瞭解這些理念，無論是這些理念的整體架構，還是每一個理念在架構中所對應的位置。同等重要的，還有一個人體驗到理念中所蘊含真相時所產生的理解。我們自己先要能活出這些理念，這樣我們傳播的理念才是有生命的，而非一個僵死的形式。理念是一切的創造者，它具有一種可以活躍於我們內在的超凡力量。我們需要理解如何才能被理念所喚醒和啟動，如何對那些死去的理念所喪失的生命負起責任來。我們接收到很多的理念，但能夠理解的卻很少。

第四道體系就是一個致力於發展新重心的學校，無論我們是否願意承認，到現在為止我們的生活所圍繞的重心就是我們的「常我」。這個「我」現在仍舊在渴望、在權衡、在評判……它所有的這些活動竟然打著工作的名義。只要我的整個內心世界都在圍繞這個「我」運轉，那麼我的所有表現——無論我是否情願——都只是在反映這個「我」的權威。第四道學校的目標就是要讓我們有所不同，把我們的素質從第一種人、第二種人、第三種人的水準，提升至具有新重心的第四種人的水準，再從第四種人的水準提升至第五種人的水準，從而具有一個統一的「我」。

在團體裡的交流

EXCHANGE IN A GROUP

53 進行交流的特殊環境 A special condition for exchange

我們每個人獨自進行的努力是不夠的。一群尋求以更有意識的方式生活的人組成的團體才是一切的開始。一群人在一起能夠更好的維繫這種努力。我們中的有些人是更為警醒、更有責任感的。我們都會幫到其他人。但這種團體工作形式的出現需要得到大家的認可，而不能強加給大家。我們必須有需要，想要聚集在一起，想要與大家在一起共用一種互相關注的關係。建立有意識關係的基礎在於每一個成員都必須瞭解和接受自己，每一個人都要感受到對團體的需要，感受到對一個充滿某一類念頭和情感的環境的需要。

每個人都必須知道他需要這個團體，並且記住這種需要。

當然，我們所談論的團體是一個為了工作而自發形成的團體，而不是一個日常生活層面的團體。驅動著這個團體的念頭和情感與日常生活中的念頭和情感是不同的。一些完全不屬於日常生活層面的活動顯現著此團體的存在。這個團體首要的活動就是每個人在內在去尋找一個帶著警覺的重心。一種具有重心的注意力有可能會被吸引到不同的方向，但它總會回到它的重心上來。我們在注意力渙散的時候，無法學到任何新的東西。這樣我們就是一個「舊人」，一個自動反應系統，只會假裝出很懂的樣子，講出一些自以為是的無用理論。如果一個人的注意力具有了重心，他只會去尋求表達他的探詢和觀察中最根本的東西。他是與眾不同的，是一個「新人」。

我們參與到團體中來是因為我們需要得到說明，從而在內在找到讓我們能夠體驗真相的一種品質、一種狀態。我們需要高等力量的影響，這是我們在生活中以平常的方式獨自工作時所接觸不到的。沒有團體，我們就無法達到必要的能量強度。於是，團體就成了我們彼此交流的特殊環境和一種管道，把高等力量的影響和來自生活更高層面的靈感傳遞給我們，但我們必須完全的臨在，而能夠接收到多少這種靈感完全取決於我們臨在的程度。

那麼，我們的責任到底是什麼呢？我們有責任去交流、去接納，以及協助每一個人履行他在團體裡的職責。這樣，可以衡量我們實際覺知水準的意識就可以來決定我們所要做的一切事情。在意識到我們是一個團體的過程中，我們可以體驗到工作的真諦。我不應該只是以我想要的方式獨自去做我想做的事，不願意接受考驗。這表現出我沒有能力去面對自己，沒有能力把自己的工作與他人的工作相連接。這意味著我的工作已經停止。如果一個團體無法意識到自身是一個團體，它就無法瞭解自身在工作中應有的位置和責任。它也無法去服務，無法在工作中扮演好它的角色。

這個團體，這個我們在一起的事實，為我們達到有意識的狀態創造了可能。我們所投入的，我們所給予的，遠比我們想要索取的重要得多。每一次，我們都有新的可能性，都有機會投入我們的注意力和提供服務。這樣的可能性非常重要，我們必須要盡全力去維護它。我們必須意識到它的珍貴和神聖。

我在工作中並非孤身一人。當我為自己做決定時，我需要去感覺自己對團體的歸屬感。團體的生命比我的更重要，它代表著屬於更高等的本體層面的東西。

❺❹ 我需要說話　I need to speak

我們開始所做的通常都遠非最關鍵的事，在不斷重複的過程中，我們需要想一想所做之事的意義，想一想我們工作和臨在的意義。這些是我們要永遠牢記的，但我們卻總是忘記。我們失去了這些意義，我們必須回過頭來重新開始。我們不能假裝或理所當然的認為自己已經理解這些意義。這不是真的。每一次我們聚在一起，每個人都必須重新找回這些意義。每一次我們都需要尖銳的去質問自己。如果現在我不知道自己在做什麼，會有什麼風險，會有什麼問題——如果每一次我都不知道的話，就會發生出乎意料的事，事情就會向相反的方向發展。我的努力必須是明確的，我所追尋的東西也必須是明確的。在一起的每個人都必須同時讓這種臨在於他的內在出現。這種臨在必須成為一種實相，成為我們在個人層面之上的共同連接，成為我們必須去服務和遵從的一種實相。

團體的生命取決於我們的狀態和我們的問題。我們可以去詢問與工作有關的任何問題。我現在遇到的困難是什麼？我需要去理解什麼，又渴望去瞭解什麼？我的工作中有哪些需要講出來的重要事情？當我們聚在一起時，我必須為講話做好準備。我必須不斷去反思我的工作，避免進入被動的狀態。如果我沒有事先準備好，來這裡就沒什麼意義。如果我沒有明確的目標，我就沒什麼可講的。這樣我們如何來交流呢？這是根本不可能的。

我們最大的一個障礙就是我們對於問題和回答的理念，即認為這是一個把所需知識從一個人傳遞給另一個人的過程。我們認為提問者知道的比較少，所以會去尋求一個答案來消除他的無知。在生活中，所有的人都依賴於已知的東西，問答的過程確實如此，但一個團體是向著未知前進的。提問者打開了通往未知的大門，呼喚聆聽者在兩人之間進行一種交流、一種雙向的活動。真正的領悟意味著聆聽者也去質疑，而提問者也真正的去傾聽，這樣兩個人的層次都會有所提升。

在開始時，如果我處在聆聽者的位置，我需要改變自己的狀態。我會去尋找一種更為主動的注意力，它能夠更自由的去聆聽，不再受制於聯想和反應。這樣我才更能探索聽到的問題，深入進去而不會卡在外在的形式層面。如果我的注意力能夠更主動的參與，這種參與度就會帶來雙向的交流，並且啟動提問者和聆聽者雙方內在的「傾聽者」。

如果我不去尋求這種主動的注意力，以尋常的注意力，即被動的注意力去接收問題，我就會做被動的反應，無論我的言辭多麼機巧，情感多麼充沛，交流都不可能發生。這樣做只是在加強我既有的單方面依賴關係，我並沒有獲得一種全新品質的注意力和接納性，讓新的領悟雙向流動起來。這種依賴的態度對雙方都是有害的，它會越來越堅固，從而妨礙了真正的交流所必需的主動性和自由度……

一旦我進入一種更加專注的狀態，我就可以去談論我的工作和我的問題，去交流，並且一直嘗試保持臨在。我的思維是必要的，但它只能停留在我正在講的事情上，而非我已經講過的或打算要講的事情上。它只是停留在當下我所講述的內容上。

55 真正的交流 Real exchange

我們現在關於問答的練習只是外在的，無論對於提問者還是聆聽者來說，它都存在於一個人的外在。

當然，一個問題的出現是有必要的，但靜默也同等重要。問題是開啟靜默的狀態，是通往未知的道路。一個問題會為我們的內在環境帶來怎樣的改變呢？

在有些團體裡，問答者之間會發展出一種錯誤的態度。它的結果就是產生有既定答案的問題，或是為解答問題而給的答案，雙方並沒有為了尋求一種新的理解、一種新的思考與感受方式而一起臨在，一個這樣的片刻都沒有。這樣的提問者和聆聽者所依賴的都是一些知識，該發生的事卻沒有發生。這並不是因為條件不具備——所有的要素都在這裡——但它們沒有被正確運用。

當我在團體裡交流時，我需要知道我在呼喚另一個人去做什麼，去參與什麼。在講話的時候，我可能會顯得笨拙或能力不足。我不知道該相信什麼，太容易就去為了肯定一個虛假的自我形象而說謊。儘管如此，我還是需要去瞭解我所參與的共同努力有著什麼樣的特性。我要如何去保持面對被質疑的東西？我要如何去理解另一個人，如何理解他的問題並把他的問題與自己連繫，以便能夠實現真正的交流？最重要的是我能夠對自己的問題敞開，並保持這種敞開的狀態。我們希望一起學習，並且向未知敞開自己。

有一種態度會破壞我們和他人的工作，對此我們一定要加以避免。我們與大家在一起是為了覺察到自身的渺小，這在獨自工作時很難感知到，同時也是為了去探索自己內在的以及整個團體的潛力。這就需要我們竭盡全力去找到權衡渺小感與潛力的標準。否則，在我們的問答過程中，我們只是在肯定我們的「常我」。而我們在這樣做的時候，甚至還覺得自己在教導別人。

沒有人能夠去教導別人。我們只能夠工作。在工作前，我們先要評估，以便來確認自己努力的方向。沒有人會讓我們偽裝出高深的狀態。我們也沒有權利以第四道工作之名在他人面前偽裝。我首先要對自己下工夫，評估自己。當其他人提出問題時，我必須拿這個問題問自己以及所有人。如果我能夠針對問題給一點回應，那其實是在回應我自己。

我們需要透過交流自己的收穫來讓這些資源在我們的內在保持生氣。如果沒有交流，它們就會死掉，但交流不可能是單邊的。在交流的時候，我自己也需要去質疑，向質疑敞開自己，去體驗它，並敏銳覺察自己是如何反應的，以及與我有同樣體驗的人又是如何反應。此時，我極需足夠的自由去遵從最高等力量的法則，來覺知自己持續不斷的反應，這樣，我就可以瞭解我的本相，同時我也瞭解了自己的弱點。而如果我能夠明白我生命的意義就在於此，而且只在於此，我的努力，我想要成為一個負責任的個體的努力，就會有一個持久的方向。除此之外的一切——例如，我比他人懂得多之類的想法——都是在作夢。

56 這種形式 This form

我們開始能夠更理解我們的工作需要一定的條件，並且有賴於這些條件。其中一個條件就是要將我們的努力整合起來。我們需要依靠這樣一些人：他們要不是能夠比我們更深刻的感受到存在的問題，不然就是能夠在與我們同樣的層面上去質疑。

我們每個人的需求都取決於我們工作的實際狀況，其實，在很大層面上，我們得要依靠他人，沒有他們我們什麼都做不了。我們的交流比我們的生活必需品還要重要，我們獨自去努力——獨自掙扎、獨自受苦、獨自回應。但，有一個時刻會到來，此時交流成了不可或缺的東西，我們需要用自己努力的成果去滋養他人。沒有這種交流，我們就無法走得更深。我們越重視自己的存在，就會越關注與他人的連接。

只有在最開始的時候，才有必要靠著人為去成立團體，然後指定一位能夠解惑的引導者。在一個時期內，有滲透力的工作必須要用聚在一起的形式進行，之後，自然會在同層次的人之間形成一種有機形式的體驗，他們會感受到對此的需求。當我們走得更深入時，對有意識的交流將更迫切需要。我們會分開工作，每個人獨自付出努力，但某些時候，又必須聚在一起驗證、交流，透過某種共同努力讓真相加倍顯現。

一切都有時限。我談到我們現在採取的工作形式、我們的團體，以及由此創造的可能性。如果這些可能性沒有被充分實現，這個外在的形式就會自行退化，從而再也無法產生出可以為我們帶來全新可能性的一種新的、更為內在的形式。形式無法創造自身，它來自我們在一起工作時所產生的需求：我們必須要將某些已經形成的要素保存下來。

這個形式需要存在多久呢？這取決於團體工作的深度，以及成員間所建立的連接——他們交流的品質。我需要在一種向上的共同努力中去合作，如果我不這麼做，無論我是否情願，我都需要對整幢大廈因我而缺少的那塊磚負責。所以，我們需要對我們一起所做的工作進行深刻的反思，這種共同工作必須逐漸在我們的生活中有所顯化。我們必須去反思我們的關係，反思我們一起相處的形式，最重要的是，反思我們所做的交流。

V

與他人一起工作——在團體裡的交流

在律動中的工作

WORK IN MOVEMENTS

❺❼ 雙重的目標 A double aim

人內在的一切都在運動，就像在宇宙中一樣，沒有任何東西會保持靜止或一成不變。沒有任何東西會永久存在或完全終結，一切活著的東西都在無止無休的能量活動中發展或衰退。古代科學已經瞭解了這種宇宙進程背後的法則，這種科學在宇宙秩序中給人類指定了應有的位置。據葛吉夫講，神聖舞蹈已經流傳了很多個世紀，它體現了這種科學的一些原理，讓我們能夠透過動態和直接的方式接觸到這種科學。

人類所有內在生命的顯化都透過活動和姿態，即姿勢表現出來。從最普通的到最高等的層面，每一種可能的顯化都有自己的動作和姿態。一個念頭會有與它相應的一種活動和形式，一種感受會有與它相應的一種活動和形式，一個行動也是如此。我們全部的教育就是學習一整套與思維和感受相應的姿態，以及與動作相應的姿態。這套姿態組成了我們的自動反應系統，但是我們對此卻不甚瞭解。這是一種我們無法理解的語言。

我們相信自己是有意識的，相信我們的活動是自由的。我們沒有覺察到每一種活動都是一個反應，都是一個受到印象衝擊而做的反應。印象很難觸碰到我們，因為早在我們覺知到它之前，反應活動就已經被啟動了。隨後才會有覺知。這整個的事件是突然發生的，我們內在缺乏一個足夠敏捷和敏銳的部分，讓我們能夠在事件發生之時感知到它。無論那個反應活動是什麼，無論它來自哪裡，它都會不可避免的受制於我們的自動化聯想機能，受制於記憶中儲存的所有習慣與陳腔濫調。我們沒有任何其他部分可以反應，於是，我們的生活就是不斷重複累積的記憶。但是，由於我們對此沒有覺知，因此我們的活動在我們看來是自由的。

實際上，我們被我們的思維、感受和動作的姿態所禁錮，就好像被困在一個施了魔法的圈中無法逃脫。為了逃出去，我需要採取一種新的姿態——同時以不同的方式去思考、感受和行動。但是，我不知道這三個部分是互相連接的，一旦我嘗試改變其中的一個，其他的部分就會來阻撓，我還是無法逃脫。我的自動反應系統使我的思維和感受保持在一個非常普通的水準上。

葛吉夫的律動代表了另一個層面上的八度音階裡所包含的音符，這個層面與我們自動化的生活所在的層面是不同的。律動會提升我們各個中心的能量，使它們達到具有同等能量強度的振動品質。預先觀想出一連串特定的動作，需要思維或頭腦具有一種特殊的注意力。沒有這種注意力，動作就無法繼續。因此，思維必須保持一定的品質、一定的強度。但是，動作是由身體來完成的。為了做出動作，並把思維的生命力完全表達出來，身體需要極大的自由。它需要把自己完全調整好。即使是身體上最微小的抗拒，也會阻礙思維去跟隨動作的順序。如果思維和身體的這種品質無法保持，動作就不會按照既定的方向呈現。它將會是不連貫的，並且漫無目的。在這樣的需求面前，感受被喚醒了。感受的出現會帶來一種新的能量強度，帶來一種整合，它會在我們內在創造出一股特別的能量流，一個新的八度音階。

這些律動有著雙重的目的。它們透過讓某種品質的注意力同時投注在幾個部分上，從而說明我們跳出我們自動反應系統形成的狹窄圈子。透過一連串嚴謹的姿態，律動有可能為我們帶來一種新的思維、感受和行動。如果我們能夠真正感知到這些律動的意義，並將其呈現出來，就能夠獲得一種不同層面的理解。

58 為什麼要做律動？ Why Movements?

葛吉夫把律動當成幫助我們活出他本人教導最重要的練習之一，其中原因我們並沒有思考過。為什麼要做律動呢？有些律動體現了一種非常高等的知識，代表著高等的法則。有些律動的出現只是因為葛吉夫的一些學生需要以某種特定的方式工作。在某些時期，葛吉夫每天都要在律動上花好幾個小時，來讓它們匹配當時工作所處的階段。例如，有時候是因為學生的身體感覺不夠發達，注意力無法安住在身體上；有時候是因為學生的思維不夠自由，無法向更為精微的能量敞開。這些練習會讓注意力以特定的方式扭轉過來，去跟隨特定的軌跡。這會帶來對一種不同狀態的體驗，從而提升學生的理解力，並且讓他們瞭解如何在生活中找到這種狀態。同時，練習律動可以讓人直接體驗到掌管能量轉化的法則，這其中就包括了九宮圖（Enneagram）。葛吉夫曾說，練習基於九宮圖的律動可以給我們帶來一種感受，沒有這種感受，想要瞭解九宮圖幾乎是不可能的。

宇宙中包含的能量會流過我們。我們每一種內在和外在的活動都是能量的流動。能量會向吸引它的地方流去，我們無法阻擋。我們受制於周圍的力量。我們要不是與高等一些的能量連接，不然就是被低等的能量控制。我們不是統一的，我們不是合一的。我們的能量需要被存留在一個閉合的迴圈裡，在這裡面它才能被轉化。它被轉化後就能接觸到具有同樣品質的能量，從而形成一個新的迴圈，一股新的能量流。只要一種更高等的能量流沒有在內在穩定，我就無法自由。

有一股能量來自頭腦更高等的部分，但我們沒有向它敞開，那是一股有意識的力量，我們必須發展這股力量，注意力就是它的一部分。沒有這股力量，我就會被控制，我的活動也會是自動化的。對此，我的頭腦可能會理解，而身體卻不理解。身體必須感受到這股力量，這樣它才會臣服，緊張才會消散，活動才會自由。我將不會再被控制，我的活動也將不再只是自動化的。

對動作的意識需要全然的注意力。這種注意力所具有的品質會呼喚我們去體驗完整的臨在，這種完美的注意力是大自然賦予我們的一種可能性。在做一個特定的動作時，我們不再想著剛做完的動作或是馬上要做的動作，我們不是在嘗試展現一個動作的形式，不是在展現一種我們所採取的姿態。我們完全專注於一種能量，它需要處於自由狀態才能以某種特定的方式被保存在我們的身體裡。一個人只有在臣服於這股能量時才能瞭解它。

律動可以為我們顯示如何在生活中如是存在，如何在體驗臨在的同時，在顯化的過程中自由的活動。除了無休止的反應——我們自動反應系統的侷限性反應——我們有可能基於覺察、基於高等的有意識力量去行動。只有理論是不夠的，我們需要透過行動帶來我們所說的這種能量。當我們內在所有的能量都透過律動連接時，一種新的能量就產生了。我們可以感受到它。它帶有一種不同的品質、不同的力量，以及一種我們通常所不具有的意識。這種能量來自於我的頭腦，來自於我頭腦的高等部分，那個部分具有一種智慧和覺察力。我需要與這部分的頭腦相連接。這樣我才能夠有一種完全清晰的洞察。我覺察到了自己。我覺察到了他人。非常清晰的，不帶任何反應的，我覺察到了**事物的本相**。我如實覺察到了**我的本相**。

59 教導的一部分 Part of the teaching

關於第四道這門有關內在能量轉化的可能性，以及對於人生意義的教導來說，律動是其中的一部分，它只是一部分而已。律動用一種語言表達著這種教導，每一個表情、每一個姿態以及每一個動作次序都有著特定的角色和意義。我們無法脫離這門教導來單獨理解律動，也不可能用我們自動化的思維和感受做好律動，它需要我全部臨在的參與。我必須向內在一股可以具有獨立生命的能量敞開自己，這樣，主導活動的就是那個能量體、那個臨在。如果沒有這種臨在，我只能機械的做律動。即使我們認為已經做得不錯，這些動作也只不過是種空洞的表達，沒有任何意義。這樣的練習是一種對律動完全的扭曲，與正宗的律動沒有任何關係。

那些承擔教導律動這一職責的人會遇到很大的困難。我們重複某些律動並且試圖保持對它們的興趣，但我們並不真正知道自己在做什麼。我們執著於一個沒有意義的形式，我們需要一種自己還未有過的體驗、一種對臨在的體驗、一種在活動中對臨在的體驗。實際上，我們對律動教學和語言的理解非常有限。發展出必要的注意力需要幾年的時間。那麼現在，如果我們想服務於第四道工作，到底應該採取怎樣的態度呢？

我們這些傳授律動的人到底要做到些什麼呢？首先，我們自己需要練習律動，我們需要瞭解它的結構——一系列的姿態——它的韻律以及它的生命。然後，我們會要求自己和他人做出正確的姿態並對動作的順序有清晰的瞭解。姿勢必須標準。沒有精確性，我們的工作就會流於表面。最後，我們還需要覺察到我們內在與每一個姿態相對應的狀態是什麼，並且找到適當的節奏讓律動活起來。當然，問題總是有的。是否有必要把這個律動簡化，把四肢的動作拆解開來學？我們是否需要以一個能夠全方位介紹律動的練習開始？如何才能最有效的影響注意力？需要對學生提出怎樣的要求，又如何來提出呢？既然語言會引發思維並鼓勵頭腦去「做」律動，那麼是否需要給出精確的描述呢？最常見的問題是：這是個什麼律動，它會引發什麼？每一次在課程開始之前，我們都必須花一點時間讓自己記得什麼是自己想要去服務的，什麼是自己所信任的。最重要的是我的狀態。我需要一種比自動反應系統更為有力的有意識的注意力。如果沒有洞察、沒有覺察，那就只是小我在教授律動和練習律動。

在每一支律動裡都有形成一個整體的一系列姿態，我們必須要準確無誤的將它們做出來。在我們內在的一切還是靜止狀態時，我們的各種機能需要在一定的時間內預先觀想到整支律動。一連串的姿態反映了不斷發展的力量所遵循的路線，以及不同能量中心之間的連接狀態。簡單重複一支律動只會加強我們的自動反應系統，強化我們在沒有思維參與的情況下依賴身體的傾向。所以，進行練習並且專注於一支律動的某些部分，不僅對於介紹這支律動很重要，而且對於鍛鍊注意力中需要發展的那個部分來說也很重要。同時，由於每一支律動都表達了一個整體——具有它作為一個整體的意義，所以我們需要讓學生整體的體驗律動。

我們需要看到不同的姿勢和節奏代表著不同的能量狀態。例如，當右臂畫圈時，這種連續性表達了一種安靜和靜止的思維品質；如果左臂保持著一種韻律並做出一系列動作，它就會有一種不同的節奏，代表了身體裡另一種能量。我們需要瞭解不同姿態如何影響到我們內在能量的狀態。當我採取一個姿態讓能量在整個脊柱內自由流動時，這種姿態的改變會調整能量的狀態，因為能量流動的方向被改變了。例如，如果我低下頭，能量流的方向肯定就會改變，向下回流；如果我把手放在胸部，就會把能量流卡在這個區域；如果我抬起頭，就會從上面接收到能量；如果我把手臂向前伸，就會阻斷這股能量流；而如果我的手肘位置固定並舉起前臂，我就會做好準備接收流入的能量；如果我把手臂放下，就會接收到能量並將它儲存在身體裡。我們最好不要輕易改動律動，尤其是那些表現一個法則的一連串姿態。每一個姿態、每一個表情都有它的位置、它的長度和它相應的分量。如果出現任何錯誤，或是引入任何新的東西，就可能扭曲整個意義。

我們有一種傾向，要去想像，要去讓沒有意義的理念、形象和情緒進入我們的姿態。但律動是件很嚴肅的事，對能量流動的體驗會帶來某種狀態，這種狀態正是律動設計者想要引發的。這是一門科學、一門知識——它是一切知識之中最根本的，只能一步步獲得，而第一步就是在行動中去找到各個中心的連接。我們透過將自己完全投入到練習當中來破譯和學習這門知識。

60 必須有穩定的臨在 Only with a stable Presence

我們要去「做」律動。我們將嘗試著去理解那些活動，但活動到底是什麼呢？我們是如何讓自己活動起來的？我們的活動來自於哪裡呢？

我們以一種靜態的方式來理解活動，認為它就是一個接一個的姿態，我們只看到活動的結果而無法去跟隨活動本身。我們從來沒有去感受過活動。我們看到一個姿勢的形象，然後開始依照它移動，但這種活動是機械的。一個姿勢產生了，我們卻不知它是如何產生的，我們完全被我們的自動反應系統所控制。我們把一連串姿勢割裂開來看待，而非將它們看做一個貫穿起來的整體，就像一連串在五線譜上的音符一樣。然而，我們就是在運動的能量，這是一種永無止息的持續活動。我們需要去感受能量並跟隨它的活動，讓它流動起來，避免被思想以任何的形式進行干擾。我們需要感覺到這股能量就是一種臨在，我們絕對不能讓它消失。這樣我們所進行的活動會被置於一種覺察之下。我們的活動仍然是自動化的，但這種覺察是具有主動性的。這樣我們的活動會更加自由。

在做任何的律動之前，我必須先找到這種能量，這種身體與頭腦連接的狀態，然後感受自然就會升起。我們的活動就是對這種狀態的表達。沒有這種狀態，我們的活動將會從哪裡來呢？首先，我試著向一股能量敞開，它來自略高於我頭頂的位置並且流經我。只有這樣，我才能瞭解到一種特別的意識狀態。我需要在身體活動的同時保持這股能量。這二者需要完全結合起來。這股能量比一切都重要。我在活動，但那股能量是不變的，並且比活動本身的能量強度還要高。為了保持與這股能量的連接，我需要處於一種特定強度和力度的韻律中。我「處於一種韻律中」——這是什麼意思呢？它指的是我所有的部分都處於同一種韻律中，每支律動中的不同姿勢也都處於同一種韻律中。各處的能量都是一致的。

思維與身體之間缺乏連接的狀況是我們所不能接受的。這樣，思維就會到處遊蕩，自行其是。而身體對此並不在乎，等待有人發號施令。要想讓連接產生，這二者之間就必須有一種連接的活動。連接會產生一種新的能量，這種能量需要成為一種穩定的臨在，就像第二個身體一樣。工作有著不同的階段。儘管在第二個身體形成之後還有其他的階段，但現在我們全部的努力都在於此。為了產生這種連接，我需要發展出一種我現在還不具備的注意力，一種主動的注意力。如果我有**意志**，我就能夠做到——如果我真的有**意志**。

當這種注意力、這種覺察發展出來後，我的身體就會臣服，因為它能感覺到一股更高等的力量，而且這股力量能夠給它帶來更高等的東西。律動要求我們努力連接各個中心，這可以產生形成高等身體所必需的能量。因此，律動會以適當的方式為我們帶來衝擊。這可以讓我們穿越si和do之間的斷層，沒有這種衝擊我們可能永遠無法實現這種穿越。只有我們具有一種穩定的臨在，也就是第二個身體，我們才能真正把律動做到位。

chapter

VI

歸於中心

TO BE CENTERED

對整體的感覺

A SENCE OF THE WHOLE

61 我努力的目標 The aim of my effort

我們的活動分為兩種：一種是向內回到我們自身，回到我們本性的活動，一種是向外的活動。我們有時參與前者，有時參與後者，但卻無法同時參與到兩種活動中。這就形成了一種對立、一種衝突，我們窮盡一生都在尋求一種可以化解這種緊張的生活方式。對於這個問題，我們需要一種新的方法，一種不會威脅到我們整體性的方法。我們必須要找到一條通向統一的道路，讓我們的各個中心和機能都服務於一種統一的生命力。這意味著得到這兩個方面的參與和認可。這兩種活動是彼此不可或缺的。沒有我的參與，生命力就不可能發揮作用，但我需要放棄自己所有虛妄的認知，不再自以為是和自行其是。

我們的生活總是圍繞著一股尋求自我實現的力量進行。而這股力量以及它實現的結果是否能夠具有一種不同的意義，則取決於是什麼樣的「我」參與到其中。面對生活時，我被小我的力量所驅動，我把我的生活看成一張以我為中心由關係組成的網。我感受到這個中心——它就是我。我把這個中心稱為「我」，並以此為出發點去思考和感受。「我」的概念占據了所有的空間，即使是在工作中更好的狀態裡，它也會再度出現。在這樣的情況下，我的某一部分總是占據控制權——有時是我的頭腦，有時是我的心，或是我的身體。它們從來不會一起行動。我沒有對整體的感覺。

歸於中心意味著放棄，各個部分必須放棄它們虛妄的認知，不再認為自己就是整體，並且可以覺察和指揮整體。找到中心意味著我臣服於一種更高等的秩序，即一種宇宙層級的秩序，我所有的部分都認可和服務於這種秩序，並在它的面前主動保持被動的狀態。我的身體、我的心和我的頭腦都放鬆了。我在內在感受到一種更為精微的能量向下朝著它的源頭運動，就好像它在向上去滋養其他中心之前需要先聚集起來一樣。這是一種迴圈的活動，一種不斷平衡和連接的活動。為此，我需要我的機能，但我需要的是不會製造障礙的機能。我需要我的思維——但不只是那些念頭、語言和形象，它們只會捕獲用於思維的純淨能量，並使之變得被動。我需要我的感受——但不是那種被動附著在各種形象上並且被它們所控制的感受。我也需要我的身體，需要它沒有任何的緊張和對能量流動的阻礙。我覺察到我需要各種機能來協助我，否則，它們就會成為難以逾越的障礙。沒有它們的幫助，我就無法向內在的臨在敞開。

在通常的狀態下，我的注意力不是主動的。它的品質很低，沒有力量，被動的流向外面。但這種注意力具有被轉化的可能性，具有獲得更高品質的可能性，這種可能性透過讓注意力保持在我認為必要的方向上就可以實現。如果我將注意力主動轉向內在，能量的活動就會改變。它不是流向外在，而是聚集在內在，形成我臨在的重心。我全部的努力、全部的工作都是在保持這種注意力的方向——保持身體的放鬆，以避免能量的流失；讓轉向我自身的思維保持警醒，以便用它的存在維持身體的平靜；維持對某個存在於這裡並需要被認出的部分的感受，即對「真我」的感受。這是一種來自於我所有部分的注意力所做的努力——淨化注意力，讓它可以專注於「真我」。在這種努力中，我發現了一種主動的機能運作方式，發現了一種工作方法，它可以讓各種機能都臣服於注意力的活動。

我所有的掙扎，我努力的目的，就是讓自己聚集在一起。只有我的各個中心都達到平衡狀態，彼此之間透過注意力維繫著連接時，我才能達到一種更有意識的狀態。我臨在的各個部分必須學會依照相同的方向、相同的目標一起工作，學會接收同樣的印象。我發覺我的覺察和理解、我的智慧都取決於這種臨在。當我專注於這種臨在時，我就能感受到它的生命，這種神祕的生命會讓我與世界上所有的生命連接。這樣，我對自己的洞察就會與整體連繫。

❻❷ 對統一的初次感受 The first feeling of unity

葛吉夫告訴我們，在肉身中有一些與之互相滲透更精微的物質，它們在某種條件下可以形成獨立的第二個，乃至第三個身體。肉身的運作需要這些物質，但它們不屬於肉身，也不會在它裡面結晶。肉身機能的運作與高等身體相似，但卻有著本質的區別，最大的區別在於肉身的情感和理智機能是彼此隔絕的。

以我們現在的狀態，一切都受制於第一個身體，這個身體自身則被外在的影響所控制。在這個身體裡，儘管感受的運作有賴於偶然的衝擊，但它還是占據了第二個身體的位置。而思想則與第三個身體的機能對應。當其他身體存在時，控制力會從高等身體，從高等身體的意識中散發出來。這會產生一個不可分割的和持久的「真我」，這是一個可以控制肉身的個體，它可以克服來自肉身的阻力。這樣，意識取代了機械性的思維，意志就成了來自意識的力量。

以我現在的狀態，我對於普通層面上的影響沒有防範能力，因為我沒有歸於中心。在被動的狀態中，我不同的中心會被任何普通層面的衝擊所影響。但如果我的機能具有了重心、軸心，我就能接收到更高層面的衝擊。只要我的注意力有意識的固定在重心上，我就不會被普通層面的力量所拉扯。來自外在的衝擊不會影響我，這是因為它們的振動比我在專注狀態下的振動要緩慢。同時，來自另一個層面的一種具有活力的衝擊，會把一種更快速的振動傳遞給我的各個中心，讓它們更加凝聚和統一。

當我安靜時，我能強烈感受到我是合一的、完整的。我開始感受到在「常我」所有的活動背後，我的內在有一些穩定的東西，就像一個軸心一樣在維繫著一種平衡。我能夠直接感覺到一種強度完全不同的振動。我很難讓自己與它的迴響同頻，我內在活動的那種緩慢而鬆散的振動很難被調整。但我會去聆聽，並且對這些不同的品質很敏感。我聆聽越多，越敏感，這種迴響就越像是一種潛伏的聲音、一種基調，彷彿是在背景裡一樣，讓人難以抗拒。其他的振動會發生變化，就好像不和諧的音符在自我調整一樣，它們的活動會自行加快速度。

在這裡，沒有一件事會無意識的發生。我必須心甘情願並有意識的去渴望——有意識的去行使**意志**——讓自己成為這種蛻變發生的地方。這就是我能夠提供的服務，我人生的目的。瞭解這些，我會放鬆下來，我所有的緊張都會平靜，並與這種根本性的振動相呼應。我需要瞭解我到底渴望什麼。為了讓這種振動的調和發生，我需要一種清醒的真誠。我必須為此創造出空間。

這種向臨在的敞開，需要一種用我的所有部分來維繫的主動注意力。我必須在內在找到一種渴望、一種專注力、一種意志，它們可以讓我超越尋常能力的極限。這是一種「超級的努力」，一種有意識的努力。我必須在顯化的時候，保持對統一狀態的意識，在與外在連接的同時，保持與內在的連接。我需要努力將各種機能與各個中心的高等部分相連接，這種連接會讓我第一次體會到統一感、整體感。這需要將一種主動的注意力投注在這些力量發生分裂的點上，並保持在那裡。而這取決於我對「真我」的感受、對臨在的感受。我需要把自己作為一個整體來瞭解和表現，也就是活出一種**整體**的狀態。但是，只有在我足夠瞭解我只是活在自己的一部分裡，總是被自己的某一個部分所控制時，我才會升起這種對統一的需要。當所有普通機能都參與記得自己的時候，我就能向高等中心敞開，這種敞開的前提是讓注意力變得更加精微。

❻❸ 透過有意識的狀態歸於中心 Centered through consciousness

除非我們能將內在形式置於中心，讓它與我們的雙重特質相對應，否則我們就無法進行有意識的活動。我們各個中心必須產生連接，並允許用一種超出它們理解範圍的方式，讓根本的能量滲透進來。但是，儘管我們渴望，我們卻不具有這種連接和可滲透性，我們的行動因此也從未是有意識的。我們從自戀、小我的角度來看待外面的世界，在我們現在的狀態下，小我就是重心。這樣，它會歪曲我們的感知並且控制我們。我們並沒有像一個活生生的存在、一個有內在活力的存在一樣行動。我們只會自戀。我們不知道愛是怎麼一回事。

我們認識到我們的機能可以獨立於意識而存在，我們也開始認識到我們的意識可以獨立於機能而存在。我們需要不斷回到我們的目標上來：在內在透過有意識的狀態歸於中心。這既是我們作為人類所具有的可能性，又是一種冒險。我們可能會找到真正的自我，也可能不會。

我開始覺察到自己在兩種實相之間分裂的生活著。一方面是我存在於地球上的這個實相，我被時間和空間所侷限，徘徊於滿足與不滿足的感覺之間；另一方面，還有一種超越前者的生命實相，我對這種實相充滿熱忱。它呼喚我們的意識穿越所有的失望與不幸，引導我們去服務於本體，服務於我們內在的「神性」。如果我活著只是為了生存，我根本的素質就會被遮蔽、被埋沒。即使能夠以一種聰明的、合情合理的方式去生存，我還是看不到自己生活的真正意義——我沒有方向。我完全被外在的生存所吸引，這會妨礙我意識到自己真正的素質。而另一方面，如果我感受到另一種實相，在它的影響下，我會忘記自己的生活並撤回到與世隔絕的狀態中。於是，我要不就是不顧內在的生活而被這個世界所吸引，不然就是不顧在世界中的生存而被素質所吸引。這是同一個更大的本我，同一個本體的兩極。我需要找到一種狀態，讓自己越來越敞開，並臣服於內在一種根本的力量，同時也要能夠去展現這股力量，讓它在世界中去完成它的工作。

如果我去審視自己當下的狀態，我會發現自己沒有真正的重心，沒有「真我」。我習慣於把我的身體和其他機能稱為「我」或者「我自己」。但我並不具有一個真正的、一成不變的「我」，並不具有一個能夠行使**意志**的「我」——不是渴望，也不是希望，而是行使**意志**。我的各個部分彼此沒有連接。我的心無法體驗我頭腦所想的東西，我的頭腦也無法思考身體的感覺。它們的能量強度是不同的，沒有共同的目標。它們各自為政，只在意自己的欲望。

我的念頭、感受和感覺永無止息。我認為它們是真實的，並且關注它們。這樣我就被控制和封閉起來。有時我會觸碰到另一種實相，它感覺起來很虛無，完全沒有被「常我」染指。於是，我感受到一種需要**瞭解**的渴望，渴望能夠自由的與這個實相連接。我覺得我需要聚集在一起。一旦我有了這樣的感覺，一種放鬆、一種解放就會在內在發生。這就好像打開了一個空間，在這個空間裡能量聚集在一起形成了一個整體。我突然感覺自己成了另一個存在，這種統一的時刻會給我的自我意識帶來徹底的改變。我通常的思維和感受都不存在了。

內在的成長會帶來一種能夠連接各個中心的新機能。思維需要具有獨立性才能保有記得自己的想法，並把它傳遞到運動中心，然後傳遞到情感中心，再從那裡連接到高等中心。為此，我必須有一個內在的重心。我需要瞭解達到上述狀態所需的條件。

內在的重心

AN INNER CENTER OF GRAVITY

64 我們關鍵性的中心 Our vital center

讓自己覺醒過來，意識到我的本相意味著找到重心和能量的源頭，也就是生命的根。我總是忘記自己的源頭，因此我對於我的本相的所有觀念都被扭曲了。我必須要做的第一件事就是去覺察自己總是與這個源頭失去連接，如果我對於瞭解和熱愛這個源頭的需要沒有超過其他需求，我的小我就會控制我的生活和我的力量。而我對此甚至都沒有注意到，我所有的努力，無論形式如何，都會受制於小我的好惡，即便是我所說的「工作」也是如此。

葛吉夫告訴我們：正確的自我工作始於創造一個恆久的重心。他稱為第四種人的素質狀態就是以此為標誌的。這樣的人會意識到自己，並且去詢問「我是誰」，他覺察到他既不瞭解自己的存在，也不瞭解自己是如何存在的。他覺察到自己活在夢境中，並且覺得需要去瞭解他自己的實相。他開始去分辨內在的東西，分開真實的部分與想像的部分，分開有意識的部分與自動化的部分。

他與第一、第二或第三種人不一樣，他的覺察是清晰的，他瞭解自己的狀況。他內在的力量開始朝向一個方向，朝向注意力的重心所指的方向。瞭解自己成了他最重要的目標，成了他思想和興趣的重心。他希望如實的覺察自己，他的重心成了一個問題，一個讓他難以入眠的問題。為了瞭解自己，他掙扎著把自己的注意力帶到一個點上，在那裡可以將它分別投注在一種他試圖保持的臨在上，以及一種會讓他迷失的顯化上。這就需要一種在所有中心都以同樣能量強度工作時才能保持的警醒。他必須同時去感覺、思考和感受，避免讓任何一個中心來主導。如果這種平衡被打破，朝向有意識狀態的努力就會停止。第四種人會盡力在他的本質和機能之間建立一種連接。

我們的目的就是歸於中心，這既是指聚集能量，也是指找到我們素質的核心，找到我們力量的關鍵性中心。我們首先聚集能量，然後就會瞭解為什麼這個中心是必要的。因為從這裡我可以同我的各個部分保持正確的連接，跟隨它們的活動但又不迷失其中。當我歸於中心時，才有可能與那一直處於鮮活狀態的生命源頭相連接。我不需要去**製造**這種連接。我需要具有一種態度，沒有預設，總是願意為內在的素質讓出空間，這樣才能允許這種連接顯現。我透過體會一種空無的感覺、一種進入另一種空間的感覺來為內在素質讓出空間。

為了成為「不可分割的個體」，一個人必須回歸源頭本身，在那裡力量還不具方向，不具形式。如果我的注意力能夠在我的能量活動起來之前就覺醒過來，一種新的領悟和力量就可能會出現。現在我做不到。我那普通而又被動的注意力，只有在我的能量分散和陷於某些反應活動中時才能感知到它。這樣的能量已經遠離了源頭，努力保有這樣的能量是沒有意義的。儘管如此，我還是能夠瞭解這種狀況，並將它作為我當下的實際情況來接受。

❻❺ 將重心定位 Situating the center of gravity

我們需要在緊張和放鬆之間找到平衡。只是從靜止的、靜態的角度是無法瞭解自己的。我就是不斷運動的能量，要不是向內，就是向外。這些活動來自我不同的中心。當這種活動朝向外在時，就會喪失與內在的連接，失去內在的支持，失去重心。由此產生的緊張會像一堵牆一樣。當這種活動朝向內在時，緊張會消失，取而代之的是懶散，它最後通常會發展成被動。

我不知道如何參與到外在，也不知道如何活在內在。我不瞭解生命的法則。我能量的參與和撤回——

緊張和放鬆——只是發生，沒有任何的意義，也沒有秩序和驗證標準。它們之間沒有平衡，也沒有共同的目標。在內在，我的注意力、我的意志總是被動的，而同時我的身體和機能卻是主動的。只要這種關係維持原狀——內在被動、外在主動——就不會出現任何新的可能性。我必須感受到改變這種關係的迫切性，讓我的身體和機能主動進入一種被動的狀態。為此，我必須主動將我注意力的重心定位，這種主動的注意力來自於我整個的臨在，是一種「真我」的迴響。

這時會出現一種感覺，為了讓它散播開來，一種放鬆會自行發生。這種感覺會變得很明確。這就好像是我為一種本質性的東西讓出了空間，或者說一種本質性的臨在讓我整個的身體都感受到它。我覺察到自己有一種持續的傾向，想要去干擾、操縱和緊抓這種感覺，這會讓這種感覺僵化並失去生命力。所以我必須在內在回到一個層面、一種深度，在這裡這種感覺和放鬆之間的平衡能夠真正實現，且不會受到干擾。這會產生一種特殊的節奏。然後，一種統一就會出現。它不是透過強制實現的，而是透過對於相關力量的理解。這樣，某種來自於新感受，一種有意識的注意力，會將這種感覺與放鬆連接在一起。

在開始的時候，我主要會從太陽神經叢或頭部去體驗這種感覺，但當我放鬆時，這種感覺會擴張開來，形成一種根植於腹部的完整臨在。葛吉夫總是稱這裡為素質的重心，也就是第二個身體與第一個身體連接的地方。我讓自己的能量流向這個重心，這裡支持著我整個上半身，也支持著我的思維和感受。一旦我歸於中心，我就能感受到思想自由了，感受也自由了。經由這個中心，我可以以一種完全自然的方式與自己所有的部分連接。我處於一種平衡的狀態。這種狀態由這種感覺維繫著，而這種感覺會在我臣服於臨在的行為中得到更新，我渴望去感受這種臨在的法則。我的身體完全被占據。它被臨在賦予了活力，臨在在這個時刻比身體強大，比思想和欲望都強大。

我的臨在非常完整。「常我」不再去判斷和權衡。我不再受它的控制。另一個「我」出現了，它可以逐步向一種對高等中心的感覺敞開。我覺得更加穩定。為了真正感受到這種臨在，我需要採取一種精確的內在和外在姿態，採取一種適當的態度，以便讓我能夠與生命的源頭連接，我就來自於那裡。

❻❻ 成為第二天性 Becoming second nature

當內在的力量與外在形式之間出現不協調，我們與自己的真正連接就會喪失。若不是會讓過多的生命力驅使一切向外，就是會過度內收，進行一種過於僵化的自我防衛。如果有太多的力量被用在顯化，我們會感覺到內在的形式被打破，失去內在的秩序或方向。我們的活動會變得沒有節制，失去協調性。如果對自我的保護過於強烈，活動就會被抑制。而這個被抑制的力量對於它的載體來說會過於強大。在上述兩種情況中，我們都會感覺到缺少一個活躍的中心，缺少一種第三類元素，它可以消解外在形式與內在生命之間的那種不協調，並讓我具有整體性。如果我有一個重心，那麼外在的顯化就可以去展現一種不斷為整體賦予生氣的生命。

為了體驗到重心，我需要時時刻刻感受到一種需要：接收對內在生命的印象。為此，我必須臣服，接受印象對我的影響。我必須不斷為它讓出空間。我需要透過掙扎來讓出空間，保留住這種對生命力的印象，它可以讓我不被外來的力量所控制。在實踐中，我會發展出一種能力，從而能夠意識到錯誤的態度並加以糾正。這必須成為我日常生活中持續存在的部分。這就是我對生命的臣服。而最難臣服的就是我的頭腦。自願進入被動狀態總是會給小我帶來痛苦，它只能短暫接受這樣的狀態。一旦我進入空的狀態，一個來自以自我為中心的「小我」的念頭或情緒就會打破我的狀態。這種波動會打破和侵入內在的一切。

我希望去體驗這種重心，但卻從未讓自己去全面感受它的重量、它的密度。我總是有一種緊張、一種向上移動的趨勢。這會讓我不再放鬆和柔軟，變得緊張和僵硬起來。我想要**去做**的意志、我的小我再度掌握了控制權。我不再信任在重心中體驗到的活生生的力量。我再一次只是去信任「我自己」。即使我開始感受到這種生命出現的事實，我仍然對自己的緊張和放鬆都沒有控制力。我無法同時顧及它們，我要不是緊張，就是放鬆，但它們是一個完整的活動，這兩者就是我內在生命的活動。緊張與放鬆不是對立的，放鬆與緊張也不是對立的，它們只是跟隨一種韻律，旨在保持我所尋求的那種活生生的生命形式。我很難理解達到放鬆所需的態度，單是尊重這種態度就會帶來一種無條件的敞開。我總是希望去獲取或接收**本該屬於我的東西**，而不願透過放鬆來感受到素質的臨在，這是一種神聖的臨在。我不允許這種臨在影響我。

只有當我為了統一的狀態掙扎了相當長的一段時間後，我才會理解糾正這些緊張所帶來的負面效應有多難，因為整個的我都被捲進來。在每一次緊張中，無論那種緊張多麼微小，整個的我都被捲進來。如果這種緊張已經固定了，它就會封鎖住我的素質。儘管如此，真正的放鬆還是可以發生，只要我能夠感受到內在神祕的能量源頭，感受到沒有我干擾時「真我」萌生的源頭。這種放鬆會讓我保持住一種新的內在形式，它完全不同於我慣性的緊張，在這種內在形式中，我所有的部分都會被整合起來。它會讓我感覺到自己，感覺到我真正的個體性。

我的目標是變得完整，成為一個統一體。只有目標達成時，我才能瞭解什麼對於整體來說是必需的。為此我必須歸於中心。我孜孜不倦的一再回到我的重心。現在這種偶爾出現的狀態必須成為我的第二天性。在沒有緊張時，我的能量才能夠在一種放鬆的、向下的活動中得到解放。我的完整性不再受到威脅。我發現了一個法則，並且願意處於它的影響之下。這就是「三的法則」，它可以讓我成為一個全新的存在。

❻❼ 我真正的形體　My true form

我們必須找到一種內在的秩序，一種內在的形體。為此，身體的姿態必須是可控的，只有在身體外在的形體可控時，內在的形體才能建立起來。當我靜坐時，我必須先在我的重心周遭建立起一種秩序，我讓自己保持挺直和平衡，柔軟而沒有緊張。我所追尋的不是身體的放鬆，而是要放棄那執著的小我，它總是急切渴望權力，但卻還沒有意識到自己的主人是誰。我不僅坐姿與平常不同，而且整個人都不一樣了。當我安住在自己的重心時，小我無法再禁錮我。我最需要理解的是一種向下的活動，再一次的浸入源頭，浸入我生命的源泉。我需要不斷回歸和臣服於生命的力量，這唯一的、真正的生命，我就是它的一部分。我需要讓本體的實相顯現，讓我完整的本相在內在被創造出來。

我不斷放開我的緊張，放開我的「常我」，這個「我」持續活動著，不願成為整體的一部分。我的胸部、我的肩膀……所有部分都放鬆了，集中在腹部的力量支撐著我的上半身。一切都受制於這種內在秩序的法則，我的內在達到了靜默和統一的狀態。我發覺為了讓我的素質顯現，我必須有一種均勻分布在各個部分的感覺，一種統一的振動。這樣，一種沒有波動的狀態才會出現。然後我會感受到自己的提升，從那習性緊張的形體——「我」——中解脫出來。我超越了它，覺知到我當下內在和外在的姿態，它們是我真正的形體，是我個人化的形體，我的本質就流動在其中。

我感覺到生命的力量，沒有任何的恐懼。我不再害怕迷失自己。**我在**。這種力量是無法抗拒的。它不是我的力量，我就在這股力量之中。只要我遵循它的法則，這股力量和我就是一體的。這意味著我所有內在和外在姿態的一種轉化。如果我無法訓練並轉化這些姿態，那麼一旦觸及素質的體驗結束後，什麼印象都不會留下來，我會再度受制於我的小我——我的暴君。

每一個緊張都代表了一種遠離統一狀態的活動，並且會帶來對放鬆的需求。每一次放鬆都包含著偏離既定方向的風險，並且會帶來對緊張的需求。在這個法則背後，是我的整體在運作，每一刻我都需要去找到平衡的狀態。

我所訓練的不是我的身體、我的機能，而是我的整體。我不是從外在以我的理智在打量我的身體。身體是我生命的寶座和根基，與整體密不可分。我需要從內在去感知它。我渴望去信任生命，信任聚集在腹部的這股強大力量。我尋求一種姿態，一種存在的方式，來讓我的重心保持穩定。為此，腹部必須被整個身體的力量所充滿。如果那裡的力量不夠充盈，身體就沒有重心，就會被外界的力量所淹沒。這樣，它也就失去了承載生命的意義。

肚臍下的肌肉會有輕微的緊張。這會讓力量集中在這個部位，但這個部位需要被來自身體各個部分的能量所啟動。如果我姿勢正確，軀幹的底部就會像磐石一樣穩固，我的腹部會支持著整個上半身，讓它保持自由。它們之間不應有任何的衝突，必須互相接納。它們是密不可分的。來自身體上半部分的力量會流向支援它的重心。我們必須要讓胸部放鬆下來，防止它變得緊張。我們的體內不應有分裂。頸部也很重要，如果一個人的頭部姿勢不正確，頭部就會與身體分裂，從而不會具有相同的重心。

我不會帶著焦慮一件件去做這些事情。我會試著去感受這樣的姿態帶給我的統一狀態，並且去欣賞這種統一的感覺。於是，所有主觀與客觀、內在和外在的分別都被拋開了。一旦我遵循這種新的秩序，並將自己置於它的影響之下，我就有了新的形體。我瞭解到重心就是統一性的基礎。當我全部的能量都集中在這裡時，我會向一種嶄新的意識層次敞開自己。

呼吸

BREATHING

68 一種無法感知的能量流 An imperceptible current

我學著去分辨兩種不同的振動波流。其中一種來自念頭和情緒，把我困在一個較低的層面上；另一種更為精微，它可以喚醒和啟動頭腦與心的未知部分。如果我沒有長期體驗到這兩種能量流的不同，以及它們對我素質的不同影響，我就無法獲得一種新的領悟。它們對我的影響取決於我是否被動的屈從於第一種能量流，或者反過來，取決於我能否帶著有意識的警醒，意識到第二種能量流。透過呼吸，透過向一種給予我生命的神祕力量主動敞開，我可以意識到這種更為精微的能量流，它會開啟我內在潛伏的可能性。

我透過呼吸參與生活。我在呼吸中感覺到自己的存在。這就是我存在的方式，但我並不信任呼吸，我不讓自己自然的呼吸。我吸氣，但從不徹底的呼氣。我想要介入，不願如實接受這種生命活動。

我需要去觀察我到底是從胸部還是從更低的部位，即橫膈膜進行呼吸，並發現自己的呼吸中不正確的地方。我沒有讓呼吸自由的發生：我要不是抗拒，就是強迫自己呼吸得更徹底。這兩種方式都是一種介入。即使我知道我需要怎麼做並且去嘗試，但我還是無法讓呼吸自由進行。甚至當我只是在觀察呼吸時，我還是介入了。我觀察的方式是不對的。我無法讓我的小我相信，呼吸中蘊含的生命力比它更有智慧。

我並不瞭解自己在呼吸時的狀態。我不知道呼吸的行為總是被來自小我的各種形象、想法和情緒所改變。我必須學會讓呼吸自行發生而不去改變它的節奏。我必須達到一種不受「常我」干擾的狀態，要做到這些，我必須在腹部感覺自己的重心。讓呼吸自行的、自主的發生是件非常重要的事，這樣，我就能參與一件更偉大的事情。我作為一個部分參與到這種體驗中，它為我帶來了轉化。

可以被感知到的呼吸不是真正的呼吸，真正的呼吸是那股激發吸氣與呼氣的能量流。我們察覺到氣流，但卻覺知不到這股無法感知的能量。它是一種磁力，可以激發呼吸活動，並且能碰觸到素質的核心部分。吸氣與呼氣並非像直線一樣進行。它們像是一個輻射性的圓環或輪子，可以觸碰到身體的每一個部分。實際上，這種能量流可以讓身體接觸到素質的所有層面。當我感受到內在的統一性時，我會體驗到一種對更有意識的呼吸的需要。

69 瞭解呼吸的幾個階段 Stages of breathing

意識到呼吸行為可以讓我們更好的瞭解掌管生命的法則，瞭解服務於這些法則如何為我們的存在帶來意義。對呼吸真正的瞭解，要經歷一系列不同的階段。

第一個階段是意識到身體層面的呼吸，並讓它自然的進行。呼吸可以自行進行。如果呼吸很淺，透過胸部而非橫膈膜來進行，這就表明我是緊張的，並且受到「常我」的侷限。我不允許呼吸自由來去。我吸進空氣卻不讓自己完全呼氣，就好像我害怕吸進來的空氣不夠似的。我們首先要學習的就是讓呼吸自然發生，不讓「常我」去干擾它。我需要把呼吸帶到身體中更低的位置並且完全呼氣。

第二個階段不只是在身體層面做呼吸的練習，還要有自我層面的練習。我不再把重點放在完全呼氣上，而是在呼氣時放掉對自我的緊抓。我不僅放鬆我的肩膀和胸部，還要把整個的自我放鬆下來。我瞭解到我平常的呼吸反映了「我」的一種錯誤態度，是「我」沒有正確的呼吸，而非我的身體。在工作中，我發現我所有的顯化和頭腦的態度都會阻礙呼吸的進程。這是一種對生命基本韻律的抗拒，一種對失去自我的恐懼，一種對生命缺乏信任的表現。

第三個階段是體驗在呼吸的不是我，而是「它」——一種宇宙的本體，並且覺察到呼吸是有生命的整體所進行的一種基本活動。

我們需要學會去意識到生命，意識到本體在我們內在的顯現，意識到我們被包含在一個有節奏的秩序中。我們不是從外在來進行觀察，讓自己與觀察物件保持分離，而是與體驗融為一體，並被體驗所轉化。通常我們無法被體驗所轉化，那是因為我們將自己同實相分割開來，迷失在「常我」之中。

真正的意識是隱藏的，總是扮演次要的角色。我們必須消解掉頭腦中所有的形象和預設的觀念，這樣才能覺知到意識的本源。我們必須讓意識顯現並擔當主要的角色。這樣一個人才能順應他的本體來生活。這種對於內在生命的主動認可會讓我們感覺有必要去聽從「意識」的指引，並依照我們的領悟去改變和生活。

最終，一個人會臣服並且信任生命和本我。他把自己交託給宇宙的起伏變化，以他所有的部分瞭解到所有的形式都是從空無、寂靜中產生的，它們一旦完成使命就會被再度吸納回去。他會明白他可以在失去自我時找到自己。他會從某種主觀的侷限中解放出來，而意識到他的本我是宇宙宏大生命中一個負責任的參與者。他參與了整體的運作。

70 我活在我的呼吸中 I live in my breathing

當我只是停留在自我的表層時，我無法隨心所欲的放鬆。當我沉入更深的內在時，會有那麼一個時刻到來：我無法隨心所欲的緊張。然而，我的內在狀態還可達到這樣一種層面，即覺察各種緊張的升起以及它們之間的互動，但又不會完全被它們所控制。我的覺知保持在某種不會被控制的東西上，這種狀態直接取決於我是否能體驗到自己的重心，我需要不斷回歸自己的重心，這些緊張與放鬆的活動是我對生活的回應，它們會影響我的呼吸。當我看到自己的呼吸從來都不自由時，我就會去質問呼吸的重要性以及它與我的頭腦、心和身體的關係。

當我靜坐時，我會感覺自己被不計其數的細微緊張所約束著，就像在一張網裡似的。就在我有了這樣的感覺時，這張網鬆了下來，隨著緊張的消失，我內在的生命就會像穿透雲霧一樣顯現出來，於是我變得自由了。我非常清晰的覺察到我身體的姿勢決定了這種自由是否能夠出現。

首先，骨盆和雙腿的姿勢可以讓我的脊柱挺直，膝蓋一定不能高於臀部，這樣就能保持軀幹、腹部以及頭部等其他部位的正確姿勢。我覺察到內在對臨在的感受取決於我的緊張程度。如果太陽神經叢的位置太過開放或緊縮，這種形成臨在的能量就不會出現。這種能量需要自由流過，即使是最輕微的阻礙都會干擾這種能量流的形成。一旦這種能量出現了，我就會感受到自由，我感受到自己的存在，這是一種我之前所不知道的全新存在狀態。我會突然間意識到我的呼吸，我知道我在呼吸。這就是我在自己內在感受到的生命活動。

我不會專注於呼吸的動作，也不會試圖去思考呼吸。我必須與對呼吸的感受融為一體，去感覺吸氣和呼氣都是自然和自發的，透過接納一切來放棄所有的努力。我沒有任何保留，讓自己完全的呼氣，當我能夠讓呼吸更加自由和全然的發生時，我就能感覺到能量充滿了我的腹部，並且不再有那種不斷上升的傾向。在呼吸中，我覺察到念頭的升起和消失，我覺察到它們後面有一股能量，那是用於思維的能量。而念頭不是思維本身。

在更深的放鬆中，我感受到呼吸就是我內在這種能量的生命力體現，這種能量所含有的元素可以滋養我內在的臨在，我感受到它所經過的路線和軌跡非常重要，它們可以讓各個中心的生命力互相連接。我需要先透過感覺與這種能量建立連接，並習慣於不帶任何期望的去感受它的軌跡。

當我能夠意識到這種能量時，我就能感受到呼吸的重要性，好像它就是一種生命活動。我感受到呼吸就是一種充滿生氣的活動，是一種統一生命體的活動，我也被包含在其中。我就存在於這種活動中。我不可能把自己分割開來，從一旁去觀察，也不可能為了自己的目的而讓這種活動固定或停止。我只能去感受自己是它的一部分，沒有它我什麼都不是，而沒有我它也無法有所作為。我放開手，在失去自我的同時找到真正的自己，我臣服於這種活動，在這種活動中形式被創造出來，而形式一旦出現後馬上又會被消解。

我活在我的呼吸中。

71 不怕失去自我 Without fear of losing myself

有一種印象——我在呼吸的事實——可讓我停留在當下的真相，並且喚醒我的注意力。我全部的注意力都投注在這種呼吸活動上，忘記了所有其他事情。我需要給它全部的關注。我與呼吸的感受融為一體，但我呼吸時不會做出特別的努力。我只是感受呼吸——吸氣、呼氣、吸氣、呼氣……念頭會浮現。我只是把它們當做念頭，當做飄過的念頭來觀察。我不會嘗試去消除它們，也不會在當中迷失自己。我知道它們不是實相，然後我讓注意力回到呼吸上。在這樣的狀態中我別無所求，沒有任何欲望。我什麼也不期待。

我呼吸，我就是這呼吸。為了瞭解呼吸，我必須持續觀察它。觀察和呼吸二者缺少其中之一，都不會有秩序，不會有瞭解。它們在一起才有意義。這樣，呼吸就會自行發生，不需要努力或強迫，我只是去感受呼吸的活動。這一切都取決於我的思維本身，其所具備的智慧和品質，是否能帶來無需語言的有意識觀察，或說帶來一種覺察。這需要我加倍徹底放鬆，進入一種更自由的狀態，不再受制於總是要介入呼吸的「常我」。我不再去控制我的呼吸，而是任由它自行發生。

我從釋放自己各處的緊張開始。首先是頭部。我能感受到一種更為平靜的能量與混亂的念頭波動之間的不同。隨著我的放鬆，混亂的波動開始平靜。過了一段時間之後，當我感受到頭部的能量變得更加自由時，我會放鬆臉部和頸部，隨後是脊柱。我保持著一種平衡的狀態，體會到一種平常沒有的深層感覺。我的感覺是臣服的，臣服於這種自由的振動，臣服於這種內在生命力的自由活動。然後，我來到太陽神經叢。這裡的緊張也釋放掉了。我臣服了。我不會去控制能量。它不屬於我，它是自由的。但只有我讓它自由流進腹部時，我才能夠真正瞭解它。如果我的內在完全沒有緊張，如果能量不在任何地方被卡住，它就會自由流向它的源頭，感覺就像是來自另一個空間的力量一樣。我不會害怕給這股能量讓出空間，也不會覺得到自己受到了威脅。

現在，我覺得更加自由，我把注意力轉回到呼吸上。我溫和的呼吸，不會有所保留，也不會害怕失去自我。這就好像在用我的自我做練習，而非僅僅參與到一種只涉及身體層面的活動中。我信任這種活動，允許我所有的概念和想法都消解掉。我不害怕完全的呼氣，我在人類自我的層面上發現了一種新的意義、一種神聖的感覺。

我再一次看到我只信任自己，但我也需要信任空氣中蘊含的那種活躍力量。當我感受到一種更加平衡的狀態時，我好像可以透過各個中心進行呼吸，並且靜默的說「我是」。當我說「**我**」的時候，我感受到三個中心好像站了起來；而當我說「**是**」的時候，我也能感受到它們，這時它們好像坐了下來。當我吸氣時，我說「我」，代表吸進空氣中活躍的元素。當我呼氣時，我說「**是**」，感覺那些活躍的元素流進並充滿我的身體。除了「**我**」和「**是**」之外，我不再嘗試添加其他的內容，只是對自己默念這兩個字。隨著每一次呼吸，我按照這樣的順序讓活躍的元素充滿身體：右臂、右腿、左腿、左臂、腹部、胸部、頭部，然後是整個身體。

chapter

VII

我是誰？

WHO AM I？

小我與幻相

EGO AND ILLUSION

❼❷ 對自我的想像 The imagination of myself

為了知道我是誰，我需要去覺察自己內在真實的東西，對此最大的障礙就是幻相。我心甘情願的讓想像替代意識，讓對自己的想法替代對「真我」的感受。

聚集在一起工作時，我們每個人都帶來很重要的東西——我們的小我。我試圖去瞭解我為什麼要來，我覺察到我的小我，我的人性就在這裡，我緊抓著它。如果我夠誠懇，就能覺察到它在很大程度上，和引領我來到這裡的力量混在一起。但小我幫不了我。覺察到這些，覺察到我仍舊相信我就是這個小我，會讓我帶著強烈的情感去提出這個問題：「那麼，我是誰呢？」

以我們現在的狀態，我們都被對自己的想像所影響著。這種影響讓人難以抗拒，並且侷限了我們生活的各個方面。一方面，我有著這種想像，這種對自己的錯誤概念。另一方面，還有一個「真我」，我並不瞭解它。我覺察不到這二者的區別。就好像這個「真我」被埋在了一大堆信念、興趣、嗜好和偽裝之下。

我所肯定的一切都只是這種對自己的想像。我不瞭解「真我」，所以無法去肯定它。它呼喚我的關注，並且渴望去獲得瞭解，渴望活躍起來……以便能夠去獲得瞭解。但現在它還很弱小。儘管如此，它就像一顆種子一樣。如果我的意志足夠堅定，對這種瞭解的追尋就可以成為「真我」成長的土壤。

我需要學會辨認出「真我」，並把它與我對自己的想像分開。這是一個艱苦的工作，因為那個想像的「我」會去保護它自己。它與「真我」是對立的，恰恰就是與「真我」相反的樣子。在想到自己時，我總是認為我是存在的，而我對自己的想像，也就是我們所說的個性，是不存在的。我對這種想像完全不瞭解。然而只要我不瞭解這種想像，我就無法瞭解我的本相。

在我尋常對自我、對小我的感覺中，這種對「我……我自己」的想像處於核心的位置。我內在的所有活動都在保護這種想像，在我的潛意識和意識層面，都有著同樣程度的這種傾向。因為，我們會不惜一切代價保護這種想像，所以我們的體驗和知識就顯得非常重要。我們做事時不是因為喜歡而選擇，而是因為這麼做可以肯定和安慰那個想像的「我」。我所有的念頭和情緒都是以此為動機的，但這種傾向太細微了，我們根本覺察不到。

我們滿腦子都是自己理想的樣子，從而忽視了我們現在、當下、此時此刻真實的樣子。或許，在「我」的想法形成的背後，迴響著一種很深的渴望，一種對**如是存在**的渴望，以及一種對完全活出我的本相的渴望。但現在這種對自己的想法正處在控制的地位，想像的「我」一直在追求、爭鬥、比較和評判，它想要成為第一，想要被認可、讚賞和尊重，想要去炫耀它的力量和威力。數世紀以來形成的社會心理結構，造就這樣一個複雜的存在體。

我對此有所瞭解嗎？不只是短暫或偶爾注意到它……而是時時刻刻在每一個行為中真正覺察到它：無論是在工作、吃飯，或者與他人談話的時候。我能覺知到自己總是想要成為「某人」，並總是拿自己與他人比較嗎？如果我能夠覺察到，我就會渴望把自己從這種傾向中解放出來，並且知道為什麼要把自己解放出來。如果我無法領悟到這種解放就是我追尋的本質，就是我向瞭解自己邁出的第一步，我將會繼續被愚弄，而我所有的努力、所有對改變的嘗試都會以失望告終。想像的「我」，對「我」的想像將會茁壯，即使在我最深層的潛意識中也是如此。

我必須誠實坦承，我對這個「我」一無所知，我只有把它當做事實接受，才能對它產生興趣，並生出想去瞭解它的真正渴望。這時，我的念頭、感受和行動將不再是我漠然觀察的對象，它們就是**我自己**，就是**自我**的表達，我需要瞭解它們。如果我渴望瞭解它們，就必須與它們共處，不是作為一個旁觀者的角色，而是要帶著情感，並且避免去評判它們或為它們辯解。我必須時時刻刻與我的念頭、感受和行動共處，並且因它們的存在而受苦。

❼❸ 暴力的自我主義　Ferocious egotism

我們並非是自己所認為的那個樣子。我們因想像而盲目，高估了自己，並且欺騙了自己。我們總是欺騙自己，每時每刻，從早到晚，終其一生都是如此。如果我們能夠在內在停下來，不帶預設的觀察，接受一次我在欺騙自己的這個事實，也許我們將能看到我們並非是自己所認為的那個樣子。

我在某些時刻會進入真正的寧靜、靜默中，向另一個空間、另一個世界敞開自己。我沒有發現除了在這些時刻，我都會被衝突和矛盾，即自我主義行為的暴力所控制，被它不停的孤立和分裂。我所做的一切都源自於這種行為。在發現新的可能性的過程中，我需要去瞭解這部分特質的根源是什麼。我必須明白，這不是一個我能隨時或隨意放在一邊的身外之物，它就是我，我不可能不是它。這種暴力的自我主義就是我，我必須要意識到它的行為。而要覺察這種暴力，我必須與自我進行緊密而真正的接觸，不帶任何預設形象去觀察自己。

我們為何會有一種自我證明、自我實現的迫切需求呢？因為有一種很深刻的動力在發生作用：那是一種對渺小感的深深恐懼，對完全隔絕、空虛和孤立的恐懼。我們自己創造出了這種孤立——用頭腦，用自我保護，用自我為中心的想法，比如，「我自己」、「我的」、**我的**名字、**我的**家庭、**我的**地位、**我的**品質。在內心深處，我們感覺到空虛和孤單，過著狹隘和膚淺的生活，情感上是饑渴的，思想上是老套的。由於我們那狹隘的「我」是痛苦的根源，我們都希望——有意識或無意識的——讓自己迷失在個體性或群體性的刺激中，或是迷失在某種形式的感覺中。我們生活中的一切——娛樂、遊戲、書籍、食物、飲料、性——會在不同層面給我們帶來刺激。我們著迷於這些刺激，並尋求找到一種「快樂」的狀態，尋求保持一種快感，好忘掉那個給我們帶來痛苦的「我」。我們的頭腦一直都忙於逃避，不斷的透過各種方式尋求被外界的事物所完全吸引，沉迷在一些信仰、愛情或者工作中。關於這種逃避的重要性，已經超過我們所無法面對的那個真相。

我們狹隘的頭腦只是圍繞著自身利益打轉，為了減少生活中的挑戰，它會透過自己有限的理解來詮釋它們。這樣做的結果，就是導致我們的生活缺乏強度，缺乏強烈的感受，缺乏熱情。這是一個至關緊要的問題，當我們在內在深處具有真正熱情時，我們會有強烈的感受，並且對痛苦、美、大自然……乃至生活中的一切都極為敏感。我們會很在意生活，在意在生活中一起工作並建立連接的可能性。但是沒有了熱情，生活就是空虛的、毫無意義的。如果我無法深刻的感受到生活以及生活中挑戰的美妙之處，那麼生活就沒有任何意義，我們也只是機械的運作。這種熱情與虔誠和情緒化的衝動是不同的。一旦這種熱情具有了一種目的或偏好，它就轉變成了喜悅或痛苦。而我們所需要的熱情是對**如是存在**的熱情。

我們中的大多數人都是以「常我」為中心的，不會愛也得不到愛。我們心中的愛非常少，於是我們到處去乞討愛，尋求愛的替代品。我們尋常的情感狀態是負面的，我們所有的情感都是對刺激的反應。實際上，我們都不知道積極的情感意味著什麼，去愛又意味著什麼。我的「常我」，我的小我總是被我的好惡——即「我喜歡的」和「我不喜歡的」——這類東西所占據。它總是希望接受，希望被愛，並且逼迫我去尋找愛，而我的付出是為了有收穫。或許，這是頭腦或「我」所認為的豐盛狀態，但它不是來自內心的豐盛狀態。我用這個「我」，用小我去愛，而非用心去愛，在內心深處，這個小我總是與他人有衝突並且拒絕分享。生活中沒有愛的人會處於長期的矛盾中，這是一種對真相、對**事物的本相**的拒絕。沒有愛，一個人永遠都無法找到真實的東西，他所有的人際關係都會是痛苦的。

如果我無法全然瞭解自己，無法瞭解我的頭腦和我的心，以及我的痛苦和我的渴望，我就無法活在當下。我必須要去探索的並非是超越自我的東西，而是我思維和感受的根基。我的思維渴望持續性和永久性，它的這種渴望催生了我的「常我」。這種思維是恐懼的根源，那是種對失去的恐懼、對受苦的恐懼。如果我不瞭解自己全部的意識——潛意識和意識，我將不會瞭解恐懼，我整個的探尋也會誤入歧途並且遭到破壞。那樣，我就不會有愛，我唯一的興趣就是確保這個「我」的持續性，甚至想讓它在死亡之後也仍然存在。

74 從恐懼和幻相中解脫 Free of fear and illusion

我的頭腦是否能夠總能處於生機勃勃和嶄新的狀態，並且具有一種不創造任何習慣、不緊抓任何信念的思維呢？為此，我們必須瞭解我們用來生活的整體意識。它在一個有侷限的框框裡運作，只有打破這個框框它才能夠獲得自由。我們所尋求的是一種「我不知道」的頭腦狀態，我們不用試圖去瞭解那些我們意識不到的部分，而是要如實看到虛假的部分。破除那些虛假的部分會清空我們頭腦中已知的東西，只有空的頭腦，才能到達一種不知的狀態並發現真相。

覺察到那些用原則和概念控制我們的語言和想法很重要。只要我們還陷在那些讓我們安心的信念編織的羅網裡，我們就無法具有真正的探尋所需的強度和精細度。除非我能夠瞭解這一點，否則我的觀察只會基於形式、基於已知，而不會充滿發現精神，並總是帶著新鮮感。這樣的觀察是以自我為中心的，我的「常我」會從以自我為中心的角度詮釋出現的一切。

我們需要瞭解生活中的恐懼，它是一個基本的事實。只要我們全部的意識沒有從恐懼中解放出來，我們就不會走得太遠，無法深入自己的內在。恐懼從本質上來說是與我們整個的探尋對立的。但我們內在恐懼的根源是什麼呢？這樣的恐懼真的存在嗎？我們是否曾經將恐懼作為一個事實而非一種由事件引發的感受來體驗的？當我們直接面對這個事件——比如說險境——我們會恐懼嗎？

事實上，恐懼只有在思想專注於過去或未來時才會產生，如果我們的注意力就在鮮活的當下，那麼思考過去或未來都是一種不專注，一種會引發恐懼的不專注。當我們完全專注於當下，完全保持臨在時，恐懼就無法存在。這時，我們會發現自己什麼都不知道，無法回應；在這種完全不確定的狀態下，我們可以發現真相。如果我們想深入內在，看清這裡到底有什麼，乃至看清更高層面的東西，我們就不能有任何形式的恐懼，不懼怕失敗或受苦，最重要的是不懼怕死亡。

我們從未用自己所有的部分去質詢死亡到底是什麼。我們總是從生存的角度來看待死亡，認為生命就像一條由事件組成的鏈子，或是一種無休止的活動，但這種生存只是已知事物的生存。實際上，我們的生命確實是由一連串已知事物所組成的，我們總是基於已知去行動，我們渴望持續性，執著於生存，卻沒有去詢問這種渴望的來源。我們沒有瞭解到這種渴望只是一種思想的空洞投射，它來自於我們的認同創造出的想像的「我」——我的家庭、我的家、我的工作成果。當我們清晰意識到這一點時，就不會帶著多愁善感，以及想肯定自我的企圖，去探究這個關於持續性的問題。

我們得瞭解並沒有一位「思考者」（thinker），我們那個想像出來的「我」在思考著「我自己」和「我的」，那只是一個幻相。為了接觸到真相，我們必須驅散這幻相，以及其他基於思維的幻相，包括那些對快樂和滿足感的欲望。只有這時，我們才能看到我們的野心、掙扎和痛苦的真正本質。只有這時，我們才能看穿它們，到達一種沒有矛盾的狀態、一種空的狀態，從而體驗到愛。生活在這種放棄自我以後，所到達的空的狀態非常重要。隨著對自我的放棄，會有一種對**如是存在**的熱情升起，這是一種超越思維和感受的渴望，一種可以焚毀一切虛幻之物的火焰。這種能量可以讓頭腦穿透到未知中。

圍著中心繞圈的行動是無法到達中心的。表面化的行動無論怎樣也無法穿透到更深的地方。為了瞭解自身，頭腦必須靜止下來，不帶任何的幻相。帶著這種清明，我們會發現那個無足輕重的「我自己」消融在一種無法衡量的宏大之中。時間消失了，只有當下。保持臨在就足夠了。每一刻我們都在死去、都在活過來、都在愛、都在**如是存在**。從恐懼和幻相中解脫之後，我們每一刻都在已知的層面死去，從而進入未知。

VII

我是誰？——小我與幻相

向未知前進

TOWARD THE UNKNOWN

75 我不知道 I do not know

在尋求覺察內在真相的過程中，我可能會來到感知的門前。但只要我緊抓著已知，門就不會打開，真相就不會顯露出來。我需要空著手才能接觸到未知。

在開始時我無法確認我是誰。我需要做的就是把自己與「常我」區分開來，覺察到我不是我的想像，我不是我的感受，我不是我的感覺。於是這個問題就會升起來：我是誰？我需要去聆聽，我需要安靜下來以便調動我全部的注意力，以達到一種更加平衡的狀態。我就是這個狀態嗎？不，但這個方向是好的。我從渙散走向統一。我的探尋可以繼續。我看到我用於思考的能量被所有抓住它的念頭所指揮，既沒有力量也沒有方向。為了到達「我」的源頭，這種能量需要被集中和專注到一個問題上來：「我是誰？」我要學會專注。

我不知道我是誰，所有我知道的東西都無法給出答案。那未知的、神祕的東西無法用已知來瞭解。而且我的所知所學會阻礙我發現**事物的本相**。我整個的思維過程、來自已知的侷限，都會將我封閉在思想的領域中，且妨礙我繼續向前。我在這種侷限中能找到快樂和安全感，於是會無意識的緊抓住它。

我無法面對未知。我感覺它很虛空，就像一個需要被填滿的空無一樣。我不斷想要用答案填滿它，在我頭腦的螢幕上投射出一個虛假的形象。我害怕會找不到自己，為了消除這種不確定性，避免不滿，我不斷去肯定一些虛假的東西。其實我需要這種不確定性，需要這種不滿，把它們當做來自心的指引，幫助我回歸自己。因此我必須要更加敏銳的感覺我想要避開的東西，去接受這種虛空、這種空無。

接觸未知意味著來到感知的門前並且能夠把門打開，從而覺察到未知。但只要我被語言所控制，總是去命名，總是透過名字來辨識一切，我就無法覺察到未知。語言會製造侷限，製造障礙。要進入未知，我的頭腦必須如實覺察到侷限，不去評判它的好壞，也不受它的控制。我能夠在覺察自己時不去替覺察到的東西命名嗎？我帶著專注的注意力來到感知的門前。

我學習去聆聽內在的未知。我不知道，於是我去聆聽，不斷排除來自已知的回應。一刻接著一刻，我意識到我不知道，於是我去聆聽。聆聽的行為本身就是一種解放。這種行為會讓我安住於當下，當我如實瞭解了當下時，就會有轉化發生。我向著未知前進，直到有一刻，我的頭腦中不再有念頭活動，外在的一切都消失了。我不知道我是誰。我不知道我從哪裡來。我不知道我將會到哪裡去。我懷疑一切我已知的東西，沒有任何東西可以依賴。我所渴望的就只是瞭解我的本相。沒有語言，沒有形體，身體和它的重量好像都消失了。我感覺自己好像變得透明了。現在，整個的內在空間都十分純淨，它的品質像空氣一樣輕。我感受到我的解放就來自於這種對自我的探索，它是唯一的道路。

76 「我是」的迴響 The resonance of "I am"

要瞭解我內在那股充滿生氣的能量，僅有對它的**記憶**是不夠的，我必須有一種對未知的直接感知。但我們活在記憶中，活在回憶裡，記憶用一個死氣沉沉的形象去替代一個活生生的事物，這阻礙了我對它的感知。因此，我們強行用不真實的，用其他的東西去替代**事物的本相**。

我渴望意識到內在這股未知能量。為此，我需要摒棄「我瞭解自己的身體」這個想法。我必須覺察到，在我質詢我是誰的時候，在我迷惑不解的時候，我身體的記憶、我身體對既有感覺的記憶會將它們自身作為答案強加給我。由於這個答案是自動出現的，我仍舊會處於被動狀態，並沒有清醒去觀察。這種一再讓感覺的記憶取代直接感知的傾向，是我必須要覺察的事。我也需要覺察，對於我來說我的身體也是未知的。

我感覺本質的「我」就像遠方難以察覺的一種振動所產生的迴響，就好像是潛藏在我體內一樣。由於它是潛藏的，因此無法被分辨，我需要把自己從念頭、通常的感受、行動及感覺中分離出來。它們那些侷限了我的惰性振動，阻礙了我去意識到「真我」。但我有能力忽略它們，不讓它們侵入我的意識，前提是我必須專注於這個「真我」，這種強大振動產生的迴響可以將我轉化。

就像其他人一樣，我有時也會感受到很深的焦慮和不滿，這是由於我沒有去聆聽來自我臨在更精微、更細微的振動。我沒有讓它們賦予我生氣。我沒有準備好，我總是一再被我機能的惰性振動所驅動。但是，焦慮和不滿並不夠，我需要將一種更為有意識的感受和一種更為有意識的念頭，指向這種潛藏的力量。我需要明白我的念頭背後有些東西，我的感受之後有些東西，我的活動之後也有些東西……我必須主動走向「這些東西」。現在的我，能量太過散亂、太過被動。我的能量沒有被引至同一個方向。

我逐漸覺知到要超越現在的狀態，就必須有更強的專注力。當我明白了這種需求，就會有一種專注的活動發生，專注的物件是內在一種想要成形的東西。在這種主動的活動中，我的注意力變得活躍和精細，當這種活動經過一個臨界點之後，就不再需要語言，小我會安靜下來，身體也會靜止下來。**我是誰？**在一種沒有語言質詢的狀態中，我進入空無。我接受不去命名、什麼都不知道的狀態，完全專注於這種靜默。我完全專注於這個問題：「**誰……？**」就好像有一塊磁鐵把所有的感知力都吸引了過來。在我們整個生活的背後，在所有活動的背後，這個問題的迴響必須比外在生活對我們的持續呼喚更為強烈。「**誰……？**」我渴望在念頭升起前滲透到這種狀態中。我從這些念頭產生的地方進行觀察。溫柔的、非常寧靜的，我滲透到了這種狀態中。絕對的寧靜是必需的。

我是誰？我聆聽這個問題的迴響。然後，我開始聽到一種作為回應的迴響，透過一種對生命的感覺、一種對生命流動的感覺，我感知到這種迴響。這顯示出我的本質在此刻被觸動了。我的工作不是想像出來的，不只是停留在表面，它滲透到了更深的內在。

我屬於這個生命，我可以感受到它的迴響，並渴望讓自己與它共鳴。我在內在去聆聽「我是」的迴響。它的重要性必須高過一切。我的靈魂就在這裡。

❼❼ 靜默 Silence

我有一個預設的想法，認為靜默和平靜的狀態是沒有能量和沒有生命力的，在這樣的狀態裡一切驅動我的東西都會停止、暫停。實際上，靜默是能量最強的時刻，這種狀態太過強烈，以至其他一切都顯得安靜。

我越來越感受到一種吸引——意識到**事物的本相**、意識到我的本相，但我並沒有真正敞開。小我要花很長時間才能割捨，我有著難以逾越的侷限。我感覺到要接收到真相，就必須有一種轉化，有一種對自我侷限的突破。要瞭解我是誰，我需要一種對自己的感知，這種感知超出了我尋常感覺和機能的能力範圍。為此，我需要靜默和寧靜，這種在寂靜中呈現的對「真我」的感知需要被牢固建立起來，就好像根植於身體裡的對自我的觀念一樣牢固。

為了體驗到實相，我必須有一種空間感。但我們的念頭所創造的空間是有限和狹窄的。我們把自己隔絕開來，不斷去衡量和評判，並且從這個有限的空間中去思考和行動，甚至相信我們可以對他人有所貢獻。因為我們的頭腦所知道的就這麼多，所以我們認為這個空間非常重要。我們的「常我」出於對渺小感的恐懼緊抓著這個空間，在這個狹小的空間中，我們所有的感受都來自於這個「我」，來自於這個「我自己」與不是「我」的東西之間的對立。我的思想無法向另一個空間敞開——而靜默就存在於那個廣大的空間裡，我無法獲得一種無拘無束的感受。

憑藉思維無法讓我從這個狹小的空間中解脫出來。思想靠自身是無法靜默下來的，只有在我所知和所學的東西都死去之後，我才能夠向新的東西敞開自己。只有此刻，我才能真正的瞭解自己，也就是說，我一刻接著一刻瞭解自己如何生活。單就這個行為就能去除我對渺小感的恐懼，並將能讓頭腦完全靜默的能量帶給它。

有時在兩個念頭之間會有一個停頓，在那一刻我能夠感覺，空間正超越一切限制並在擴張。只有在這個空間中，在這個小我無法到達的廣大空間中，頭腦才能靜默。此時，我不會再去尋求一個答案，在全然的專注中，我進入未知。我不再尋求，只是感知。我不需要去尋求好的東西，這種注意力就是唯一的好東西。這種專注就是一個靜心的過程。

安靜本身就很重要，靜默本身就是結果，我們不需要透過它再去獲得什麼。我們需要在頭腦、心和身體都靜默時去發現靜默的本質。當頭腦和心都安靜時會發生什麼呢？這種靜默……它能覺知到自己的存在嗎？透過專注於靜默的本質，我感受到一種智慧的覺醒。重要的是這種智慧的出現，而非它能解決什麼問題。這種智慧是神聖的，不會去服務於我的小我、我的野心。當我看到自己被幻相所控制時產生的靜默是具有啟示的，但它只有在我不刻意尋求時才會出現。我感覺到實相對我的影響，但我不是完全被動的接受影響。我學著讓我的念頭綻放，然後凋零。這個空間是自由的，我不會去對抗。思維本身就像是一道光，它不再求助於經驗。我們必須穿越已知的世界，進入未知的世界，進入空無，進入實相。

我開始瞭解靜默並非是我能夠刻意尋找到的。當頭腦覺察到思維的過程和已知對它的侷限時，靜默就會來臨。這種觀察就像是人看著一個可愛的孩子一樣，沒有比較或指責。觀察是為了瞭解，只要懂得這一點，我尋求靜默和寧靜的動機就不再是為了安全感，而是為了能夠自由接觸到未知、接觸到真相。這時，頭腦就會變得非常安靜。這會開啟一扇通往實相的大門，帶來無盡的可能性。頭腦不再是一個對未知的觀察者，它就是未知本身。

想要變得有意識的渴望就是對**如是存在**的渴望。我只有在靜默中才能理解它。

❼❽ 內在的孤立 Inner solitude

我們的「常我」渴望延續性。我們的頭腦從不停息。我們不敢什麼都不想、什麼都不做，不敢直接面對空虛——這會帶來一種可怕的孤立感。我們害怕孤單，因為我們害怕沒有**存在感**，害怕沒有體驗。我們的生活是一種已知的延續，我們總是在已知的範圍內行動，不敢去觸及未知。但已知是無法接觸到未知的，基於已知的思維也無法進入未知。我們必須讓那部分自我死去，這樣未知才能顯現。

如何才能觸及內在的真相呢？我只有瞭解了「常我」的運作和它對永生的持續追求才能夠真正觸及內在的真相。這個「我」能體驗到什麼呢？為了瞭解自己，我需要帶著清明，不斷覺察「常我」的活動。獲得這種瞭解是很艱難的，但它會帶來無比的喜悅和靜默。這個「我」不停升起和消退，不斷去追尋，有成功也有失敗，但它總是感覺受挫。它總是想要「更多」，而且它的欲望又是彼此矛盾的。如果我要理解這一點，就必須排除頭腦的干擾。我的內在不應該有一個偏袒一方的評判者，這樣只會讓衝突繼續。我的內在也不應該有體驗的主體或客體，這樣才能有直接的連接。這種直接的連接會帶來理解。靜默不應該來自於反應，而是應該基於對思維過程的了悟。

有時候，我會感覺到一種完全的孤立，我不再知道如何與周遭連接。我在任何地方都總是會感覺到孤單。即使是與好友或家人相處時，我仍舊感到孤單。我不知道與他們有什麼關係，不知道實際上是什麼把我和他們連接在一起。這種孤立和隔離的感受是以自我為中心的頭腦——**我的**名字、**我的**家庭、**我的**地位——創造出來的。

我需要體驗到這種孤立感，我需要像穿越一扇門一樣穿越它，達到一種更好的狀態：一種更深的完全「放下」的狀態、一種「一體」的狀態。這不再是一種隔離的狀態，因為隔離本身也被包含了，包括所有刺激和反應在內的整個思維和體驗過程也都被包含了。當我們在各個層面的意識上都理解了這個過程，我們的思維和感受就不會再被外部事件和內在體驗所影響。當頭腦裡不再有刺激和反應，我們就會達到「放下」的狀態。只有在這樣的狀態裡，我們才能找到真相。

為了活出靜默的狀態，為了瞭解**事物的本相**，我需要獲得一種空無的感覺，沒有任何想像的投射。我嘗試著脫離這個由掩蓋我內在實相的幻相構成的世界，不被它所影響。我專注於「**這裡……現在**」，我不會像以往那樣去填充這個空無，我感受到我就是這個空無。我接受這裡什麼都沒有，我不再尋求庇護或保障。我覺得自己就像是一座只能看到虛空的瞭望台一樣，我在尋求靜默的狀態，這種內在的靜默意味著放手和臣服。我的「常我」臣服了，我的頭腦在一種超越思想和語言的態度中變得更加自由。這就像是一種讓頭腦活動全部停止的靜心。

VII

我需要去感受一種真正的孤立，哪怕我感覺不到周圍人的關注和理解，哪怕我因此體驗到悲傷。從日常的、想像的和虛幻的東西中孤立出來是很棒的。這意味著我第一次瞭解到「我是」。這種孤立意味著脫離了一切已知，脫離了一切不在此刻、不屬於超越時間的**當下**的東西。這種孤立以一種空無的形式出現，但它不是一種絕望的空無，這是我思維品質的一種徹底轉化。當頭腦從所有的話語、恐懼、欲望和斤斤計較中解放出來的時候，它就會進入靜默的狀態。這時，會出現一種深刻的渺小感，這就是謙卑的本質。同時，我會感受到真正進入了另一個世界，那是一個看起來更為真實的世界。我只是一種更加宏大的實相中的一個微粒。我體驗到孤立並非是因為缺少了什麼，而是因為這裡已經有了一切——一切都已在此。

我真實的本性

MY TRUE NATURE

79 我內在實相的屏障 A veil over my reality

「我就是我的身體」這個信念遮蔽了我內在的實相。我被物質層面的吸引所催眠，緊抓著形式並一直把外物當真。在臨在的努力中，我總是想要獲得對一種形體，一種新的形體的感覺，但那只是一個形體。我日常機能的運作以及我感覺自己身體的方式，都妨礙了我意識到自己的真實本性。只有我對自己的概念不再根植於身體層面時，一種超越尋常想像的瞭解、一種新的瞭解才會顯現出來。

我需要誠心接受我不是我的身體、我的頭腦或我的情緒。「真我」不是暫時性的。我的念頭、我的感覺、我的狀態都是不斷變化的，但「真我」一直都在這裡。有些東西是不變的。所有這些狀態都像是在我素質表層出現的現象，它們不斷活動著，但有些東西是靜止的，並不受這些活動的影響。「真我」保持著靜默，就好像融進了我的身體裡一樣，但它仍然會尋求對自己的瞭解。這個「我」越是要去尋求瞭解自己，就會越少參與到它所融入的這個身體中、越多參與到意識中。「我是誰？」這個問題就像是一種迴響，它透過高等中心從另一個世界傳來，以便能夠在低等中心裡產生共鳴。這種迴響就是我現在對內在另一種本性所具有的瞭解。

我問出這個問題並保持專注，但並不是為了獲得意識、獲得「真我」。我專注是為了去除阻擋我前進的念頭所形成的屏障。我們被理性的頭腦所控制。我們因此受到奴役。只要頭腦還控制著我，只要我還相信我就是我的念頭、我就是我的身體，我就無法瞭解意識、無法瞭解我真實的本性。只要意識不在，我就必須去追問我是誰。在意識出現的時刻，這個問題根本不會出現。

我越來越感受到對寧靜和靜默的需求。在我持續不斷的念頭和感受背後，存在一種非常精微的能量，它的存在不是為了被放射出去。它會讓我瞭解自己在本質層面的樣子。但是要感受到這種活躍能量的空無狀態是很難的，因為即使是對**如是存在**的渴望——它以一種想要去**瞭解**的渴望在我的內在出現，在升起時是很純淨的——它也會遭其所採取的表現形式背叛。我能夠完全信任這種空無裡的東西嗎？或者說，在這樣一種身處其中就無法再辨識自我的能量的面前，我要不要保留評判、算計，以及做一個冷靜觀察者的權利呢？我要如何去覺知這種精微的能量呢？如何在每一步去覺察所遇到的陷阱，避免讓這股能量因順從某種意圖，或被賦予某種已知的意義而受到侷限呢？

我坐在這裡。我是誰？我想要回答。而我卻看到自己無法回答，我內在沒有任何部分可以作答。我只能聆聽，這樣才更能聽到。靜默出現了……靜默，寧靜。隨著我感覺到它，好像整個的我都希望進入這種靜默，以便讓它穩固下來。並非是我強迫靜默發生的。它就在這裡。靜默就在我的內在，它就是我。這就好像是有一道門打開了，讓我可以感受到一種被日常噪音所遮罩的振動。我所瞭解的自己不再是「我」。我感受到一些東西，我都沒意識到自己是受它呼喚而來的。我在內在發現了另一個空間，它需要我以一種新的方式來存在。

80 我真實的本相 What I really am

瞭解自己意味著瞭解自己真實的本性，我透過詢問自己是誰來瞭解自己真實的本性。在我的面前有一個奧祕，我自己更為本真的那個部分在呼喚我去認可它。這就好像我要在自己面前重生一樣。我希望能夠看到自己真實的本相。這取決於我，取決於我對此的渴望有多真切。我需要將自己置於一種覺察之下，它會呼喚我去活出我的本相，我尋常的感知都無法讓我獲得這樣的體驗。我需要超越它們，才能獲得一種我無法預料的感知力。此時不能有語言，語言會禁錮我；不能有記憶，記憶會禁錮我；也不能有預設的期待，預設的期待也會禁錮我。我意識到這一切都是毫無用處的，我放開了它們。只有一種東西會讓我更接近我的本相——一種超越一切的對真實的渴望。

我認可「我不瞭解我的本相」這樣一個想法。但這只是一個想法、一個理念，我並不理解它意味著什麼。在尋常的意識狀態下，我所能感知到的東西受限於控制這些感知的機能。我用我的思想、感受和感覺去感知，並想透過它們變得有意識，但這些機能是在一個非常普通和自動化的層面上運作，它們是我內在低等中心的機能。

我想要瞭解的東西屬於更高等、更純粹的層面，它所具有的品質是這些機能所無法感知的。我希望瞭解自己在真實本性中，在真正本質中是什麼樣子，因為在那當中蘊含了我所有的可能性。我希望回到**存在**的源頭，回到唯一實相的源頭，回到「自我」的源頭。自我也是絕對者的一部分。我不可能存在於絕對者之外，也不可能存在於絕對者的本我之外。但我卻認為自己是處於絕對者之外，並且宣稱絕對者是在我之外。我將真正的自我與身體及其機能混淆，而真正的自我就像是空間一樣——獨立、純淨、無限。

我對安靜與平和狀態的需求越來越強烈，這種狀態是完全主動的狀態。我主動意識到這種平和，在這種狀態下我所有的中心都是平衡的。這就是我對它的體驗。於是我理解了葛吉夫在《別西卜講給孫子的故事》（*Beelzebub's Tales to His Grandson*）一書中所寫的一些話。他寫道：「在開始靜坐之前，阿希塔・希麥施（Ashiata Shiemash）會（用一切方法）將自己帶入『所有的腦都平衡的存在所具有的感知』狀態中。」我感知到一種**生命**的狀態，感知到一種無與倫比的振動狀態，這種振動來自我的本體。從這個源頭，從這種充滿活力的物質中，產生了另一種振動波——我的念頭、我的欲望……但這就像是大海和起伏的波浪。它們是一體和相同的，更為重要的則是驅動它們的生命，這是一種永恆的生命。

81 我是誰？ Who am I?

我是誰？這個問題在我的內在迴響著。這是一種召喚，它來自於上天，來自於比我內在活動的力量更加高等的力量。我聽不清楚這種召喚，因而渴望去聆聽它、聽到它，但不只是用我此刻多少能發揮點作用的那些機能……我的思維、我尋常的感覺。我渴望能用自己所有的部分來聆聽它。我**渴望**，我有**意志**，因為只是我的渴望、我的意志就可以讓我聽到那種召喚，這對我來說是件嚴肅的事。我渴望能敞開自己創造空間，去認可一種生命、一種力量的臨在，並且臣服於它。我必須找到被這生命賦予生氣的感受，直到覺知這股在我整個存在中振動的力量，比我對自己的身體、對身體這個形體的感覺還要強烈。

通常我把對「我」的感覺侷限在我的身體，而這裡有個內在和外在以及主觀和客觀的問題。我將自己的身體和周遭的事物分開看待，但我看不到身體裡的這股力量，看不到是這股力量創造了我的身體以及周遭的事物。其實我同時既是這股力量，也是這個形體，還是這個意識。意識把整體統合為一個單一的本體，即「我是本體」的這種意識。這是唯一的本體，永恆的本體。覺察者並非在意識之外，他不會覺察自己，他就是本體。成為本體就是覺知到「我是本體」。

我把自己奉獻給這個實現過程。除了這種奉獻所需的敞開，其他的一切都不重要。我將自己奉獻給它——當下，以及任何時候，「我是本體」。我沒有一刻不是這樣的，但我必須臣服於這個實相，無論它出現或是消失，都總是準備好向它敞開。這會讓我為了滲透我真實的本性中而做好準備，我必須無條件臣服於我意識到的這個偉大實相。

因為自身的欲望，而想要讓「真我」、本我顯現是不夠的，這意味我是帶著一種自大的感覺在命令我的本我。其實，應該是我臣服它的意志，我必須信賴它，這不是盲目的信仰，而是一種有意識的信賴。我想要成為本體的唯一原因，就是要覺知到本我。

我是誰？這個問題在我的臨在中迴響，就好像有一股來自核心源頭的超凡力量要讓我感受到它的存在。就好像有一種隱性的能量流被創造了，它可以讓我體驗到一種全新的生活。我覺得我需要意識到這股力量，需要把自己調至與這個源頭同頻的狀態，以便能夠連接這股力量並臣服於它。這種對意識的渴望就像是一種對淨化的持續需求，它作為一個有吸引力的核心，將我所有的注意力都匯集至此。在我所有的部分裡，我的注意力都被啟動，並專注在這種核心性的振動上。當我的念頭和感受都與之同頻，一種對自己的全新瞭解就會展現出來，我會對「我是誰」這個問題有不同的感受。在瞭解的體驗中，發生的是一種直接的活動，就像一股電流。瞭解就是一種對素質的體驗，因為在這一刻我瞭解了我素質的狀態。

❽❷ 我真實的本性就是意識 My true nature is consciousness

我的內在有一種因為受到侷限而產生的痛苦。我無法接受形式被時間或變化性（time or change）、空間或多重性（space or multiplicity）給侷限。有一種唯一的、獨特的能量，變化在它裡面發生，而它本身卻是不變的。它具有不同形式，但會再度整合成它本質的樣子——成為無限的、一體的。我有種無法抗拒的渴望，要成為自己，不被任何壓制我或讓我依賴的東西所束縛。我渴望那種毫無保留全然做自己時所帶來的喜悅，這種喜悅無法從我的外在獲得，無論是外人還是外物。喜悅的唯一來源就是**如是存在**的狀態，在這種狀態中沒有任何對利益或回報的期待，只是將**事物的本相**呈現出來。我愛**事物的本相**。

我讓自己停留於此，試圖去覺察我的障礙——我的緊張、我的念頭——以便讓這些障礙在這種覺察中自行消失。我不會去評判它們，或是想要以更好的東西取而代之，我對它們所掩蓋的一些東西變得敏感，我被這些東西所吸引，就像被磁鐵吸引一樣。我似乎能夠穿越這些障礙，我會對自己有另一種印象，這是一種對活躍物質的印象，是一種對生命力的印象，身體密度在這種生命力中會消失。然後，我會來到第二道門檻前，在這裡我會感覺到自己不再是緊湊的一團，而是不計其數的有生命的微粒，不斷在活動、在振動。我感覺自己參與到一個本體中，它的力量給予了我生命，我隨後把這股力量輻射到我的周圍。這就像是一種我參與其中的宇宙呼吸過程。

我絕對不應忘記是什麼將生命賦予形體，形體無法單獨存在。那「在」形體中的、顯化成形體的東西，才是我內在質詢的核心動力。我因此尋求回歸本源，這個「我」越是尋求瞭解自己，就會越多參與到意識中、越少參與到它所融入的身體裡。所有的思維都源自「我」這個念頭。但「我」這個念頭又是從哪裡來的呢？當我們向內看並回歸本源時，「我」這個念頭就消失了。當它消失時，「我是」的感受就會自行出現。於是，我們就獲得了意識，找到了我們真實的本性。當我們瞭解了我們的「真我」時，有些東西就會從素質的深處浮現並接管一切。它在頭腦之後。它是無限的、神聖的和永恆的。我們稱之為靈魂。

死亡是不存在的。生命不可能死亡。這個外殼用完了，形體就會分解。死亡是一個終結——是一切已知的終結，它很可怕是因為我們緊抓著已知。但生命是**存在**的，它一直在這裡，儘管它對於我們是未知的。我們只有在瞭解死亡之後才能瞭解生命，我們只有讓已知的自己死去才能進入未知。我們需要主動死去。我們必須把自己從已知中解脫出來。一旦解脫，我們就可以進入未知，進入虛空，進入完全的寧靜，在那裡沒有衰敗——只有在這種狀態中我們才能夠瞭解生命是什麼以及愛是什麼。

哪一個更真實，是我意識到的東西，還是意識本身？在我素質的深處，**我**已經是我所尋求的東西了。這就是我整個探尋的原動力。當意識出現時，我覺知到意識就是我。我和周遭一切都是同一個意識。我真實的本性就是意識。

對自我的探尋變成了對本我的探求，越來越深入。造物主以「真我」、本我的形式出現。當一個人去追隨祂時，祂顯化還是不顯化都無關緊要。沒有一個需要瞭解的物件。本我一直就是本我，**瞭解**本我就是**成為**本我。當真實的本性被瞭解之後時，就只有本體存在，沒有起始，也沒有終結——這就是不朽的意識。

chapter

VIII

獲得一種新的素質

TOWARD A NEW BEING

我的素質就是我的本相

MY BEING IS WHAT I AM

❽❸ 素質會改變嗎？ Can being change?

日常生活受制於機械性法則所影響的範圍，但發展素質的途徑卻與日常生活相反。基於其他規律，它受制於其他的法則，這就是它的力量與價值背後的奧祕。若沒有修行方法的幫助，沒有來自另一種秩序影響力的幫助，就不可能改變素質。

第四道是一條根基在理解之上的途徑。引領一個人來到第四道團體的磁性中心與引領人去寺院、瑜伽學校或道場的磁性中心有所不同。第四道需要一種不同的發心，它需要開放的頭腦和洞察力，也就是說，能夠在內在分辨機械的部分和有意識的部分。它需要另一種智慧的覺醒。在這條路上的收穫並非來自於服從，所獲得的領悟與清醒的程度、理解的程度是成正比的。

第四道的教學從「不同層面的素質」這個理念開始。但什麼是素質？素質的層次由特定時刻進入我們臨在的東西來決定，也就是說，取決於參與的能量中心的數量，以及它們之間是否有有意識的連接。素質的層次決定了我們生活中的一切，包括我們的理解力。現在，我的素質不是統一的。它是散亂的，因此不是有意識的。素質會改變嗎？我的素質能夠變得與現在不同嗎？由此，對於進化、工作的想法就產生了。接下來的第一步就是要意識到我透過一定的努力，能夠片刻的活出更為完整的臨在。隨後我將會看到：即使素質層次發生最細微的變化，都會給我的瞭解和行動帶來新的可能性。

我的素質就是我的本相。我沒有如實瞭解自己，因而也就無法瞭解自己的素質。我甚至都不認為我需要這種瞭解，除非我能夠在自己現在所處的層次上盡其所能的努力，否則我就無法接收更多，無法理解更多。同時我也必須意識到，理解只能一點一點的獲得，片刻的理解會帶來某種知識，但這不足以轉化我的素質。儘管如此，這還是會讓我瞭解在現有的素質狀態下，我無法再接收更多，只能先考慮下一步要做什麼。例如，如果我覺察到自己是散亂的，不夠專注，我就可以進行這一步的工作。只有當我能夠真正理解了這一步，達到了一種專注的狀態後，我才能夠看到下一步所要做的：去整體感受我的臨在。

素質的改變要透過轉化來實現。葛吉夫是這樣比喻的：這就像混合的金屬粉末經過熔合，轉化成一種化合物一樣。這需要一種特殊的火焰，這是一種「摩擦」產生的熱度，它來自於在是與否之間進行的內在掙扎。產生的化合物相當於第二個身體，這樣就形成了一個統一的「我」，它完整而不可分割。這個「個體」可以抵抗外界的影響，過它自己的生活。透過一定的工作，這種化合物會產生進一步的變化。

第四道需要被活出來，被體驗到，而不只是被思考和信仰。葛吉夫帶來的理論包含了來自更高層面的知識，要理解這些知識就必須把它們活出來，但這些知識是加密的。這意味著任何一個談論工作，或嘗試傳遞這些知識的人可能都不知道自己在講什麼。除非我們能夠活出這些知識並解譯密碼，否則這些知識將一直會是扭曲的，並被用於其他目的，從而產生與它們原本的意義相悖的結果。

想要活出教導的內容，我們就需要尊重傳承下來的形式，但如果對它們深刻理解之後，我們覺得有必要進行改動，也不用畏首畏尾。我們還需要對傳統的修行體系保持正確的態度。我們不能允許因錯誤的自大而對其他體系採取封閉的態度。其實，我們可以在其中找到很多相同的原理和工作方法。但只有在理解本體系傳承下來的方法之後，這種對比才是有益的。

我們要小心防止在直覺帶給我們領悟之前，頭腦就做了評判，這種直覺才是體驗的核心。研究另一個體系的一般理論是一回事，但去遵循它的教導就是另一回事了，尤其是去實踐它的方法。如果我們真正進入第四道，體驗會將能量帶入特定的管道，並且基於我們理解的程度而產生不同的效果。在這樣的情況下，接觸另一個體系是件很嚴重的事，尤其是投入一種會給頭腦帶來衝擊的練習或訓練。如果產生的結果不是來自於理解，它可能會形成一種態度，甚至是一種結晶，讓我們無法再繼續深入。

❽❹ 必須要提升強度 The intensity must increase

宇宙中的一切，都以能量的形式無休止境的活動著，不是退化就是進化。葛吉夫曾說，古代科學知曉這種宇宙進程背後的法則，並在宇宙秩序中給人類指出了適當的位置。

在我們的生命中，我們從未徹底完成過我們想要做的事情。我們所有的活動和行為都受制於「七的法則」。它們朝著一個方向開始，但無法穿越八度音階中的斷層。我們來到 mi 之後隨即就會回到 do。要想繼續前進，就必須有一股來自內在和外在的額外力量。現在，我們被工作觸及的部分主要是頭腦、思想。身體和心都是漠然的，只要它們自以為是，就不會去聽從任何對它們的要求。它們是活在當下這一刻的，有著短暫的記憶。渴望必須來自於心，行動的力量，即「能力」必須來自於身體。這些分裂的部分都有著各自不同的注意力，其強度和持久性取決於它們所接收到的資源。接收到更多資源的部分就會有更多的注意力。

我們認為我們的工作不需要強度，但這樣不會帶來真正的改變。為了與高等中心連接，低等中心的能量強度必須要提升。這些有著各自不同振動頻率的中心必須達到同樣的頻率。我們只能像是在一個八度音階中一樣，從一個層次提升到另一個層次，學習覺察不同能量之間的差異，並且意識到它們只有透過提升強度才能連接起來。我們必須在內在以及我們周圍，創造出一股能抵禦周遭影響的更為活躍的能量，並且在兩種不同層次的能量流之間，找到一個穩定的位置。

即使沒有有意識的努力，身體也會生產出一種很精微的能量或物質，這是轉化食物得出的最終產物，葛吉夫稱之為 **si 12**。這種物質被性中心所使用，當它與來自一個異性的類似物質相結合時，就會以一個新的有機體的形式獨立發展。但它也可以參與身體裡一個新的八度音階。當所有的細胞都被這種物質所滲透，就會產生結晶，形成第二個身體。

葛吉夫把一條精明之人、機敏之人的道路，即加速發展的道路稱為「哈達瑜伽」（haida yoga，「haida」這個詞在俄文裡是「非常快」的意思），這裡面就包括了把轉化的 **si 12** 能量用於發展高等身體。葛吉夫從來沒有談起這項細緻的工作，更不曾對此詳細指點，但我們還是可以找到線索。例如，我們內在的摩擦會產生「真我」所必需的物質，這與外在的陽性和陰性力量之間的行為一致。**Si 12** 的力量在性體驗中是很明顯的，這對大多數人來說，是不經有意識努力而向統一狀態敞開的唯一體驗。所有機能的節奏都順從於這個體驗，當一個人體會到「常我」的缺失時會有種短暫的喜悅。我們經常尋求在這種強烈的激情中忘記自我，在這種合一的狀態中，我們可以完全失去自我。但「常我」緊接著就會重新拿回它的權力，我們又會回到尋常思維和感受的狹窄領域中。如果沒有對在運作的力量的理解，這些體驗對於探尋意識來說就沒有任何意義。

❽❺ 八度音階的等級 Degrees of the octave

在葛吉夫的教學中，工作要歷經不同等級的八度音階，不同等級的強度。他是這樣描述這一過程的：

首先，會有來自高等八度音階的一個音符、一種振動，音調為 do。這就像是開始覺察到一種前所未有的品質，一種來自更高源頭的想法。然後，由於能量之間的連接，開始出現一種更大的能量強度，這是一種高等八度音階所給予的振動。我們會具有來自更深層面的感受和感覺，從而來到 re 的層次。一種新的覺察的出現會帶來了新的領悟，以及一種信心。在這裡，有一種光，但它仍是不夠的。它有力量照亮周遭東西，但我們會覺得不應把它放射出去。注意力必須保持自由。覺察者比覺察對象更為關鍵。我們對來自更高源頭的想法所具有的感知強度已經無法再提升了，這時我們就到達了音符 mi 的階段。

另一個等級似乎出現了，我感覺到另一個可能達到的層次。但它看起來無法用與之前相同的方式達到，必須要有新的幫助介入。一個人會感受到如果要到達這個新的等級，之前出現的想法所具有的活力必須提升。這並非只是取決於這種想法本身，它需要一種能夠讓它持續的支援，需要一種能夠滋養它的力量。這是一個重要的時刻。只有思維是不夠的，第二個中心必須發揮作用，整個身體必須主動參與，它必須允許這股力量透過它強化、顯化。身體需要感受到這股力量的品質，並且為了接受它的影響而不再聽命於自身的自動反應系統。身體有意識的臣服，以便讓這股來自另一個層面的力量進行有意識的顯化，這具有決定性的意義。這是在兩個八度音階之間的鬥爭——一個必須掌權，而另一個必須接受。如果結果是內在的感覺占了上風，這個斷層就被穿越了——這個八度音階就得救了。這樣音符 **fa** 就奏響了。

這種感覺必須是確定的，**fa** 需要穩固下來。它必須作為一種完整的感覺——穩定，與相伴的新思想和新感受在一起——存在於我的臨在中，這樣才能到達 **sol** 的等級。然後，發生在最初想法上的情況會再度重演。但這一次，不再有外來的力量。而是要由我自己的力量來讓它發生。只有思維和身體就不夠了，一種全新的感受必須出現，這是一種對如是存在的情感。我感受到自己臣服於一股超越我的力量、一種超越我的意志，並覺察到內在的轉化過程在對**如是存在**的渴望之火中變得強烈起來，專注度達到了巔峰。在這三種力量的結合中，出現了一種獨立的對自我的感覺、對自我的意識，它有著獨立的生命——這是一個新的八度音階。

這些八度音階是層疊的，絕不能混雜在一起。如果一個八度音階與低等音符的振動混雜在一起，它就必然會下降。

❽❻ 第一個和第二個有意識的衝擊 First and second conscious shocks

在朝向有意識狀態的上升八度音階中，記得自己是穿越 **mi** 和 **fa** 之間斷層所必需的衝擊——這是第一個有意識的衝擊。它所帶來的力量只能是來自渴望、來自意志。我們必須讓意志力逐級、逐步的成長。

我們生活在將我們保持在地球層面的能量流中，在此能量透過反應被不斷消耗，這是因為我們的各個中心是沒有連接的。沒有這種連接，我們只會不斷反應，能量也得不到轉化，轉化只有透過與高等能量的連接才能發生。但是，在我們現在的狀態中，我們思維和身體的能量層次，使我們無法受到這種高等能量的影響，它對我們來說就好像不存在一樣。是我的「常我」不允許這種連接發生。我頭腦的特性就是要保持它的權威，並防止自動化的活動停止，我的身體也沒有受到足夠的觸動。為了讓頭腦的自動化活動停止，必須得受苦，這樣第三種力量才會出現。這時注意力就會變得主動——我不希望被控制，我希望保持自由。在這個時候，我會感受到自己必須擁有實現**如是存在**所需的自由。我體驗到一種想要獲得自由的意志，這種注意力中所蘊含的意志，讓我的身體朝向更精微的能量敞開。一切都取決於這種敞開，我需要用同樣的注意力同時去感受頭腦和身體裡的能量，我的注意力要持續不能減弱。

所有的中心都參與進來。如果有一個中心到達 **fa**，它就會把其他的中心也引向 **fa**。在提升振動強度時所有的中心都必須來到斷層前，各個中心之間的連接就是穿越斷層必要的衝擊，少了它，穿越就永遠不可能實現。在我們對這種連接下工夫的時候，一種力量出現了，我們於是會感受到一種振動，它為我們打開了通往另一個層面的大門。

在這個八度音階中繼續前進時，到我有意識的臨在一段充分時間之後，與第二個有意識的衝擊問題才會出現。在這個臨在的努力過程中，我的心被轉化，也活躍了起來。它會自我淨化，我的情緒變得積極起，但這無法持續。我的情緒會低落下來，再度回到平常的狀態，這顯示出我內在的觀察者、看守者沒有意志力。**si** 和 **do** 之間的斷層很難穿越。

我尋求去覺察我的本相，但我卻感受不到它，它並沒有觸動我。我感受到自己的無能為力：沒有任何感受，沒有任何物質，足以讓我意識到自己。在這種矛盾中，一種與我慣有的情緒不同的感受產生了，與自我有關的問題產生新的緊迫性，我必須在此，好讓我的機能臣服我，為此，我需要意志力。我感受到自己缺乏意志力，但我卻能夠召喚它。我必須**有意志**，因為**我是**。第二個衝擊——一種情感的衝擊——會改變一個人整個的性格。

當我們能夠記得自己，向自己敞開，並堅持夠久的時間時，我們會遇到新的考驗：在面對他人與我們互動時，主觀的「我」會介入。這時，頭腦接收到印象，我會做出反應，這種反應會讓「我」的想法爆發出來。我會認同於思維投射出的形式，因此，如果我想繼續前進，就需要透過覺察到小我自私的反應，以及它因為怕被否定而進行的自我防衛，好讓自己受到衝擊、受到震撼。為了從這種恐懼中解脫出來，我需要去體驗它，全然承受它所導致的一切後果。

在第二個有意識的衝擊下，意識有可能敞開，我們有可能覺察到實相。這是一種帶著情感的對真相的瞭解。這時，我意識到我的情感狀態不再是以往的樣子。沒有封閉，沒有否定。我不去拒絕，我不去接受。帶著這種不去做選擇的警醒，一種新的感受出現了，同時出現的還有一種新的理解，它不是以二元對立為基礎產生的。這種情感會擁抱一切，它是一種對統一狀態、對如是存在的情感。我被轉化了，在這種全新的狀態中，我感受到一種全新秩序出現了。

內聚的狀態

A COLLECTED STATE

87 重複，重複 Repeat, repeat

第一個有意識的衝擊——覺知自己——是為了達到一種內聚的狀態，這種狀態會讓我們向自己的素質敞開。當我的能量得到控制時，它就不再會被任何外界力量所吞噬，它所服務的目標也會不同。因為，它已經具有了另一種品質，可以服務於不同的目標，與不同的能量結合。

我們絕對有必要去改變自己內在的狀態。它現在的樣子無法讓我們保持自由。我們的內在不統一，所以能量會被消耗。隨著我們對這一點的瞭解，我們會試著去保持一種有著更緊密的連接、更為內聚的狀態。但我們仍舊沒有被轉化，我們很容易失去這種狀態。是什麼讓我們失去了它呢？

我的頭腦和身體的連接不夠緊密。小我一直在這裡。我沒有被一股強烈到可以完全轉化我的能量所驅動。現在，這是不可能的。我需要經過不同的階段，在這個過程中頭腦和身體的連接越來越穩固，直到我覺得它們不再是分開的，而是一個整體的臨在。為此，我需要在內在保持著一種在任何情況下都不會失去的能量強度。

當我看到自己渙散，不夠內聚的狀態時，我不會去嘗試改變自己。這是一種強迫。我持續面對這種渙散，然後就會有一種自發的放鬆產生。我意識到**如是存在**意味著什麼，它的祕密就在於——覺察和受苦。實相與「我自己」、我的「常我」同時存在。「常我」在尋求一種可以讓自身保持延續性的態度。它有時候會害怕，但它很狡猾，無法被真正撼動。只要我對此沒有覺察，沒有因此受苦，任何新的東西都不可能出現。我必須接受這一點。

內聚的狀態是一種注意力內聚的狀態，在這種狀態裡注意力會盡可能達到全然的狀態。這種狀態並非出自想要透過內聚來獲得好處，它出自於覺察——透過覺察到我的渙散、我的不足。為了更好的覺察，我讓自己內聚，被占據的注意力會被解放，投入到一種更為主動、更加符合我意圖的活動中。在這種活動中，它可以更好的回應我內在最深的渴望，那是對活出我的本相的渴望。

於是一種雙重的活動發生了：一種帶著覺醒、敏銳、覺察的活動，以及一種需要更加深入放開、接受的活動，這兩種活動是互補的。由於這些活動必須在當下被感知到，而且一切一直都是不確定的，所以我需要保持一種更為精微、警醒和敏銳的注意力。這樣，在某個時刻就會發生一種融合。一種很深的寧靜出現了，就像是一種靜默。

為了讓我達到一種內聚的狀態，感覺、思維和感受都需要轉向內在，嘗試找到一種共同的節奏，一種讓彼此之間不容易分裂和失去連接的一致性。沒有這種至關緊要的一致性，我什麼也做不了，有意識的注意力也不會出現。這種一致性越高，行動就會越正確。這樣我會覺察到自己，覺察到所要做出的回應，這種覺察會顧及整體。

我們必須接受：只要我們的專注力是有限的，渙散的狀態就在所難免。我們需要一再回到一種內聚的狀態。只有重複去做才會縮短所需的準備時間，並增加可以用來練習的時間。

這是一個為回到內聚狀態所設計的練習。開始時，我用全部的注意力，假裝自己被一個約莫一碼（九十公分）厚的氣場給包圍，這個氣場會因我們的思維活動而移動。我集中所有的注意力來防止這個氣場跑出它的疆界。然後，我有意識的把它拉回來，就好像在向內吸入它一樣。我在全身感受到「我」的迴響，然後默念「在」。我體驗到對素質的完整感覺。

8 我的念頭不再遊蕩 My thought does not wander

我需要不斷回到和深化葛吉夫所說的「內聚狀態」，讓它成為我不可或缺的狀態。在這種狀態裡，我的各個能量中心會嘗試達到協調一致的狀態，以便瞭解我的素質，這個素質就是我的本相。當所有的中心都參與到同樣的質問時，它們就會覺醒並接近彼此。當它們真正聚集在一起時，我就會**如是存在**，並有意識的去**做事**。但這只有在它們統一時才會發生。

當我處於尋常狀態時，會被一種最終會觸及我自戀情結的聯想所占據，例如，與虛榮或妒忌有關的聯想，這是我無意識的思維。當我處於內聚狀態時，就會有另一種品質的思維。內聚的狀態取決於我的念頭是否能不再四處遊蕩。在聯想中我的念頭是四處遊蕩的，但當我處於內聚狀態時，它就待在我的內在。我的感受也不會發散出去。我被「我是」的感受所占據。當我處於內聚狀態時，我的思維是有意識的，但這只有在我處於內聚狀態時才會發生。

我想要學習進入更為內聚的狀態，但卻做不到，因為我的念頭、我的感覺和我的感受在採取行動時缺乏一致性。我對自己的身體是有感覺的，但我的心是漠然的。我思考著素質，但我的身體卻被其他東西所占據。我實際上就是我的身體、頭腦和心。儘管我知道這些，我還是無法同時體驗它們。它們沒有同時擁有同樣的能量強度，甚至都沒有望向同一個方向。我感覺自己是分裂的、不確定的。

覺察到我的狀態會讓某種緊張得到釋放，我會更加深入內在。我的注意力更具滲透性，並可以進入更深的內在。我放開，不是為了放鬆，而是因為我越放開，內聚的活動、統一的活動就越強烈。我放開，是為了在內在感受到從容。我專注於念頭出現和消失的那個點，並穿越它，我的努力不是為了壓抑念頭。我看到它們就是影子、幻相，我允許它們飄浮。念頭中沒有實質的東西，實質的東西在源頭中。

頭腦有一個中心，而這個中心以外的部分只會給它帶來侷限。當它能夠從這個中心去覺察自身的活動時，它就能真正靜默下來、寧靜下來。沒有這種寧靜，頭腦永遠無法瞭解它自身的高等活動。這種活動是宏大的、難以衡量的。我們的頭腦是我們探尋的工具——但它不能被現成的答案所影響。頭腦能否進入一種不知的狀態呢？它能否真正處於不知的狀態呢？它能否真實存在，只是作為一個事實存在，而不去肯定呢？如果頭腦能夠保持面對自身的這種狀態，接受它的真實性，並且感受到自己的無知，它就可以真正處於一種最高形式的思維狀態。這時，頭腦會是敏捷、深刻、清明和不受侷限的，並能接收到新的東西。

我在這裡，很平靜，不瞭解自己是什麼，也不會努力去瞭解。我覺察到瞭解是無法透過抓取來獲得的。我的頭腦已經安靜了，沒有活動，與平靜的感覺連接，與這種對素質狀態的感受連接。這裡的寧靜不是空虛，在這種內聚的狀態中，一種實相開始在我內在運作。不是我在認識、在瞭解這個實相，而是它讓自己被瞭解，我只是讓它發揮作用。我感受到自己需要放開，我自然的放鬆，我所有的中心都變得更加敏銳、敏捷，更有洞察力，還有一些我內在的層面是我從未滲透進去過的。覺察到這一點會給我帶來自由。

89 我感受，我感覺，我觀察 I feel, I sense, I watch

我們的工作是為了更加理解讓我們參與一種新秩序的內聚狀態。我的每一個部分都為了保持我的統一狀態，而有自己的貢獻，缺少任何一部分，我都不可能進行真正的瞭解和有意識的行動。

為了體驗到這種內聚狀態，我試圖瞭解自己在這個身體裡的存在，瞭解自己在這身體裡的本相。我朝著從神經帶到大腦的一種感覺、一種印象敞開自己，通常當這種敞開發生時，它會立即引發與過去經驗相關的暗示或聯想，觸動記憶中所有相關的內容。它們會與印象混雜在一起，讓它模糊不清，使我無法瞭解真相，我們所有的感覺都因而扭曲了。所以，我發現，我對內在真相的感覺，取決於我是否能不被暗示和聯想侵入，並將自己從它們的控制中解放。為此，它們的活動必須減弱、減緩。這在很大程度上取決於我肌肉的狀態和我的呼吸。最重要的是，我的頭腦和身體必須有一種真正的連接。

首先，我需要找到一個姿勢，讓身體中沒有會干擾純淨感覺的壓力或緊張存在。我嘗試找到一個正確的姿勢。一切都是安靜的、放鬆的，但又是充滿生氣的。關節、肌肉甚至皮膚都需要放鬆。我把很多的注意力放在皮膚上。對身體的感覺變化了。我在這裡，我是安靜的，帶著對實相的感覺。為了讓這種感覺真實起來，我需要做到更多。我的心感受到我的存在，我的身體也感覺到我的存在。心的覺醒會立即呼喚頭腦的參與，**我感受……我感覺……我觀察**。我覺察到在這樣的狀態中，注意力必須緊密跟隨著各個中心之間的這種連接，否則它會立刻消失。我們太容易失去這種連接了。在這裡，我們需要有一種意志，它不是來自我某個中心的一種自我肯定、自我強化——它只是一種想要**如是存在**的意志。**我感受……我感覺……我觀察**。如果我足夠清醒，能量完全內聚，我就會接收到一種對活生生的臨在的印象。我透過自己對這個臨在的感覺來知道它的存在。但對於它的特性、它的品質，則需要我透過感受來瞭解。這種品質只能透過感受被展現出來。除了感覺和感受，這裡還有一束照亮整體的思想之光，於是，我從「我是」的這個事實清醒過來。

但是我被這個印象所擾亂，我無法保持內聚的狀態。我的注意力不斷起伏，有時感覺占據了我，有時是感受，有時是思維。在這種活躍的狀態中，它們出離了，並在我素質層面形成的統一韻律、統一節奏。為了再度找回這種統一性，我需要讓不穩定的東西平靜下來，於是我自然而然的、深入的放開了。我瞭解了放鬆的真正意義。我放開，我放棄，只為了達到內聚的狀態。當我放鬆得夠深入，並且更加內聚的時候，我覺察到身體的狀態對我的注意力有著巨大的影響。

調整全身的「肌張力」——思維、感覺和感受的整體緊張程度——會改變對內在空間的感覺，這個空間就是能量活動發生的地方。一旦它具有了一定的穩定性，就能夠捕獲消耗在自動化機能上的能量，並讓頭腦獲得一種持續的支持。透過影響念頭升起的節奏，就可以管控聯想，這樣我就有可能覺知到念頭的流動而不去干涉和指責，就可以產生一種具有統一性的思緒流。

90 我要如何聆聽？ How do I listen?

我們嘗試去瞭解一種能讓我們意識到生命真相的安靜狀態。在這樣的狀態裡，不用去體驗什麼、不用去渴望什麼，也不用去信仰或恐懼什麼。為此，我需要以正確的姿勢坐好，不要坐得太高也不要太低，感受到這個安靜的內在空間是我的，它就在這個位置、這個身體裡。我安靜的面對安靜的狀態本身。

我思量自己，去觀察自己的狀態，看看在這樣的狀態我能做些什麼，同時我也在覺察自己不同的部分。我覺察到它們各自為政，身體是被動、沉重和困乏的。我感覺到它的重量，頭腦是躁動不安的，它在不停幻想著，有各種想法和形象。我感覺到它的緊張，我甚至能感覺到我頭部的哪個位置有緊張。我的心是漠然的。但我在以這樣的方式去觀察時，我對一些東西產生了疑問——我的自我、我的本相。我發現自己無法回答，在我現在的狀態下，我無法瞭解。我不是自由的，我有疑問，所以我去聆聽。但我要如何聆聽呢？

為了更進一步覺察，我的頭腦停息了一會兒，釋放出來的注意力回轉到我的身體上。在這樣的觀察下我的身體甦醒了，變得敏感起來，非常敏感。身體與這種頭腦之間建立了一種連接。如果頭腦能夠保持著這種完整的覺察，身體能夠保持著它的敏感度，我的另一部分就會被喚醒，我會開始感受到它的缺失。身體與頭腦的能量強度喚醒了心，我被觸動了，並且感受到內在生成一股能量流，它就像是一個閉合的迴圈。我感受到自己在這裡，我的臨在帶著一種充滿整個身體的能量。正是我對這種存在、這種臨在的感受維繫著這種覺知。雖然這種感受是脆弱的、不穩定的，但我對它的深切需求支援著我，我瞭解能讓我內在一切都被觸動的敏感度意味著什麼。但這遠遠不夠，我感受不到，我沒有被深刻觸動。

當我的思想、我的感覺和我的感受，都以同樣的能量強度向同一個方向努力時，就會產生一種意識狀態的變化，這種變化會給我帶來轉化。這種狀態不容易從外面被破壞，但只要我內在的弱點、被動一閃現，它就會遭到破壞。我需要上千次的體驗，去達到這種狀態的可能性和脆弱，這樣，一種新的渴望、一種新的意志才會出現。我必須瞭解自己的渴望，瞭解自己最深切的渴望。我必須瞭解來自我素質層面的需求。

VIII

獲得一種新的素質——內聚的狀態

來自另一個層面

FROM ANOTHER LEVEL

91 一種更強烈的能量出現了 A more intense energy appears

來自高等中心的能量一直在這裡，我向它或多或少的敞開自己。我的身體和機能也都在這裡，不斷消耗著這種能量。這是兩個不同的世界，兩種不同的生活層面，但在這二者之間什麼都沒有。在一個層面上，頭腦說「是」，而身體說「不」。而這兩股對立的力量，無法帶來沒有衝突的有意識狀態。第三個要素是必需的，它可以讓說「是」的部分和說「不」的部分形成一個整體、一個統一體，從而超越每個部分的個別存在。

有一種臨在的活動，一個過程，是我需要加以重視的。我覺察到當頭腦的注意力轉向身體時，身體也會變得專注。我的思維活動會有所改變，身體活動也會產生變化。同時，會有一種興趣、一種感受在我內在醒過來。但我覺察到它很脆弱，每個部分都有一種分裂的傾向，要回歸各自的慣性活動。我在內在感受到「是」與「否」的力量。這種二元對立一直存在，但我無法理解它，這是由於我沒有保持面對，並接受這種分裂的狀態。儘管某種連接的活動、統一的活動發生了，但我還是無法抗拒我的自動化活動。我的注意力是被動的，並且受到控制。我在受苦，但如果這種受苦無法服務於任何目標，它就無法幫我。

為了讓我的思維和感覺之間產生連接，身體需要被一種來自另一個層次的思維所觸動，產生這種思維的那部分頭腦可以帶來一種更精微、更純淨的能量。身體可以感覺到這種能量的活動。它瞭解到自己無法在被動的狀態中接收到這股能量，因而感受到一種敞開的必要，一種釋放所有緊張的必要。一旦思維和身體互相轉向彼此，振動的速度就會改變。身體會讓自己自由起來，以便讓思維的能量透過。思維和身體必須有著同樣的力量，這是最為重要的。我觀察……我保持面對，為了讓這種能量透過，我保持著非常平靜的狀態。如果我的覺察能夠保持清晰，如果思維與身體的力量是相同的，一種交流就會在這種覺察下發生。一種更為強烈的、具有非凡振動速度的能量會在我的內在出現並穩定。它具有一種全新的品質、全新的強度。我需要尊重這種活動，需要臣服於它。我的身體向它敞開，我的思維也敞開了——它們有著同樣的力量、同樣尊重的態度。

思維與身體的連接，需要一種強大到可帶來能量轉化的注意力。當來自略高於頭頂位置的力量出現時，我需要將自己託付給它，這就是最難的地方。我不願交出自己，我需要覺察到自己的抗拒和因此帶來的痛苦，覺察到是小我在抗拒，覺察到小我需要放棄它的地位。這就是所謂的讓自我死去。這樣我會得到一份禮物：一種全然的連接產生了，它能夠讓這股頭頂上方的力量發揮作用。

❾❷ 分開注意力的練習 Exercise of divided attention

我們可以說我們的態度、我們內在與外在姿態，既是我們的目標也是我們的道途。我從考察自己身體的姿態開始。我覺察到在習慣的姿勢中，身體的姿態禁錮了我的注意力——我不是自由的。我調整我的姿勢。我讓我的身體釋放它的緊張，進入一種沒有緊張的全新姿態——我的背很直，手臂和頭部完全沒有一絲緊張。呼吸於是變得更加有力，它是自由的。而我感受呼吸的行為儘管重要，但只有它卻是不夠的。我感覺到自己需要更深入的敞開。

當我將思維的注意力扭轉並與身體接觸時，我的頭腦就敞開了。這時在振動的細胞和參與我尋常思維的細胞截然不同。這部分的頭腦中可以與更精微和純淨的能量相連接。這是更高層次的能量，葛吉夫認為這個層面的能量是由某些存在所作的真正思考和祈禱所形成的。為了與這個層次相連接，我需要一個導體，它就像是一根電線，能夠到達我的思維所及的高度。這樣我就可以攝入或者說吸入這種能量，並讓它流經這個導體，進入我的內在。

葛吉夫給我們這樣一個練習：我將注意力分為兩個相等的部分。一半用於感覺我的呼吸過程。我感受到當我吸氣時，大部分空氣流經我的肺部後回到了體外，只有一小部分保持在我體內並留了下來。我感受到它滲入了我的內在，好像散布到了整個有機體中。由於只有部分的注意力被觀察呼吸所占據，那部分自由的注意力就可以繼續注意我的各種聯想。

隨後我將另外一部分注意力轉向我的大腦，嘗試清晰的觀察大腦活動的全部過程。我開始感受到一些精微得幾乎感知不到的東西，將它自身從聯想中解放了出來。我不知道這些「東西」是什麼，但我覺察到了它的出現——它小而輕，非常脆弱，我只有透過練習才能感覺到它。我的前一半注意力仍舊專注在呼吸上，我可以同時感受到這兩部分的注意力。

現在，我讓第二部分的注意力協助我頭腦中這些精微的「東西」向著太陽神經叢流動，乃至飛速運動。頭腦中發生什麼不重要，重要的是出現的東西必須直接流向太陽神經叢。我有意識的專注於此，同時感受著自己的呼吸。我不再產生聯想，我更為全然的感受到「我是」、「我能」以及「我有意志」。我從空氣和頭腦中接收到給不同身體的食物，我帶著確信覺察到這兩個孕育「真我」的真正源頭。

實踐這個練習有可能帶來一種主動的思維，在這種主動的思維中，「真我」會變得更為強大。

93 我的身體需要敞開 My body needs to open

在敞開的活動中，有一個我們無法超越的侷限。如果要穿越，我們就必須讓自己死而復生——讓處於一個素質層面的自己死去，以便上升到另一個素質層面。我們需要完成的是在各個中心間建立連接，對此我們總是半途而廢。這就需要我們向一種高等力量、一種來自頭腦高等部分的能量敞開。這是最難的事。我並不想敞開。

為了讓高等力量與身體結合，身體需要向它完全敞開。我感受到一種自大腦向身體的能量活動，這是一種來自我上方的能量。為了瞭解它，我的注意力必須非常活躍，完全轉向這種活動，並保持著它的強度，在這股能量前保持正確的態度非常重要。我必須感受到自己有必要去有意識的臣服於它，以便讓它發揮作用。這時，一種感受就會出現，一種滲透我整個身體的新能量就會出現，我被這種能量的品質所觸動。它具有一種強度和智慧，具有一種我平常狀態下所無法瞭解的洞見。我感受到自己是自由的，不受任何控制。

這對我提出了全新的要求。我的本相，即這種活躍的注意力，需要在兩個層面之間找到自己的位置，以便讓這股能量能夠延續。我向這股力量敞開，但同時我也需要在生活的層面透過我的自動化機能來行動。沒有我——沒有「真我」在這裡——這將無法實現。這種注意力必須要持續保持著對這種高等力量，以及對身體，或者說對維繫身體的力量的覺知。這兩種能量活動同時存在於我的內在。如果失去後者，我將無法再在世間行動，如果失去前者，我就會被我的反應、我的自動反應系統所控制。我必須學習在行動的同時接收印象，並保持著向來自上方的能量敞開的狀態。

我開始覺察到我習慣稱為「我」的東西，並且意識到自身的渺小。在這種謙卑的核心，有一種來自我高等部分的感受，它帶著自信，像一束光、一種智慧一樣出現。這時，我會發現我想改變的是一些我無法改變的東西。現在，我可以去服務了。我不會再去介入，於是，一種靜默自行出現了。在這種靜默中，一種未知的能量顯現並開始影響著我。這就是意識。它不需要有一個物件。儘管它讓我覺知到我的身體，但在這種印象裡我所感知到的不是我的身體，而是意識之光。它顯示出我的本相，以及我周遭一切的本相。

當我感受到一股純淨而不受侷限的能量時，我能覺察到它是自給自足的。但這股能量是活動的，它呈現波狀，並一直處於活動狀態。這種能量波、這種活動以及這股能量都是一體的，都是一回事。然而能量波是這個活動，而非能量本身。重要的是瞭解這種能量本身，瞭解這種純淨的能量。

94 一種宇宙的層級 A cosmic scale

對於更高等的東西，每個人都有一種理想、一種嚮往，儘管表現形式不盡相同，但重要的是一種去實現理想的呼喚、一種來自素質層面的呼喚。聆聽這種呼喚，就是一種祈禱的狀態，在這種狀態中，人會創造出一種能量——一種特別的輻射物，只靠宗教的情感就可以創造它。這種輻射物聚集在它被創造的位置上方的大氣，空氣中到處都有它的存在。問題在於如何接觸到這些輻射物，透過呼喚我們可以創造出一種連接，它像電線一樣連接著我們，讓我們攝入這種物質，以便讓它在我們的內在累積和結晶。這樣我們就有可能顯化它的品質，並幫助其他人來獲得理解，也就是將它給回去。真正的祈禱就是建立這種連接並被它所滋養，被這種特別的物質所滋養，這被稱為恩典。與此有關的練習是：我們吸入空氣，想著基督、佛陀或是穆罕默德，並保留住空氣中累積下來的活躍元素。

我們需要瞭解宇宙層級這個概念，瞭解在人類和高等力量之間有一種連接。我們必須與這種在層級和宏偉程度上都超越我們的力量相連接，只有這樣，我們才能理解我們的生命，理解我們活著的意義。我需要臣服，臣服於一種我認為更偉大的權威，因為我只是它的一個微小部分。它呼喚我來辨識出它，為它服務，讓它透過我來放射光芒。我需要將自己置於這種高等影響之下，透過投入為它服務來與它連接。我在開始時沒有意識到我對**如是存在**的渴望，就是一種來自宇宙的渴望，沒有意識到我的素質需要我給自身定位，在這個各種力量組成的世界裡找到自己的位置。我將這種渴望看做是自己的所有物，看做是可以用來讓自己獲益的東西。我的探尋也是基於這種主觀性的，我從這種主觀的角度去衡量一切，包括我和上帝。

但是，在某個階段我會意識到，我感受到的這種需求，其源頭並非只是存在於我的內在，宇宙需要我成就的那種新素質。人類——一部分的人類——需要它。而我也有一種需求，想在他們的幫助之下，獲取我上方的那股力量。

我們會覺得如果沒有與高等能量的這種連接，生命就沒有什麼意義。但只靠我們自己是沒有力量建立這種連接的。我們需要創造出一種能量流、一種磁場，讓每一個人在其中找到自己的位置，也就是說，找到一個更能幫助建立這種能量流的位置。我們全部的責任就在於此。所有傳統的體系都認可和服務於這個目標，它們所採取的形式是與特定地域、特定時代的人類發展狀態相適應的。今天，我們需要再度找到與這種能量的連接。

這就是為什麼葛吉夫將第四道這種幫助帶給我們，它相容並包，並且考慮了當代人各種機能發展的狀況。這個方法不是新的，它一直存在，但只在一個有限的圈子裡。今天，它可以讓宇宙兩個層面之間正在弱化的連接得到加強。這需要大量的工作，第一步就是建立一些中心，以便我們能與他人一起活出這條道路。我們在各種力量的影響中前進，一路上的體驗會有高低起伏，承擔的責任多寡不一，經過這樣的過程，我們就會獲得解放。但，這仍然只涉及極少數的一群人，這種力量需要被更大規模的人類感受到。

chapter

IX

在統一的狀態中

IN A STATE OF UNITY

覺察的行動

THE ACT OF SEEING

❾❺ 另一種洞見 Another vision

我尋找我的本相，希望活出我的本相。我習慣一方面認為自己就是「身體」，而另一方面又認為自己是「靈性或能量」。但是，沒有任何東西可以獨立存在，生命是一個統一體，我希望把這種統一性活出來，並且透過不斷回歸自己的行動來尋找這種境界。我談論著內在的生活和外在的生活。談及這些是因為我覺得自己與生命不是一回事，是獨立於生命而存在的。但其實只有一個宏大的生命。我不可能在感受到與生命分離，感受到身處生命之外的同時還能夠瞭解它。我必須感受到自己是這個生命的一部分。但是，僅有對此的渴望或只是去尋找一種強烈的感覺是不夠的。只有先在內在達到統一、完整的狀態，我才能夠進入對生命的體驗。

我的內在有兩種活動：一種活動來自上方的能量滲透進我內在，並透過我發揮作用，但前提是我有聽命於它的足夠自由；另一種能量活動既渙散又混亂，它驅動著我的身體、我的頭腦和我的心。這兩種活動差別很大，我無法讓它們協調。我缺少一些東西，我的注意力就無法同時跟隨它們。它有時停留在空無、無限上，停留在虛空上；有時又停留在形式的層面上。當注意力停留在虛空上時，形式就會消解。當注意力停留在形式上時，對空無的感覺就會消失。我們不得不付出代價。

我能夠有足夠的自由度去接收未知的東西嗎？它就隱藏在我各種向外的貪婪活動之後。這種未知是隱蔽和超凡的，無法被我的感官所感知，我能夠覺察到一種形式，但我無法透過我的感官瞭解它的真實本性。我的思維能瞭解形式，但卻無法掌握它們背後的實相，無法掌握關於我本相的實相，這種實相就出現在每一個念頭與感受之前和之後。

我們的體驗——聲音、形式、顏色、念頭——都必須有一個背景才能存在。但這個背景無法被我的感官所感知。我們從未覺察和體驗到它，形式和實相是一體的兩面，它們存在於不同的空間。真相不會被思維的內容所影響，也無法淹沒它。實相存在於另一個層面。而我的思維則會淹沒實相，並創造出基於形式的幻相，形式就像是遮蔽實相的屏障。當我感受不到自己內在的實相時，就會忍不住去相信幻相，並把它稱作「我」。儘管如此，當真正的靜默產生時，幻相只會像海市蜃樓一樣消失。

我必須覺察到在念頭與念頭之間有一個空間，這種空無就是實相，我需要盡可能持久安住在這個空間裡。這樣，一種新的思維就會出現，清晰而睿智，這是來自另一個層面、另一個空間的思想。我覺察到尋常的思維是有侷限的和可以衡量的，它永遠不會理解無法衡量的東西。在我尋常的眼界中，我看到這個世界的有形層面，而在另一種洞見中，我覺察到另一個空間，我所無法衡量的東西在其中有著自己的活動。如果我的各個中心完全靜止，沒有任何活動，能量就能流經它們，我就能覺察到以往所沒有覺察到的東西。我就能覺察到**事物的本相**。在這種覺察中有一種光，一種非凡的光。一切都出現和消失於這個空無中，但都會被這種光所照亮，我不再那麼執著於它們了。在這種覺察中，我能夠瞭解自己的真實本性以及周遭一切的真實本性。

與漠然、昏沉或憤怒去鬥爭不再是重點。真正的重點是洞見——**去覺察**。但這種覺察只有在我們回到內在源頭、回到內在實相時才有可能實現。我們需要一種不同品質的覺察，它可以即刻穿透進去並到達自我的根基。如果我們從外表去觀察自己，我們沒辦法穿透和到達更深的地方，因為我們只能看到身體，看到核心外面的形式，看到它的物質層面。實相就在這裡，只是我從未去關注過它。我在生活中是背對著自己的。

❾❻ 覺察是一種行動 Seeing is an act

問題關鍵不在於要做什麼，而是如何覺察。覺察是最重要的事——覺察的行動。我需要意識到它真的是一種行動，一種能夠帶來新事物的行動，它為新的洞見、確定感和瞭解都創造了可能性。這種可能性就出現在這種行動本身之中，一旦覺察停止，它也就消失了。我只有在這種覺察的行動中才能找到一種自由。

只要我還沒有覺察到頭腦活動的本質，認為我可以擺脫頭腦控制的想法就毫無意義。我是機械性想法的奴隸，這是一個事實。奴役我的並非那些念頭，而是我對它們的執著。為了理解這一點，我必須先瞭解我是怎麼被奴役的，然後再去尋求解脫。我需要覺察語言和概念構成的幻相，覺察理性的頭腦所具有的恐懼，它害怕失去所有已知的支持後會有的孤獨和空虛。我需要一刻接一刻的體驗到被奴役的這個事實，不逃避。這樣，我就能開始感知到一種新的覺察方式。我能夠接受我不知道自己是誰並且被人冒名頂替嗎？我能夠接受不知道自己的名字嗎？

覺察並非來自思考。在我升起想要瞭解真相的迫切渴望，卻突然意識到理性的頭腦無法感知實相時，我就會受到衝擊，覺察便由此產生。要瞭解自己此刻真實的樣子，我需要真誠和謙卑，並且不帶任何面具的暴露在未知面前。這意味著接受一切、包容一切，在當下進入發現之旅，去體驗我所思考、感覺和渴望的東西。

我們有限的頭腦總是想要一個答案。而真正重要的則是發展出另一種思維、另一種洞見。為此，我必須讓一種超越尋常思維的能量解放出來。我需要去體驗「我不知道」，不去尋求一個答案，放棄一切來進入未知。這樣，頭腦就煥然一新了，它會以一種新的方式參與進來。我覺察時不帶任何預設的想法，不帶任何的選擇性。例如，放鬆的時候，在瞭解為何要做選擇之前，我不再會去選擇放鬆。我學著去淨化我的覺察力，但不是透過排斥所惡或追求所喜的方式來進行。我學著保持面對和清晰的覺察。一切都同等重要，我不會執著於任何東西。一切都取決於這種洞見，取決於這種觀察，它來自於一種想要瞭解的迫切渴望，而非受到頭腦的指使。

真正的感知和洞見來自於接收印象時，以新的反應方式去替代舊的。舊的反應基於記憶中的資料，而新的反應是不受過往制約的，頭腦保持著敞開、接納的狀態，並且帶著一種尊重的態度。這是一個新頭腦的運作，基於不同的細胞和一種新的智慧。當我覺察到我的思維無法帶來瞭解，其活動也沒有意義時，我就會向一種對宇宙的感覺敞開，它超越了人類感知的範圍。

❾❼ 超越尋常的感知 Beyond my usual perception

我認為我瞭解統一的狀態，但如果我真的瞭解那指的是什麼，我將會有種無法克制的渴望，想要以這種狀態去生活。我將不再能接受分裂的感受，不再能接受這些保持孤立的部分，因為它們妨礙了我的臨在，將我帶離對實相的意識。儘管如此，我還是可以開始去注意我在統一狀態中和渙散狀態中的差別。各個中心之間以振動的形式互相連接，我對於構成這種連接的能量特別感興趣。當這種能量出現時，它會讓我的機能劇烈加速，並且會帶來一種空間感，一股新的力量會在其中出現。

我的內在有一種能量、一種生命，它總是在活動，卻不會向外放射。要感受到它，我就需要一種寧靜、一種靜默。只有在這種空無中，另一種實相才會呈現。同時，我的內在還有一種能量，它被各種機能放射出去，而這些機能，對於來自內在和外在的印象，則有無窮無盡的反應。我並不沒有面對這些印象與反應所必需的注意力，但是當我看到自己無意識的反應速度有多快時，我會為之震驚。我有沒有可能在接收印象時不要這麼快反應，而讓印象滲透進來並影響我呢？為此，我需要一種對當下一切的純淨感知，這是一種沒有被反應介入的感知。在尋常的狀態下，我的注意力只能注意到當下這一刻的東西。它持續的時間非常短，以至於讓我無法瞭解事物的本性，但這仍舊是一個可以獲得瞭解的片刻。我們通常對客觀而「如實」的感知事物不感興趣，我們總會評判它們，或是就個人利益角度看待它們。對於每一個感知，我們都會立刻給它貼上一個會扭曲真相的標籤，隨後讓這些標籤來決定我們的行動和反應。

我感受自己得超越尋常感知的侷限，我需要一種新的感知，這是一種像第六感一樣的注意力，它可以獨立於理性的頭腦之外來接收印象。這種注意力是流動的，是包容一切的，我在內在很難找到這種注意力，首先因為我感覺不到對它的迫切需求。我總以同樣的方式尋求，相信自己可透過不斷強化的方式觸碰真實的東西——例如，我可以嘗試以不斷加強對感覺的瞭解深化它。但如果我想要獲得一種新的感知，就不能透過強化的方式進行。

我是無知的，如果我感覺到這種徹底的無知，就會有一個中斷、一個斷裂，它可以解開那些禁錮我的束縛。它會帶來一種內在的擴展，我的注意力會超越既有印象的侷限。這裡沒有需要爬升的階梯。我必須跳躍，要變得有意識，我就必須放掉所有已知的東西。真正的瞭解是這樣一種狀態，在這種狀態中我會去觀察、體驗和理解一切，然後將它們視為廢物拋棄——因為它們對於下一刻是沒有意義的。

❾❽ 最重要的事 The most important thing

我們所學習到的東西——所有的語言和記憶——給我們造成了一種具有連續性的印象，創造了「常我」的幻相。但是，從我們內在能量的層面上來看，這些東西的品質是不高的。能讓我們在每一個層級都更上層樓的關鍵，就是注意力的強度和品質。注意力讓我們能夠覺察。注意力是有意識的力量，是來自意識的力量。它是一種神聖的力量。

洞見，內在的洞見，是對一種超越思維的能量的解放。它是一種對生命完整的覺知，因為覺察就是擁抱當下的一切。我們無法一部分一部分，或一點一點花時間去覺察，我們必須覺察到整體。這是一種感知真相卻不加詮釋的行為，如果我因為任何東西而分心，我的侷限就會讓我無法自由覺察。我的念頭是機械性的，它們是對一個問題或印象的機械性反應。這種反應可能會占用些時間，並在一段或長或短的停頓後才發生，但它仍然是機械性的。而洞見則是一種沒有念頭、沒有語言或名稱作為保證的觀察。在一種純淨感知的狀態下，不再有目的或進行反應的企圖。一個人只是活在實相中。

覺察的行為是一種釋放的行為。當我看到真相，看到真正的實相，我的感知就會被釋放出來。我不需要再執著於我賦予知識、見解和理論的無上價值。沒有思維的參與，如實覺察的行為本身就會帶來非凡的效果。如果我能夠保持面對實相而不去反應，一種思想之外的能量來源就會出現。注意力會被一種在感知行為中獲得解放的特殊能量所充滿。但只有在我對理解和覺察有迫切需求，我的頭腦為了觀察而放棄一切的情況下，這種觀察的狀態才會出現。這樣，一種新的觀察就會出現，沒有知識，沒有信仰或恐懼，只有一種為了瞭解而保持堅定和面對的注意力。這種注意力既不否認事實，也不會承認它。這種注意力只是覺察——從一個事實到另一個事實，帶著同樣純淨的能量。這種純淨的覺察行為就是一種轉化的行為。

我們需要理解有意識的注意力所承擔的角色。在各種力量的運作中，各種能量要不是被消耗，就是提供創造連接的服務，這種連接會帶來更高等的洞見、更自由的能量。有意識的注意力需要各個中心之間連接，但這種連接並不容易建立，因為各個中心的振動頻率是不同的。這些中心要如何連接呢？「中和」（reconciling）又意味著什麼呢？這就需要一種可以包容一切、意識一切的能量。這種能量只是去包容就足夠了。一旦它有所偏向，它就不再是包容的並且已經退化了。

我聆聽，感覺另一種強度的振動，希望與之同頻，以便能瞭解它們。與之同頻需要一種作為第三力的注意力出現——一種警醒、一種沒有期待的觀察、一種比以往更強的覺察力。只有頭腦與身體具有同樣的能量強度時，它才會出現。這種覺察是最為重要的。它維繫了兩個中心之間的連接，並且能夠讓一種新的能量生成。

IX

在統一的狀態中——覺察的行動

有意識的感覺

CONSCIOUS SENSATION

99 生命在我的內在　Life is in me

我們開始意識到，實際上我們沒把任何東西置於我們觀察或注意力之下。我在這裡，關注著我自己，但我還是無法將自己作為一個整體來徹底感知。我對各部分的感覺程度是不同的，我無法全然感覺到整個的自己，無法擁有這種對內在各個部分的同等感覺。主動思維的基本特點就是能專注在所要瞭解的東西上，但我還無法將任何物件置於我的觀察之下，無法真正去覺察。這種覺察的行為是難以領會的。

透過感覺，透過感覺帶來的身體體驗，我可以覺知到我在這裡。但我的感覺總括來說是機械性的，我接收到這些感覺並回應，卻不知道自己如何做出回應。我對感覺的覺知脆弱而短暫，這些感覺所帶來的瞭解也不夠深入。我不知道它們有什麼價值，因為我無法將它們置於我的觀察之下，所以我可能會完全誤解它們的意義。

在開始時，感覺幾乎是自我瞭解的唯一工具。它可以給我力量來觀察很多事物，並重複那些我們可以辨識出的體驗。這會創造出一個內在的世界。隨後，意識會變得更加深入、更加內在，而在意識的進化中，想要觀察內在深處的衝動是關鍵的一步。沒有這一步，一切都無法變得確定和純淨。

我需要調整各個中心，以便能夠聆聽到一種未曾退化的能量振動。我聆聽它在我內在的迴響，這就是祈禱、冥想、誦經、持咒時所發生的事情。但我需要去理解我當下在走的這一步，不要讓步伐超越自己所能理解的範圍。我所進行的艱難接觸和交流會帶來一種瞭解，從而解放我。所以，我會用自己所有的部分，聆聽內在一種未知能量的振動。

我看到我從未允許體驗在我的內在發生，我總是拒絕全然的體驗。這是因為我想引導它，我並不信任體驗，我只信任自己。正因如此，它也不會給我帶來轉化。當我開始感知內在一種精微的臨在時，我會覺得它像是一個有生命的東西在呼喚我去感覺它帶來的影響，但我卻無法深刻去感覺它的影響，因為我被一道緊張所形成的屏障，也就是我頭腦的反應所阻隔。

這種未知的臨在，引發一些衝擊我頭腦的聯想和印象。透過所給予的形式，頭腦去做反應，這反應滋長「我」的觀念，滋長自我主義。但這並不是「真我」，有智慧的「真我」就在這個「我」的後面。這個「我」就是「常我」，就是小我，它認為自己在反應中可以肯定自己。緊張所形成的屏障就是小我所形成的屏障。

我想去體驗某些印象的感覺越來越強烈，這種需求非常強烈，彷彿沒有這些印象我就無法活下去……實際上，沒有它們我就無法參與某種形式的生活。這種需求太強烈了，以至於因為缺少印象，我會從外在尋找本應來自內在的衝擊以製造印象。

生命在我的內在，但我卻感覺不到它的振動。那些振動對於現在的我來說太精微、太細微了。即便我渴望被這些振動滲透，渴望吸收它們，但隨之而來的二元對立和緊張，會阻礙這股能量的發生。這種緊張讓我無法感覺到這種能量的特性，它的振動無法觸及我。我感受到這一點，感受到我的無能為力，我無法被轉化。在我的緊張中，我感受到我的抗拒。生命就在這裡，很近，但我的小我仍舊保持著封閉和自以為是的狀態。

100 一種內在的平靜 An inner stillness

直到現在，我都還不瞭解我與身體之間的關係。為了讓我變得有意識，我的身體必須接受和理解它的角色，不是出於被迫，而是出於真正的興趣。為了讓統一的狀態出現，我的身體必須有意識的自願參與。

為此，我必須找到一種沒有緊張的自由狀態。

在向臨在敞開的過程中，有兩個需要理解的步驟：第一步，覺察。當我將整個自己保持在觀察範圍內時就會實現；第二步，觀察所帶來的放鬆，覺察時受到的衝擊所帶來的釋放。為了讓我具有一種真正的感知，並且能夠去瞭解，我需要一種盡可能全然和均勻的注意力，這是一種客觀、包容一切的觀察，不會有任何偏向。最重要的是去發現我是否能夠具有這樣的觀察力，當我的注意力真正活躍時，當我的頭腦具有這種清明的觀察時，頭部和身體的其他部位都會放鬆。這時，我能夠體驗到一種臨在，它不需要向外在放射，它就處於我的觀察之下。我能體會到這種放鬆從頭到腳發生了，我內在空間的大小改變了，好像不再侷限在我的身體之內。在這裡我找到了放鬆的意義，它不是一種人為的放鬆，而是隨著我對覺察行為的理解而產生的。

在我覺察的時刻，會有一個衝擊、一個停頓，這時我內在的精微能量可以自由流向正確的方向。我沒有強迫它改變方向，它是自行改變的。這時，我會瞭解到一種內在的平靜，一種沒有波動、沒有漣漪的狀態。這裡沒有活動。儘管如此，我還是把這種放鬆看做是一種行動，一種不取決於我卻可以轉化我的行動。這時我就會瞭解這種能量是什麼，它是一種不會去控制我的能量。它就是「我的本相」。如果我的注意力保持全然，如果自我觀察能夠照亮一切，就會出現一種敞開，它好像是被賜予的一樣——一種在腹部的滿溢、敞開。透過這樣的感知，我才能獲得片刻的瞭解。我發現了一些真實的東西，並且看到了一個學習的方向，我只能一步步往前走。

為了向臨在敞開，我需要在內在進行一種振動強度的轉換，需要透過感覺來進行向內的活動。為此，我需要一個沒有緊張的空間，它感覺起來就像是空無，沒有總是在自我肯定的「常我」存在，這樣我就可滲透到精微振動的世界裡，感覺就是對這些振動的感知。我越是感受到身體裡的生命，就越是意識到沒有它的參與，我就無法感覺到本體。我透過身體感覺到生命，不是我去抓住它，而是它主動讓我感覺到。這是一種非常不同的內在活動，它會帶來深入的放鬆，我有時獨自在大自然中也會體驗到這種感覺。

101 一種有意識的姿勢 A conscious posture

感覺是通往意識之路最關鍵的體驗，我需要理解有意識的感覺意味著什麼。

我們渴望瞭解自己是誰，我們每個人都知道這有多難。我達到了一種安靜的狀態，有了多一點的平靜和靜默，而一旦我對生活有所反應，我又回到了最開始的狀態，什麼都沒有改變。反應的不是「真我」，我的內在有一部分根本就沒有被撼動。我從未有到達自己根基，觸及自己本質的感受。我從未被徹底觸動過，總是有一些隱藏起來的部分在抗拒。

首先，我的身體會抗拒，它不瞭解我的渴望，只是過著它自己的生活。儘管如此，它還是可以參與瞭解的過程。它是我們內在能量的容器和載體。如果我們向內看，我們會覺察到能量要不是聚集在頭部，就是聚集在太陽神經叢。也許也有一點在脊柱裡，但與其他中心裡的能量是無法相比的。再往下的那部分身體則完全沒有能量，它對我來說好像根本不重要。而我們的能量只有在身體裡並透過身體才能發揮作用。

我感覺到這種能量開始出現。為了讓它透過我來發揮作用，我需要看到我的自動反應系統（automatism），並意識到如果它變得比有意識的活動更強大，這種能量就會衰退到較低的層面，我也會再度被控制。身體的姿勢非常重要。我自動化的姿勢會阻礙能量的流動，並侷限我的思維與感受。我需要看到這一點、體驗到這一點，這樣有意識的痛苦才會出現。它會呼喚新的姿勢，呼喚有意識的姿勢，這種姿勢就像是一個電磁場，讓這種能量能夠對身體發揮影響。

因此，身體的姿勢必須是精確的，並且由頭腦、心和身體之間緊密而持續的合作來維繫著。我需要感到舒適，帶著安樂和穩定的感覺。這種姿勢本身就可以讓頭腦做好準備，不再有躁動的念頭。在正確的姿勢中，我所有的中心都統一和連接了。我找到了一種平衡、一種秩序，我的「常我」在其中找到了自己應有的位置，不再是主人。思想更加自由，感受也是如此，它現在更為純淨，不再那麼貪婪。它對某些東西有了尊重。

隨著我讓自己向這種能量敞開，我會不帶評判、不帶結論的吸收這種能量。我的注意力不帶任何努力，耐心的維繫著它自身，靜默的滲透到超越已知的範疇中去，這就像是一種內在的擴展。在身體與驅動身體的能量之間，我感受到了一種更強的統一性。一個重心，一個能量的核心，已經自行形成了。我的內在不再有矛盾，不再有抗拒。我已經在內在找到了原始的能量中心，已經穿越了掙扎，穿越了身體和心靈之間的二元對立。一旦我與這個重心失去連接，能量就會朝頭部和太陽神經叢的方向湧回，對「我」的錯誤觀念又會出現。我認為這種接觸是容易維繫的。然而，即使是這種維繫的想法都是錯誤的，這個重心必須成為我的第二天性，成為我的衡量標準、我的指導。我必須在所做的一切事情中感受到它的分量，否則，向高等中心的敞開就不會發生。

當我體驗到自己能意識到這個有生命的臨在時，我會感受其實是臨在在呼吸。我中心的自由取決於呼吸的自由。當我讓呼吸自行發生而不去干擾時，另一種實相出現了，這是一種我所不瞭解的實相。我需要瞭解這種體驗是我最根本的食物，我必須盡可能多回到這種狀態中。

❶❶❷ 在安靜的身體裡，我呼吸 In a quiet body I breathe in

我對自己有了新的印象，但它是脆弱的。對於作為一個有生命的臨在的感覺，我還沒有足夠的體驗，我現在擁有的這種感覺仍舊太脆弱。緊張再度出現，我感覺到了它們，我知道它們把我與什麼東西分隔開來。正因我知道這一點，這些緊張才會消解掉。在這種起伏的活動中，我的心變得更為強壯，它失去了那些負面和攻擊性的部分，越來越向一種精微的高等感覺敞開，向一種對生命本身的感覺敞開。我的理智必須理解緊張的意義，我內在有些東西需要讓出越來越多的空間——不是出於被迫，而是來自一種迫切需求，這是來自我的素質的迫切需求。我尋求去理解這種沒有緊張的狀態，它把我帶向空無，帶向我的本質。

我開始覺知到一個更精微的振動所組成的世界，我感受到這些振動，對它們有了切身的感覺，好像我的某些部分被它們所滋養、啟動和靈性化，而我還沒有完全處於這些振動的影響之下。我意識到這一點，我有一種越來越強烈的需求，想去接納這些振動。我的「常我」失去了權威，隨著另一個權威的出現，我覺察到只有我與這個新的權威協調一致，我的生命才會具有意義。在創造這種協調的工作中，我感覺好像處於一個閉合的迴圈中。如果我能夠在這裡安住夠長的時間，我被轉化的奇蹟就會發生。

為了感受到這些精微的振動，我必須讓身體真正平靜下來，沒有任何緊張。頭腦只是一個沒有任何評論的見證者，覺察著一切發生。於是，我就會瞭解純淨的感覺是什麼意思——一種沒有任何思想介入的感覺。在這樣的覺察之下，我的身體沒有任何緊張。隨著我的覺察清晰起來，放鬆自行發生了。帶著這樣的覺察，我感受自己內在的能量孤島，需被更深入的連接。這種精微的感覺就是一種靈性顯化、靈性滲透的標誌，靈性被物質化了，具有了一種明確的密度。

在一種更為客觀的狀態中，建立一種建立秩序，我的呼吸也具有了新的意義。只有在這樣的狀態中，我才能接收空氣中更為精微的元素，並吸收它們。我感覺到這種能量在我的體內自由流動，沒有任何東西會阻礙它或讓它改變方向，沒有任何東西會把它放射出去，或將它固定在內在。它以一種迴圈的方式流動，這是在沒有我介入的情況下自行發生的。我感受到自己就存在於這種活動中，我發現自己的呼吸就是能量的吸收和排放。

我吸氣……我呼氣。

我知道我在吸氣……我知道我在呼氣。

在一個安靜的身體裡，我吸氣……在一個安靜的身體裡，我呼氣。

緩慢的，我吸氣……緩慢的，我呼氣。

我覺察到這種呼吸在內在發生。我覺察到我的身體。我不會把它們一分為二。

在一個輕盈的身體裡，我吸氣……在一個輕盈的身體裡，我呼氣。

身體感覺更輕盈了。我讓自己完全的呼氣，直到徹底的呼出來。

沒有期望，我吸氣……沒有期望，我呼氣。

我感受到這種活動的不確定性。我不去尋求控制什麼，無那論是什麼。

感受到自由，我吸氣……感受到自由，我呼氣。

語言和形式都失去了吸引力，一種清明點亮了我所處的狀態。為了讓我的本相清醒，我進入了深深的靜默。

主動的注意力

VOLUNTARY ATTENTION

103 感受到不足 The feeling of lack

在我們的內在有一股自上而下的力量，以及一股自下而上的力量。這些能量之間沒有連接。儘管我們在這裡承擔了一種宇宙的職責，但大自然沒有在我們人類的內在提供這種連接，人必須將自己與內在的高等力量連接。為此，他必須看到自己的無能為力和抗拒，同時感受到與內在深處連接的渴望。

當注意力的能量在每一個中心有不同的活動時，它就難以有自主的力量。所以我需要另一種注意力，一種更為純淨的注意力，它不會被各種念頭所負累，並且能夠對各個中心產生影響。我無法透過捕捉或強迫的方式來獲得這種注意力——我無法迫使它出現，就像我無法強迫愛出現一樣。當有需要的時候，當有一種迫切的渴望呼喚它的時候，注意力就會出現。當我真的覺察到我缺乏理解，覺察到我找不到生活的方向和意義時，我的注意力就會在這個時刻被呼喚至此。沒有它，我永遠也無法活出我的本相。我沒有必需的能量。但當我感受到這種絕對的必要性時，這種注意力就出現了。因此我必須體會到一種缺乏、不理解、不知道的感受，體會到一種不足的感受。

我走在街上時可能在作白日夢。但是當我走在冰上，走在很滑的結冰路上時，我無法再作夢。我需要自己全部的注意力避免滑倒。在我的內在也是如此。如果我對自己沒有真正的興趣——如果我一直認為我可以回答任何問題，並假裝自己能夠做到這一點——我將會一直作夢，所需的注意力將永遠不會出現。

我必須體驗到自己在此刻的渺小，以及對保持臨在的無能為力。我還要去感受到自己缺乏興趣、缺乏渴望。這是一個重要的時刻、一個間歇。在這裡強度會減弱，並缺乏繼續向前的足夠力量。我覺察到自己被機能所控制，也許我也覺察到來自另一個層面的力量。但如果這股力量沒有參與進來，我沒有與它連接，我的機能就會消耗它的能量，我也會比以往受到更多的控制。我必須主動的交託、主動的臣服。我希望能保持面對這種不足。我對它的覺察是不夠的，我對它的感受是不夠的，我因它而受的苦也是不夠的。

感受到這種不足會喚來一種更為主動的注意力。這就好像一扇朝更精微能量的大門敞開了，只要內在有空間，這種能量就會經由頭部下降到我的內在。我全部的工作就在於允許能量經過，以便讓它可以形成迴圈。一切都取決於我的注意力，如果它削弱了，我的機能就會再度奪回它們的控制權，重新占有這種能量。

這種迴圈需要一種主動的注意力，我以前從未需要過這樣的注意力。我覺察到我必須要有一種意志力。我說：「我渴望如是存在。」說「**我**」時，我向這股流經我頭部、流經我頭腦的力量敞開；說「**渴望**」的時候，我體驗到一種強烈的情感，它會讓能量能夠流過身體；說「**如是存在**」的時候，我將自己作為一個整體來感覺。我感受到內在有一個臨在。

我越來越意識到我需要意志，這是一種來自內在深處對**如是存在**的渴望，一種可以給我存在感的力量。它可以顯示出我真正的位置，有了它，我才能被一種秩序、一種連接喚醒。

❶⓿❹ 臣服和意志 Obedience and will

有兩個互相對立的極端影響著我的臨在，它們散發著完全不同的振動，我透過自己對它們的感覺來瞭解它們的影響。我對地球的吸引力很敏感，我臣服於它；我對來自高等世界的吸引力很敏感，我也臣服於它。但我卻沒有意識到這一點：我太被動了。

這裡有兩種力量、兩種能量流、兩種命運，它們彼此沒有連接。為了讓高等力量得到吸收並影響更沉重的物質，就必須有一種密度居中的能量流，有一種能夠啟動整體的不同電壓。這將會是一種更純淨的情感能量流，在其中沒有我尋常主觀情感能量的介入。當我能清醒覺察到這兩種力量同時運作時，這種能量流就會出現。一旦擁有了這樣的洞見，我就會被一種意志、一種渴望所緊抓，這就是對「真我」的感受中最為純淨的本質部分。這就是活出本相的意志，從真實本性，即「我是本體」的真相覺醒。

今天有些東西敞開了，呼喚我去與高等力量連接，但這不會自行發生。我覺得自己必須要去臣服於一種高等的能量、一種權威。我將它當做唯一的權威，因為我就是組成它的一個微粒，我需要靠服務它以保持與它的連接。臣服有兩種。如果我在被動的狀態中，無意識的臣服，我會失去自我並且無法去服務。但如果我進入一種更為主動的狀態，我就可以主動在交託中臣服，這需要一種有意識的被動狀態。在這種狀態中，只有注意力是主動的，各種機能都被刻意保持在被動狀態。我需要讓我尋常的活動都靜止，讓我的念頭、情緒和感覺都放鬆和安靜。

我的注意力現在是主動的，它能夠被用於瞭解「事物的本相」和「我的本相」，瞭解我有多真實。只有主動的力量可以把我從被動的力量中解放。在一種覺察一切的完整注意力中，我所有的部分都連接了。在保持臨在的行動中，我主動臣服和交託，放棄自己的意志，但同時獲得了一種掌控自身機能的意志。

臣服於更偉大力量的第一個標誌就是有意識的感覺。但只有我主動處於被動狀態時，才會具有有意識的感覺。當我感覺到自己的不足，感覺到缺乏時，我會覺察到對改變的需求，並且會因為一種饑渴、一種被滋養的需求而痛苦。我的思維被召喚去接近一種深刻的感覺，這會喚醒一種感受。但這種感受是脆弱的，我是恐懼的，我還不信任它，於是它消失了。小我重新掌權，一切都消散了。

我需要瞭解重新開始必須謙卑和真誠，我必須再度尋找那深刻的感覺。我要不是臣服於賦予我力量的能量流，就是臣服於剝奪我力量的能量流。如果注意力不是有意識的被投注在一個物件上，它肯定就會被消耗掉。這是一個我無法逃避的法則。兩種能量被轉向彼此是不夠的。其中一方向著另一方靠近的活動必須要足夠活躍，從而引發一種可以喚醒感受的全新內在活動。

我開始覺察到我全部的掙扎，我能否實現我的可能性都取決於我的注意力。一種力量是為了影響我而呼喚我的注意力，而另一種力量則要控制我的注意力，並透過各種機能將它消耗殆盡。在過程中，沒有人在這裡，沒有人知道我想要什麼，沒有人覺得應該負責任。對缺乏的感覺，對真正缺失的東西的感覺，是最為重要的。我自己可以解決這個問題……只要我有**意志**。

❶⓿❺ 發展有意識的力量 Developing conscious force

真正的自我觀察是主人的行為，我們現在只有有限的注意力，只能注意到身體、頭腦或心。以第一、第二或第三種人的意志力，即使完全專注，也只能夠控制一個中心。我們無法主動、有意識的臣服。儘管如此，我們還是可以努力自我觀察，這個練習可以加強注意力，並讓我們知道如何更好的專注。我們可以開始記得自己，如果我們能夠認真的工作，就能夠知道記得自己需要什麼條件。

對我們來說，有兩種可能的行動：自動化的行動和依照「渴望」而採取的主動行動。有渴望、有意志，是世界上最重要也是最強大的事，因為，它可讓我們採取非自動化的行動。例如，我們可選擇想要做的事情，選擇我們通常做不到的事情，作為我們的目標，並排除一切干擾。這是我們唯一的目標。如果我們有**渴望**，如果我們有**意志**，我們就可以做到。沒有意志我們是做不到的。帶著有意識的意志，什麼都可以做得到。

我需要發展一種主動的注意力，即一種有意識的注意力，它比我們的自動反應系統更強大。我必須感受到頭腦與身體之間缺乏連接，並且覺察到這種連接的產生需要一種主動保持在這兩個部分上的注意力。而這就需要一種與我尋常意志所不同的意志，它來自於一種新的、未知的感受。只有向高等力量敞開有意識的注意力，才有力量戰勝自動反應系統。為此，注意力必須一直處於主動的狀態。有意識的力量不可能是自動化的，注意力可能會強一些或弱一些，但只要它不再是主動的，它就會被控制。當它不再主動轉向這種連接時，連接的能量就會分開。我會變得分裂，自動反應系統會再一次掌權。所以，向高等力量的敞開必須是持續的。

為了發展這種有意識的力量，我必須在日常生活的所有活動——走路時、講話時、從事任何工作時——都保持一種不間斷的感覺。在這樣的一種狀態中，注意力才是主動的，而身體則有意識的保持被動。我的注意力需要被兩樣東西完全占據：去感受和跟隨一種臨在的感覺，同時，拋開聯想，也就是不讓它們占據我。我對自己的臨在有著感覺和感受，我的注意力放在這種感覺上。思維完全致力於觀察我的體驗，不讓任何語言和形象來代表它。這種覺察是最重要的，它是一種維繫連接並匯聚能量的高等力量。身體感受到這種力量，也就是它的主人所具有的品質，拒絕再以自動化的方式去顯化。

為了接收到這種力量的影響並讓它更強烈，身體臣服了。這裡有一種掙扎：一種能量必須掌權，另一種只能接受。一切通常會消散的東西凝聚了。一種氣場自行聚集。我有一種非常明確的感覺，而且在某個時刻，我會感受到被一種新的能量所啟動，這是一種對如是存在的感受。

chapter

X

一種有生命的臨在

A PRESENCE WITH ITS OWN LIFE

一種純淨的能量

A PURE ENERGY

❶❵❻ 最高等世界的一個微粒 A particle of the highest

我們活在兩個世界中。我們的機能對印象的反應，就是我們與低等世界的接觸。我們對內在精微能量的感知，代表我們與高等世界的接觸。我們內在有兩種同時存在而又相互對立的活動——一種向外，一種向內。在我們的有機體裡，某些細胞為了創造和維繫我們的身體而進行繁殖。其他的則處於萌芽狀態，透過緊縮和濃縮，為以後的創造儲備能量。在生活中的顯化裡，我們認為我們在創造，但真正的創造卻是透過內收、吸收來實現的。我們臨在的角色就是連接這兩個世界。

我的內在有一股生命力，但我卻沒有去感受它、聆聽它、為它服務。我所有的能量不斷被念頭和欲望所驅使，流向外在，只著眼於滿足我的貪欲。當我看到這種無意義的浪費，我會覺得需要更深的寧靜，需要一種靜止的狀態。在這樣的狀態裡，我可以覺察到一種純淨、自由的能量。我需要具有一種不同的內在密度、一種不同品質的振動。這實際上就是一種靈性化的過程，靈性滲透物質並轉化它。對於從一種物質屬性進入另一種，我必須具有強烈而深刻的體驗。隨著注意力的淨化和凝聚，我的感覺越來越精細，它滲透到身體裡，並擴散到我周圍的一切中。這是唯一的途徑。為此，我需要進入一種單獨的狀態來實現這種內化、這種濃縮。

為了瞭解這種精微的感覺，我擺出正確的姿勢，並找到一種態度，讓身體和頭腦成為一體。我的頭腦每一刻都是清醒的、清明的，並且完全專注。一種深層的放棄、放開的行動發生了，一扇通往內在自由的門打開了。我瞭解了寧靜的含義，瞭解它只能透過感覺來獲得，感覺會隨著緊張被再度吸收而變得更為精微，感覺只有在沒有緊張的地方才會變得精微和具有滲透性。我的內在有一個超越思想的層面，我尋常的意識從未到達過那裡。我感覺那裡像是一種空無、一種未知的本質，沒有小我的存在。我感知為虛空的振動其精微程度超越了我所熟知的密度，超越了我尋常的存在方式。

在這種狀態中，我的思維和感受可以包含形式。我的思維是靜止的，沒有任何語言，它能夠包含各種語言和形象。我的感受——來自本質的而非形式層面的感受——能夠包含形式。對真相的瞭解透過包容而產生。我的思維為了具有滲透性而保持自由狀態，沒有反應或選擇，沒有對安全感的緊抓。在對覺察的迫切需求前，小我停止對自己身分和形式不惜代價的肯定。它為對如是存在的情感，為活出**我的本相**的意志讓路，我的本相是不受制於形式或時間的。我感覺到一種超越身體界限的擴展發生了，我並沒有失去對身體的感覺，甚至覺得可以包含它。我感覺到一種特別的能量，我感受到它就是生命本身。我的頭腦是平靜的，擁抱著整體。這種體驗只有在整個的我都有著對覺察的需求時，才會出現。如果我將自己交託給這種能量，它就會成為我內在一種新秩序的開始。

我是最高等世界的一個微粒。我能夠透過感覺來瞭解這一點。我們只能透過感覺來瞭解上帝。純淨的感覺——那純淨、強烈的感覺——就是一種對上帝的稱呼。而身體就是獲得這種體驗的工具。

❶⓿❼ 感受到臨在的生命力 Feeling this Presence as alive

我們彼此分離的各個能量中心，用之前記錄的素材來對接收到印象反應，每一個中心都從自己的角度反應。每一個中心都有某種品質的能量，並且只能瞭解與之相應的東西。但我們的內在還有一種品質比這些中心的能量高出許多的能量，這些中心無法單獨瞭解這個事實。它們太被動了。為了向更高品質的能量敞開並讓其滲透進來，它們必須統一起來，變得更為活躍，這樣它們的振動才會加強。我們的工作就是要增加低等中心的能量強度，以便讓它們連接高等中心。

當我達到一種安靜的狀態，沒有任何緊張時，我會發現一種非常精微的振動，一種我之前無法感知到的實相。它來自於另一個我通常不願向其敞開的層面，來自於一個只有各個低等中心都放鬆和安靜才能運作的高等中心。如果我願意主動向最高等的能量敞開，我就能連接到它。但這種敞開是困難的，我頭腦和身體的能量水準與狀態，並不足以讓它發生。頭腦受制於思考內容，以及它自身無法停息的自動化活動，身體也沒有被足夠的觸動。「常我」仍舊保持著它的力量，不允許與高等能量的連接發生，對它來說，那種能量好像根本不存在一樣。為了讓連接發生，我必須自願受苦，透過受苦，注意力會變得主動，它強烈的意志可以讓身體向更精微的能量敞開。一切都取決於這種敞開。這樣來自上面、來自頭腦另一個部分的能量才能發揮作用……我的狀態被轉化了。

對於向新的能量敞開來說，我要知道讓三個低等中心之間的連接是絕對必要的，只有當連接穩定時，這種敞開才能持續。這種能量需要成為一種臨在，我需要感受到它的生命力，它有著自己的密度、自己的節奏，我需要去保持這種臨在所具有的獨立生命。我不能將對臨在的感覺抓得太緊，這樣它就會失去意義。這種感覺也不能太弱，因為這樣的話，以我現在的狀態，我將無法讓自己與之同頻，這種能量必須充滿我的整個身體，我必須感覺到我的活動是從這種能量出發的。一切都必須臣服於它。我必須讓它來主宰。

在對這種能量的敞開中，我體驗到一種內在的秩序，在其中我可以整體性的體驗到這種臨在，這種臨在可以覺察到所有的部分。只要我的注意力保持主動，保持在各個部分中強度的一致性，這種臨在就可以透過我的各個部分來發揮作用，這種內在的秩序需要一種全然的注意力。這種新的能量流需要其他部分的臣服，需要接管一切並且持續存在下去。我內在的臨在和我身體之間的連接就是這個臨在與生活的連接。

❶⓿❽ 來自頭腦的高等部分 From a higher part of the mind

有一種能量來自頭腦的高等部分，但我們卻沒有向它敞開，這是一股有意識的力量，它需要出現，流經我們的身體並影響我們。因為我們的頭腦和身體還沒有連接，它現在無法流經我們或影響我們。當我被自動反應系統控制時，內在高等振動和低等振動之間的差異就會非常大。注意力是這種有意識力量的一部分，它必須得到發展。

我坐在這裡，當下。我要從哪裡去嘗試與身體連接呢？我要從哪裡覺察自己的樣子呢？答案是從我還沒有對其敞開的那部分頭腦。而要與身體連接，我必須敞開頭腦，讓它安靜下來，它不能總是想著各種各樣的事情。它必須靜止的安住在兩個念頭的空隙中，直到它變得具有更高的敏感度和感知力，比它覺察的物件、觀察的物件還要有活力。當我的注意力更加活躍、思維更加自由時，我就能夠開始**覺察**。這種覺察是與我內在高等能量的直接接觸。一種新的智慧出現了，與身體連接也成為可能。

這種來自頭腦高等部分的力量，需要流經身體並找到一個自由空間，這樣才能影響其他中心。振動的產生必須要有空間，最輕微的緊張都會對此造成阻礙。為了接收我內在的這種生命能量，我必須處在不緊張的狀態……完全沒有緊張。我平靜下來，當真正的平靜出現時，我就能向充滿在身體中的那個能量敞開。所有侷限的跡象都消失了，我感覺很輕盈，就像是透明的一樣。我的臨在似乎比身體還活躍，振動強度比身體還大，這力量需要成為我的主宰，其他的力量只需要去接受。

頭腦與身體之間的連接即使出現了也是不夠的，它無法持續。某些時刻，連接是存在的，然而……過了一會兒，這兩個部分就失去了連接。因此，還必需有一些東西，一種力量需被發展出來，這是一種可以持續有意識的專注。這件事取決於我，我可以放棄努力，而如果我有渴望、有意志，我就可以變得更加專注。我對此負有責任。我的責任就是去覺察。

❶⓿❾ 成為一個容器 To become a vessel

我的注意力不是自由的，它的流向不是有意識的。當我面對這種狀況，感受到它時，我會感受到一種對敞開的需要。正因為覺察到了這一點，我深入放鬆了，我的身體也敞開了。我的頭腦也是如此。於是，一種趨向統一的活動發生了。我的注意力強度增加了，我允許這種統一的活動發生。突然，我感受到一股新的能量出現了，它來自於一個非常高的層面並且流經我。我感覺自己就是這種能量發揮作用的工具。而我卻還沒有讓它影響到我。我太緊張了，仍舊想主導自己的行動。同時，我又有一種渴望，想要超越「常我」的侷限，想要瞭解自己是如何被內在的生命力所驅動的。為此，我所有的能量中心必須目標一致，去成為一個整體，與來自高等中心的能量流融合，這時，我內在所有的能量就像是被包含在一個閉合的迴圈裡一樣。這不是透過一種強迫的努力，而是透過我各個部分之間的連接實現，我需要先成為一個容器，然後才能夠瞭解生命流經我的管道。

為了吸收來自上方的力量，並影響我內在較為沉重的物質，就必須有一個新的迴圈，它必須有更高的強度並能夠給整體充電。這需要不被任何尋常主觀情緒影響，一種純淨情感能量流，並需要高強度的注意力，它只有在我真正看見自己缺乏瞭解，**什麼**都不瞭解時才會產生。當我意識到這一點，這種狀態就會出現，我的自動反應系統就會慢下來。我會瞥見隱藏的東西，瞥見自動反應系統本身。我覺察到自己的思想和感受侷限在主觀的圈子裡，我的覺察可以超越這個圈子。

我感受到自己是一種雙重活動的中心：一種是能讓我接觸到更純淨力量的統一活動，另一種則會讓我吸收到這種能量的放鬆活動。這兩種活動在生命的流動中是互補的。在一個極靜的時刻，生命會讓我感受到它的影響。這時，透過我的感覺，我感知到另一種品質的振動，並穿透到一個由更精微的物質組成的世界裡。這會產生一種像磁場一樣的東西。它會放射出獲得高等意識所需的能量，帶來一種不同層次的情感能量。

現在，我生命的意義就是透過進入完全被動但又十分清醒的狀態，來為內在無形的臨在服務。這需要在臨在的高強度能量與越來越深入的放鬆之間，找到一種平衡。我好像能夠感覺到另外一個身體活在我的內在。要達到這種狀態，我需要有正確的姿態，這是一種扎根並保持重心的姿態。我需要向重心這個關鍵的核心敞開，我在這裡與生命力連接，並且能感受到它是這股力量流出和回歸的源頭。當能量下降並累積到小腹時，我對臨在的感覺就會自由的敞開和擴展。但如果這種能量依照自己的慣性渙散掉，並再度上升至太陽神經叢和頭部時，這種對臨在的感覺就會變弱。我的重心就是上升和下降活動的中心點，它既不是我的心，也不是我的頭腦，但卻可以帶給它們一種自由，讓它們能夠與高等中心融合。

正確的姿態也需要恰當的呼吸和恰當的肌肉張力，好讓能量可以暢行無阻。當我達到緊張與放鬆的平衡狀態時，我就會感覺到能量在我所未知的管道中流動。我感受到朝向統一狀態的活動被一種呼吸所掌管，各種能量會在這種呼吸中調合並且融入身體。

由能量所組成的身體

A BODY OF ENERGY

❶❶⓿ 我內在無形的臨在 This immaterial Presence in me

我們內在的哪一部分可以履行有機生命對地球所負擔的責任呢？特殊的感知器官，即能量中心的高等部分，它會接收到對一種精微能量的直接印象。這是一種超越自動化機能的感知，一種更有意識的感知。這份責任需要我們形成一張網或一個過濾器，來網住一種可以被體驗為第二個身體的物質。為了接收這種精微的能量，並讓它透進來，我的臨在必須變得像第二個身體一樣。為此，我需要累積這些活躍的元素，它們在肉身中已經開始具有獨立的生活，創造出它們自己的特性、自己的世界和活動。

我在這裡。我感受到覺察自己的需要。我的身體需要向一種它拒之門外的力量敞開。這種力量來自於上方，略高於我頭頂的位置。我的頭腦不讓我向它敞開，我的身體也不允許我敞開。我覺察到身體需要一種有意識的狀態，一種完全統一的狀態，我採取一種很直挺的姿勢，覺知到整個身體到處都有同樣的能量。身體並不重要，充滿身體的能量才是重要的，如果身體允許這種力量發揮作用，它的強度就會高於身體。這股力量來自於我頭頂上方，如果我的身體裡沒有緊張，它就會流過我的身體。它從背部向下，流到兩腿間，並且沿著小腹、胸部和頭部上升。這種力量有自己的活動，需要在我的內在有自己的生活。

隨後，我會感覺到一種連接的活動發生了。這並不是我主導的活動，但我需要為它的持續發展騰出空間。它變得更強烈、更快速，我感覺到內在的一種轉化、一種有著獨立生命的能量出現了。為了讓這種來自上方的能量流進來並與我融合，我的身體安靜下來。這種融合會創造一種新的力量，它是一種更為強烈、更具智慧的能量。它會形成一個像內在身體一樣的東西，但只要這種連接消失，這個身體也會隨之消失。我們的工作就是創造這種連接，並透過保持警醒來維繫它。為了體會到內在無形身體的真實性，我必須徹底的、完全的為它來服務。

我開始感覺到這個臨在幾乎就像另一個身體一樣，我不會試圖去想像它，但當這種印象到來時，我也不會拒絕。這個臨在開始時好像是包含在我的身體裡，隨後透過一種敞開和擴展，它又好像是把我的身體包含在內了，無論如何，我都能感覺它帶著自己的機能存在著。這另一個身體有自己的思想，那不是一種聯想式的思維，而是覺察。它有一種洞見、一種覺察力，這是它的特性之一。語言、形象和概念出現了，但卻好像是被包含在這種洞見裡。語言不是它的屬性，這種洞見不會被語言影響，也不會去影響它們。這裡沒有緊張，這另一個身體有情感，但那不是情緒，而是一種連接的力量、愛的力量。情緒就在旁邊，隨時準備出現，但它們又被包含在這種情感之中。情緒不是這種情感的屬性，它不會被情緒所影響，也不會去影響它們。只要我能保持著能量的軸心、保持著重心，我就能以上述的方式體驗到臨在。正確的感覺是關鍵，這種感覺是臣服於臨在的——我願意去感受這種臨在的法則。這是對一種品質、一種精微度的感覺，就好像是感覺到一個生命誕生了一樣。第二個身體對於我的身體來說，就是它的「真我」。

111 一群能量 A mass of energy

我渴望意識到自己的存在。如果我的注意力和平常一樣渙散，我感受到的自己就會是一個形體、一種物質、一個人。當我的注意力變得更加精微，感知更加敏銳時，我會覺得自己像一群活動的能量，像一個能量體。活動的微粒形成的能量流過我，它們的活動永無止息。我感覺自己不再是具有固定形體的物質，而是被永無止息的振動所驅動的能量。

我感受，這種能量好像有磁性一般，我被吸向一個未知的歸宿。我嘗試觀察這種來自不同方向的吸引力，我感受到並沒有哪一種能量流是我的想法、我的感受、我的感覺或我的活動，根本就沒有個人的想法、個人的感受這回事。實際上，那只是某種力量的能量流，吸引它並讓它穩定下來的東西，維持在某特定層面上。我必須要超越。

思想的純淨度取決於它被維持在什麼樣的層面，感受也是如此。在與頭腦所信服的一系列信念的反覆接觸，我的思想和感受會被維持在某個特定的層面，這就是催眠效應。我的各個中心會對侵入我臨在的混亂振動帶來的衝擊有所反應，無論它多麼細微。如果沒有與更有意識的力量連接，這些中心都會被撼動它們的所有大大小小的衝擊所左右。如果沒有與來自高等層面的能量連接，我注定會被控制。

為了瞭解「我的本體」，我整個的存在都需在全然專注的行動中安靜下來。當表面不再有波動、不再有漣漪，我就可覺察深處是否有真實的東西。然後，我會覺察到內在是否有一個像第二個身體一樣的臨在，我透過感受到它獨特的密度、獨特的活動來確認它的存在。我無法影響它，但它能影響我。這個臨在好像是獨立於我的身體而存在的，但現在它似乎還是附著在我的身體上。我的內在沒有哪個部分能認出它——無論是我的身體、我的頭腦還是我的心。這些中心沒有意識到與臨在的連接不僅是可能的，而且是必需的。為了保持與臨在的接觸，我必須有一個重心來把「常我」與我的核心素質連接在一起。這種層面的力量可以讓我保持平衡，並透過排除互相衝突的力量而帶來寧靜。它可以給予我們掌控性能量的力量，並且透過打開一扇內在的大門，讓性能量承擔起一個新的創造角色。

這個臨在，這有著另一種密度的身體，需要影響著我，我必須與它緊密連接。為了讓精微的能量滲透進來，並且被吸收，我必須要有一個不會起反應的空間。這是一個靜默的區域，它可讓臨在這個第二個身體，帶著精微的振動並擴展開來。我需要一種自由的、暢行無阻的能量迴圈，我不會去介入，這種能量會以我所無法理解的形式散布開來。自由的能量迴圈是透過呼吸發生的，它用空氣來滋養臨在，給它帶來我們覺知不到的活躍元素。這種呼吸是對宇宙力量的一種參與。但這不是一般的呼吸。這種呼吸非常輕盈和精微……就好像臨在自己在呼吸一樣。

112 敞開的練習 An exercise for opening

葛吉夫認為，有一種要進入另一種素質狀態的關鍵練習，如果沒有做好準備，我就無法理解這個練習，只有當我真正感覺到它的必要性時，我才算準備好。

我喜愛我的身體，為了讓它存活、讓它舒適、餵飽它和滿足它的欲望，我願意去做任何事。我從未考慮我對它的依賴有多強，我也喜愛我的思想、我的頭腦，我會竭盡所能來保持它的持續性。我沒有覺察保持持續性對於頭腦來說是多麼重要，在我的理念中它就是自我的一部分，要若想瞭解我的真實本性，我只能透過感受，透過一種參與感，透過一種交流、融合的活動。雖然頭腦和身體都有自己的角色，但要立即瞭解我們的本相，感受才是最關鍵的。

我的工作讓我能在內在意識到和感受到一個臨在。我卻怕自己不知道要如何來面對它，它會把一個我不曾面對的問題擺到我的面前。我不知道要採取什麼樣的心態，我無法預先知曉。而正是這個問題的生命力可以為我指明道路。

這個練習從意識到我在這裡開始。我對自己說：「主啊，請慈悲為懷。」每說一次，都依序去感覺自己的一個肢體——右臂、右腿、左腿、左臂。我如此重複三次，休息一到兩次呼吸的時間。然後，我有意識的呼吸，說：「我是。」說「我」的時候，吸進空氣中的活躍元素，將它們與之前在四肢中獲得的「成果」混合；說「是」的時候，我呼氣，並把這種混合物散布到生殖器周遭的區域。我將第二步驟也重複三次。

隨後，我在吸氣時說「我」，在生殖器周遭區域重新找回這些混合物，並在呼氣時將其帶入脊柱，說「是」。我再一次開始去填充我的四肢，與空氣中的活躍元素混合，將混合物散布到生殖器周遭區域，然後在這個區域找回它們並填充到太陽神經叢。我用同樣的方式來填充我的頭部。這樣，我會在周身感受到整個的臨在，感受到「我是」。

我以這樣的方式滋養臨在：吸氣時獲取活躍的元素，將它們送入雙腿和小腹，然後依次是胸部、右臂、左臂和頭部。我在內在承諾，對自己說：「我渴望**如是存在**。我渴望並且能夠**如是存在**。為了讓如是存在狀態持續一定的時間，我願意做任何事情。為了如是存在，我會採取一切必要的措施讓練習的成果在我內在結晶。為了**如是存在**，我願意做任何事情。」

❶❶❸ 「我」的組成物 The substance of "I"

再一次，我意識到透過我真正的工作，這種組成物、這種力量在我的內在結晶了。我能感受到它。這種力量在我一切的活動之後，就像是一種精微的臨在。它讓我可以以另一種方式參與到生活中去，並且與其他的存在建立起一種不同的關係。但是，即使感受到這股力量出現在我的內在，我也並沒有尊重它。我完全沒有將自己交託給它。我渴望它出現，我尋求它的幫助，但我卻沒有給它所需要的東西，好讓它可以在我內在有自己的生活、自己的形體。我的重心還沒有改變。

如果我渴望在內在找到這種「**如是存在**的意志」，找到這種將臨在作為我人生真正意義的意志，我就需要去**覺察我在為誰服務**……不是去思考什麼、相信什麼或是渴望什麼，而是一刻接一刻的去**覺察**。為此，我首先需要在我的身體和葛吉夫稱為「『我』的組成物」的材料之間建立起連接。這種組成物分散在身體裡。我練習透過頭腦重新捕獲它，好讓它融化和分解到我的整個有機體裡，而不是固定在某個地方。

我對自己說「我」，好像可以看到自己吸進這種組成物並看著它融化。然後我說「我自己」，讓這種更為精微的組成物均勻分布到整個有機體裡，形成第二個身體。我會將這個過程重複幾次。為了覺察所有的材料是否都均勻分布開來，我體驗到一種自上而下的觀察，一種在頭頂上方對「我」的感覺。我的身體於是就像是處於周遭萬事萬物之中的一個小物體，就像是草地上的一滴水。我特別覺察到這個「我」才是「我自己」真正的智慧，才是「我自己」的主宰。而「我自己」作為這個「我」的觀察內容，需要被置於它的觀察之下。能有這樣兩個身體是件最奢侈的事。

當我覺知到吸氣的活動以及精微物質在我內在的散布時，我意識到可以透過我的姿態，讓這些物質按照能量通道和與之相應的重心來形成一個個體。我敏銳感受這樣的姿態，在進行練習時，我覺察身體和這種精微物質之間已經建立一種緊密連接。我可在身體裡感受到這種「我」的組成物，它有另一種秩序。但現在它還沒有自己的力量，不夠強大、不夠充實。我需要具有一種對它更為持久的整體覺知，過一段時間，在結晶以後，它就會有力量來掌控我的顯化。

工作有著不同的階段。在現階段，這個新身體，我們工作的根本是要形成一個星光體，在它形成後，還會有另一個身體。

自願的受苦

VOLUNTARY SUFFERING

❶❶❹ 保持面對 To stay in front

我們要如何向更高的層面敞開？頭腦中只要還有絲毫概念或理智上的意義，就不可能有純粹的覺知。我所知道的最為精微和高等的能量並沒有驅動著我，它不在這裡。我需要感受到這一點，感受到我的力量被剝奪了，我無法被轉化。我沒有向一種更高的層面、更高等的思維敞開自己，我必須因這種缺乏而痛苦，必須堅決的保持面對。逐漸的，這會變得比一切都重要。但這需要我完全的交託出自己。小我總是要拿回它的主導權。保持面對就是自願的受苦。

我們需要重新考慮什麼樣的內在姿態可以帶來意識的轉化。我們現在的狀態已經跟幾年前不盡相同。什麼改變了？什麼沒有改變，而且實際上變得更加穩固了？我們的素質中更為真實的部分是隱藏起來的，因為它是我們尋常的意識所無法企及的。但我們還是可以看到它在一股力量的支援下，堅持要讓自身顯現，以便將一種形式給予我們的生命。無論它是強是弱，是否被接納，這種實相都是一個事實。這個事實意味著我們與從前不再是一樣的。我們的內在發生了變化。但沒改變的是，我們面對這個事實時，並沒為它承擔相對的責任。在它面前，我們沒有一種有意識的姿態，也無法把它活出來。我們沒有認真對待我們的狀態，也沒有看到這樣做會帶來的危險。

我們面臨一個真正的問題。這裡有兩種可能性：一種是與我們本體的根本能量所作的連接與融合，另一種是來自「常我」的抗拒，它害怕受苦和被淘汰。在這種情況下我們是怯懦的。我們拖延，我們討論，我們抱怨，我們沒有變得獨立。但至少我們準備好去面對這一切。我們處於一個轉捩點，它為我們提供了一個機會。但它也帶來了極大的風險，因為以我們現在的狀態，是非常容易失敗的。我對於這種根本力量的渴望越來越強烈。同時，我在生活中持續關心自身的幸福，想要滿足「常我」的各種貪欲，這種矛盾會讓我嘗到一種懊悔的滋味。

我不是自由的。我沒有準備好。對此質疑會使我覺察潛意識中的一種抗拒，而我絕對不能強迫自己準備好，或者約束自己。成敗不是問題，最重要的是覺察我是否願意向這種根本的能量敞開自己，這會帶來一種正確而自然的深層放鬆，以及一種自由。我超越了「常我」的反抗。我素質的提升就取決於我是否能感受到這種能量，並且有能力將這種能量傳遞給各個中心。如果它們與這種能量整合，就會創造一種統一性，它們會透過分享同一種生命能量來維繫這種統一性。上述的放鬆不是一勞永逸的，我們需要不斷去檢驗它。這種活動不是出於占有的企圖，而是反映了一種愛的行為。

我的各個中心感受到這種能量，感受到我的態度。我讓出空間，讓一種朝向統一的活動發生。它有自己的平衡、自己的形式。但我的這些中心還不瞭解它們自己的目標，還不瞭解它們必須為誰服務。在每一個中心裡總是會在暗地裡出現一種自動化的慣性活動，把這種能量向外界牽引。我需要保持面對，去體驗安住在這兩種活動之間所帶來的挑戰，取決於來自我注意力的力量。我面對的是一種法則，我的內在有可能出現一種新的素質狀態。但對我來說，它是起伏不定的，因為即使我能接近這種實相並被它觸動，我仍無法真正去欣賞它。我對這種實相沒有真正的渴望，我並不熱愛它。

115 我必須體驗到這種不足　I must live the insufficiency

為了接觸到高等中心，就必須增加低等中心的能量強度。我必須透過覺察到它們的不足，並因此受苦來加強它們的振動，這是一種有意識的受苦。「是的，」我們尋思著，「我知道。我的頭腦和身體必須在一起。」但這意味著什麼呢？我有感受嗎？我能感覺到我頭腦、身體和內心裡的能量嗎？我能看到它們的活動嗎？我要如何才能瞭解各個中心所要的改變呢？

能量不可能保持孤立的狀態，它們要不是被控制，就是去行動。如果我無法與來自更高層面的能量連接，我就只能被控制。有種能量所具有的品質，可將我的注意力從其他能量的影響解放，我需要與這種能量連接，但又很難建立。我執著於自己的各種反應，我還缺乏一種感受，我需要一種有意識的連接，防止自己被其他能量左右，還需要一種能讓這種連接持續的感受。為此，我必須保持面對，必須體驗到不足的狀態。最重要的是我還必須覺察，在這樣的努力中，頭腦裡和身體裡的能量強度從未一致，所以它們的連接也未曾真的發生。

在我們工作的整個過程中都會遇到內在的阻力，在每一刻，確認的東西都會遭到否定，這種否定有時帶著暴力，如果沒有這種否定，我們可能就不會有機會進化，我們的能量也不會得到轉化。例如，當能量被解放，用於一種更深刻的感覺時，諸如懷疑、恐懼或其他的負面情緒的抗拒就會升起。如此一來，流經情感中心和理智中心的能量，就不能加強或鮮活這種感覺，反而是以一種粗糙和野性的方式振動著。這種能量如果不被轉化，就會被投入到外在活動中，或是投入語言與行動中，從而使我們感覺被削弱。儘管如此，如果在抗拒的力量出現，我能看穿這種否定，我就可嘗試安住在這兩股力量之間，並透過一種特殊努力，將滋養負面情緒的元素與它隔絕。如果我的努力夠真誠，就能接觸到另一種情感，另一種情感的能量流。為此，我需要臨在於衝突發生的時刻，我需要全面去經歷，才能創造一種更為精微的能量。

我嘗試讓這能量在我內在自由流動，賦予我活力，也就是成為我的主宰。在這一過程中，我會知道這需要什麼樣的條件。我會感受到一些位置總是有緊縮的結，這些地方體現了小我所採取的頑固姿態，我很難解開這些結。它可能是我臉上的愁容、僵硬的頸部、因自滿而昂起的頭，或是表示拒絕時轉到一邊的頭。我需要瞭解這些抗拒的藏身之處，在這些地方我的小我保護著自己，它沒有被觸碰到。

我因自己的不足、自己的無能為力而受苦。我是封閉的，通道不是暢通的。我保持面對，接受「是」與「否」之間的衝突，並因此受苦。我覺察到抗拒、被動性，覺察自己的氣餒，覺察自己放棄對**如是存在**的渴望，讓自己走向沉睡的狀態。我透過掙扎來保持面對，不是為了獲勝，而是為了觀察內在持續的變化。在這種堅持中，會發展出一種更高品質的能量，以及一種更為有意識的注意力。對於有意識的感覺，我有一種不斷的需求。思維和感覺的能量因這種注意力的活躍力量而得到加強，這會保持住它們之間的連接。當我接受乃至渴望這些痛苦情況時，一種新感受就出現了。我接受自己的無力，並因此受苦。在保持面對自己的不足中，能量得到加強，並成為一股讓被動力量臣服的主動力量。

116 有意識的掙扎 Conscious struggle

我們希望意識到作為第二個身體的內在臨在，它必須有自己的生活。它需要對我們的肉身發揮作用，並且不應在肉身過自己的生活時被毀壞。現在，重要的是讓這種能量在內在成長，獲得力量。我們必須感受到它需要與高等能量的連接，問題是如何讓這個新的身體生長，如何吸收精微的振動，直到它們充滿我的臨在。

我們的工作是保持警醒，覺察到是什麼在維繫這個身體。這需要我們有意識的保持一種姿態，在這種姿態裡，絕大部分的注意力被保持在內在，參與到這種我渴望的滲透活動中來。這種保存能量的練習就是一種創造的行為。覺察內在發生的一切是最重要的，工作成果就來自這種覺察，來自向未知敞開與我們機能的反應這二者之間的摩擦。這就是一種「結晶」的開始，某種不可分割的、獨特的和永恆的東西開始形成——這就是意志、意識、「真我」。我為了變得完整、變得有意識而清醒過來，帶著一種想要**如是存在**的意志。

第二個身體的組成物是一種精微的智慧，一種高度敏感的東西。它像肉身一樣需要食物來生長。只有透過掙扎和有意識的面對，一種所需的能量才能出現。當我們的注意力非常專注於面對思維、感受和身體的各種活動時，就會產生一種像電一樣的物質。我們為了形成第二個身體必須累積這種物質，這是一條漫長道路，但我們可透過有意識的努力和自願受苦，在內在創造出這種物質。如此，這個新身體就會具有影響肉身的可能性。我們在頭腦與「獸性」之間、個體性與各種機能之間，所進行的持續掙扎是十分重要的，因為我們需要這種有意識的面對所產生的物質。這需要不斷努力，我們一定不能因工作成果的緩慢顯現而感到洩氣。

我們內在與生俱來一種心靈與肉體間的永恆衝突。它們有著不同的特性——一個想要的是另一個所排斥的。我們必須面對這種情況，並自願透過我們的工作、我們的意志去加強這種面對，這樣一種新的素質才有可能出現。為此我們需要去完成一個任務，那就是要強化這種掙扎。例如，我的有機體對於進食或坐姿有一種慣性的方式。這就是它的侷限，但我拒絕服從它。這就會有一種掙扎，這是一種在「是」和「否」之間自願的有意識掙扎，它會喚來第三股力量，即「真我」，它才是能夠帶來和解的主人。

肉身就是一隻動物，心靈就是一個孩子。我們必須教育它們，讓它們各歸其位。我必須讓身體明白它需要臣服而非發號施令。為此我必須覺察到內在發生的一切。我必須瞭解自己。這樣我才能承擔與自身潛能相應的任務，行使有意識的意志。我為了自己的素質而在「是」和「否」之間創造出一種掙扎，只有這個時候工作才算開始。

我們對受苦的體驗從來都不是自願的。它是機械性的，是身體這部機器的反應。所謂自願就是置身於會讓自己受苦的情境中並保持面對。一個有意識的人不會再受苦——在意識中它是喜悅的。但這樣自願的受苦對於轉化來說是必不可少的。

chapter

XI

最根本的本體

THE ESSENTIAL BEING

意識到一種錯誤的姿態

RECOGNIZING A FALSE ATTITUDE

117 工作的不同階段 Stages of work

我們最根本的本性就是絕對的靜止，這是種孕育一切活動的偉大生命力。而同時，我們也是處於活動狀態的能量，這種活動永無止息。如果我們的機能能夠停頓——哪怕是一秒、二秒或三秒——我們就可以對真正的自我有一個全新的瞭解。

我們素質的改變來自於能量的轉化，這是一項長時間、多階段的工作。在第一個階段，我們需要一種觀察的狀態，一種「關鍵性的注視」。在這種狀態裡，我開始覺知到內在的一種錯誤姿態。這不是一種頭腦的詮釋，而是一種身體的內在覺知，它會顯示出單一中心機能運作的不平衡狀態所帶來的問題。在第二個階段，隨著我意識到和感受到這種錯誤的姿態，我會放開阻礙我的東西。這是一種「信任」的狀態，它與想要「去做」的狀態截然相反。這會讓一些固定的東西解體，並且讓我摒棄掉把一切都轉換為一種客體的思考方式。這意味著接受一切的發生，不去依賴任何頭腦的詮釋。這樣一個占主導地位的「我」就會在身體裡出現。在這個階段，我關注呼吸的重點會從吸氣轉移到呼氣。

第三個階段則是意識到最根本的本體。「我」的結構具有了可滲透性。一切堅固的東西都被消解，並為了形成第二個身體而重組。在第四個階段我會信任那些最根本的東西，會認可無形的東西而不去分類或命名。我需要有勇氣來承受那種對一切都不再瞭解的狀態，也就是處在本體的光輝之下，並且停留在那裡。為此，我們需要不斷冒險，放棄那些深深根植於內在的姿態和信念。

在轉化中，關鍵不在於如何達到一種更為敞開的狀態，而在於如何允許它發生。高等能量就在這裡。我們的任務並非刻意讓這種能量在內在出現，或刻意讓它流經我們，而是允許它流經我們。如果我不臣服於它的影響，它就無法流過。實際上，我越「努力」，通道就會越堵塞，什麼也無法透過。主動和被動的力量一直都存在於我們的內在。我內在想要主動的部分，即我那總是想有所收穫的頭腦需要保持被動的狀態。這樣，注意力才會是主動的。此時，一種情感才會出現，因為它允許一種連接的發生，所以它可以轉化一切。

在我的內在，在我的本相中，有一種純淨的臨在，那是一種純淨的思維。它含有不計其數的波動，但它的本性是純淨、廣闊和無限的。它是完全自給自足的。波動只是波動，不是能量本身，是我創造了這些波動。如果我覺察到這些波動而不試圖去阻止它們，它們自己會平息下來，不會打擾我。它們將會安靜下來，我將會感受到我的頭腦、我的思維的純淨本性。這些波動與能量是一體的，是一回事，但我總是把它們當做其他的東西，當做跟它們無關的東西。能量總是會波動，總是會活動。但波動和能量實際上是一回事。關鍵是去瞭解能量本身，瞭解那純淨的能量。如果我們真正的臨在，內在就不會有波動，不會有活動。

❶❶❽ 一種明顯的矛盾 A flagrant contradiction

我們並非如自己以為的那樣，我總是說我在探尋，但實際上我只是在被動的尋找。我對此沒有足夠的瞭解。有一些我可以信任的東西丟失了，這些東西是絕對真實的，就好像一種全新的知識，一種可以戰勝我惰性的力量。

我需要在內在擁有一種來自宇宙更高層面的力量。它必須成為我的本相的一部分。它需要從我的內在發散和輻射出來。但我素質的狀態、我意識的狀態都讓我無法感受到這種力量。我在接收印象時產生的反應會製造出幻相，從而將我與實相分隔開來。這會阻礙我保持敞開的狀態去全然感知。我總是有語言、主觀的情緒和緊張，這些活動從未停息。我不瞭解這些活動，無法正確的衡量它們的價值，因此不會出現一種新的秩序、一種自我轉化的跡象。我總是把自己當做一個客體，總是想著「我自己」，總是在抱怨。這種總是被自我充斥的狀態是錯誤的，它無法教會我任何的東西。

我渴望意識到我的本相，意識到我是誰，我覺察自己這樣的回應：「我在這裡，這就是我。」但同時，我感受到這不是真的，它不是「真我」。但我就是這麼認為的。當我說「我」的時候，我覺得自己就是萬事萬物的中心。我肯定自己。一切只有在與我有關時才存在：我喜歡它們，我不喜歡它們；這對我有益，這對我有害。我把自己與萬事萬物分隔、區分開來。即使是我想要瞭解自己的渴望也可能是來自於這種以自我為中心的姿態，來自於我的「常我」。我總是想要去保護和支持這個「我」、這個重心，而它在本質上根本就不是真正的我的本相。在肯定這個「我」的同時，我的內在還有一個部分不會去肯定，不會去要求——這部分就是一種客觀**存在**的東西。在每一次去肯定的時候，我排斥了自己，也排斥了他人。

我們並非自己所以為的那樣。我們的內在對於意識有一種根本的渴望，它來自於一種天生的需要：讓素質達到圓滿的狀態，這是一種給我們帶來轉化的渴望。我們知道內在有這種渴望，在某些時刻我們被它所觸動。但它對我們來說還不是一個事實，我們那以自我為中心的意識還沒有被轉化。其實，我們與周遭那些人完全一樣，儘管我們認為他們卑鄙、愚蠢、小氣、滿懷妒忌……但我們像他們一樣，對驅動自己的動力都沒有覺知，這種動力創造了一種能量流，我們就生活在其中。在我們的各種想法和期望的背後，隱藏著我們自己與他人的不斷比較，隱藏著我們對自身優越的確信。但我們不想看到這一切。我們相信我們可以成功瞭解超越我們慣有狀態的東西，而不去考慮我們會遇到的阻礙，甚至都不用去理解我們的念頭、感受和行動到底是怎麼一回事。這會在我們內在創造出一種虛偽的狀態。我們並沒覺察到我們對更高等意識的渴望，與驅動我們慣性行為的動力之間存在的明顯矛盾，我們並不認為要找到真相，就必須瞭解我們思想和行為的源頭——我們的「常我」。

我們總是希望不勞而獲，但轉化只有在我們逐漸做到全然投入時才會發生。我們必須要透過記得自己的努力和自我觀察的努力來付出代價，不再相信透過小我可以找到哪怕是片刻的真相。這會給我們帶來一種對待自己的全新姿態。最困難的事就是學會如何付出代價。我們的付出與收穫是完全成正比的。為了感受到一種更為精微的臨在所具有的權威，我們必須穿越小我的阻隔，穿越頭腦反應的阻隔，「我」的觀念就是從這裡衍生出來的。我們必須付出代價，沒有付出，我們什麼也得不到。

119 對自我的肯定 The affirmation of myself

我們內在的能量活動是持續性的，它從不止息。它會經過一些強烈放射的階段，我們稱之為緊張；也會經過一些回歸內在的階段，我們稱之為放開、放鬆。不可能有持續的緊張，也不可能有持續的放鬆。這兩方面就是能量活動的生命所在，也是我們生命的體現。能量以我們的機能為管道，從它在我們內在的源頭向外朝著一個目標放射。在這樣的活動中，這些機能創造了一個中心，我們稱之為「我」，我們相信這種向外的放射就是對「我」的肯定。這個「我」被我們的念頭和情緒所圍繞，它是不可能放鬆的。它活在緊張中，並且被緊張所滋養。

這個「常我」就是我們的小我，它總是被讓它高興的或不高興的東西，即「**我**」喜歡的東西或「**我**」不喜歡的東西所充滿，它因長期處於封閉狀態而變得僵化。它總是在渴望、爭鬥、自我保護、比較和評判。它想要爭先，想要被敬仰並讓他人感受到它的力量、它的威力。這個「我」是一個儲存中心，所有記憶中的體驗都被累積在這裡。我想要「去做」——去改變、去擁有更多、去提升的渴望就是來自這個中心。我想要成為這個，我想要擁有那個。這個「我」總是想要占有更多。帶著野心，帶著貪婪，它總是想要變得更好。為什麼這個「我」對於有所成就、對於確認這個成就，以及不斷張揚有著如此誇張的需求呢？因為它害怕自己的渺小。認同在本質上難道不也是基於恐懼嗎？

這個「我」不斷尋求實現永恆，找到安全感。所以我們認同於各種各樣的知識和信仰。我們只知道認同的體驗，只會去重視它。但我們無法透過認同來實現永恆。由於我們理性的頭腦所具有的侷限，這個過程必然會導致衝突。頭腦只能思考在時間和形式範疇內的東西，只能思考一些有限的東西。頭腦無法想像超越它的東西——在**事物的本相**層面的東西，它無法帶來任何新的東西。而真正的安全感是無法透過逃離頭腦來獲得的。它只有在頭腦真正安靜時，停止充滿野心和貪欲的累積行為時才有可能。

為了看到**事物的本相**，我必須意識到我的狀態不可能是永恆不變的，它每時每刻都在變化著。這種無常的狀態就是我的真相。我絕不能尋求回避它，或是把希望寄託在一種看起來會有幫助的僵化東西上。我必須活著，體驗這種無常的狀態，並由此繼續前行。為此，我必須聆聽。但如果我只是聆聽我想聽的東西，我將永遠無法獲得自由。我需要去聆聽出現的任何東西，為了真正去聆聽，我不能有所排斥。這種聆聽的行為、臨在的行為才是一種真正的解放，我覺知到我對內在發生的一切所做的反應。我無法不去反應，但是為了不被反應所阻礙，我必須要超越它們，我必須繼續下去，直到明白是我知道的一切阻礙我去接近真相、接近未知。我必須去感受所有已知造成的侷限，才能從中解脫。這樣，我追求靜默、寧靜的目的將不會是為了尋求安全感，而是為了獲得接納未知所需的自由。

當頭腦更自由並真正安靜時，我會有一種不安全感，但處於這種狀態中卻是絕對安全的，因為「常我」已經不在。我的頭腦不再被「我」的渴望驅使「去做」任何事，也不再被它的要求和野心驅使，即使那看起來是為了我內在的成長。在這種寧靜下，所有這個「我」的回應、反應和活動都被拋開了。我的頭腦處於休息狀態，因看到**事物的本相**而平靜了。一種秩序被建立起來，我不能再去加強自我，而是需要主動的臣服。我會感受到一種尊重，而後我會突然覺察到，這就是信任。我對這種秩序、這種法則的信心，強過對自我的信心。我將整個的自己全然的交託給它。

120 我的姿態呈現了我的本相 My attitude expresses what I am

我們在內在圍繞著兩個不同的重心打轉。我們的常「我」作為一個重心，總是為了保衛自己的存在而反應。而另一個重心才是我們真實的本相，這種實相試圖在我們內在顯現並透過我們來顯化。這兩個重心是互相依存的，它們需要彼此。它們之間要如何建立連接呢？我要採取什麼樣的姿態才能讓一種新的統一狀態出現呢？

我需要觀察才能發現我的態度是錯誤的。即使我只是希望意識出現，我的「常我」都會緊張。所以我需要去信任我的另一個重心，這個核心需要我。我認為我相信它，我認為我沒有依賴我那以機械的方式行事的「常我」。然而即使是我信任它的方式都反映出一種機械的行為。這並不是說這個「我」本身不好，問題在它會排斥超越它的東西。我需要持續覺察這一點，直到因此而受到衝擊。

我在這個身體裡的狀態要不是表現了一種扭曲，就是反映了一種在沒有強迫的情況下良好發展的內在形體。我是否活出了我的本相，由以下幾個方面綜合體現：我身體的姿態、緊張和放鬆的品質，以及它們之間的連接，再加上我的呼吸。我需要不斷去體驗這些，為此我需要去觀察，如果我去觀察，我就可以瞥見在頭腦或太陽神經叢的能量聚集活動，這種活動打破了我統一的平衡狀態。我感受到自己內在重心的定位是有問題的，這時，我會開始意識到自己這種錯誤的姿態。接下來，我需強烈去感受，具有全新重心的正確姿態該是什麼樣子。我需要對此有一個真正的印象，以便日後我還渴望再找回它，如果我對這個本質層面的重心敏感，我將馬上覺察到一種放鬆。放鬆的發生與正確姿態的出現是同時的，我能相信它嗎？我能保持覺察而不去介入嗎？

我在自己的姿態中展現了自己在此時此地真實的樣子，我的「常我」透過腰部以上的持續緊張來展現自己。這是我所信賴的慣性模式，但在這之中我無法展現我的本相，只有在我思維和感受的混亂活動停止，我才能夠覺察到這種錯誤的姿態。它們停下來後，一個空間出現了……靜默。我感受到自己很有活力……更加有活力。我意識到自己完全而徹底在這裡存在著，這種覺知是超越的，它包含了一切。它包含了我的身體，沒有身體我就不可能有這種覺知。我的身體就像一面反射光的鏡子。我看到了超越形式層面的世界，在這樣的洞見中，我也看到了形式層面的世界。

我感受到一種對**如是存在**的渴望、一種意識，它將我帶到這兩種實相的核心，並允許它們繼續扮演自己的角色。我感覺到「真我」，感覺到「我是」，我的「常我」不再排斥，不再害怕被消滅。它知道了自己為何在此。它找到了自己的位置、自己的目的。

XI

最根本的本體——意識到一種錯誤的姿態

我內在的實相

A REALITY IN ME

❶❷❶ 一種完全不同的振動 A wholly different vibration

來自各種世界的力量都會經過我，無論那力量是來自最低等的世界，還是最高等的、最純淨的世界。但我對此並不瞭解。我感受不到這些力量，也沒有去為它們服務。要做到這些，我必須去除我與我的核心本質之間的阻隔，我必須整體的覺察自己。

我的內在有一種我搞不懂的匱乏感、不滿足感。它們出現了，我卻沒有真正去質問它們的來源，也沒有感覺到自己參與其中。我缺乏一種對真正事實的感知，儘管它可以喚醒一種全新的注意力，然而我有的只是反應。我的頭腦依然是被動的，它在評判，在索求它所無法獲得的東西。我既不瞭解這種不滿足感的實質，也不瞭解反應的實質。我沒有去質疑我的反應，我的感受也沒有變化。它之所以沒有變化，是因為素質，我的素質沒有被包含到整體。這種不滿足感實際上反映了意識成長的需要，但卻被小我所利用。

當我被更高層面上發生的事件所觸動，我會意識到一個我慣有生命狀態所無法企及的實相，意識到一種超越已知緊張和放鬆所難以捉摸的能量。我看到自己在各種形式的緊張，與隨之而來主動和被動的放鬆狀態間搖擺。而我卻從未在思想、情感或身體的緊張發生時，將它們看做緊張。我只看到了緊張的後果：它製造的語言、形象和形式，以及喜歡或排斥反應中的情緒。我看不到緊張本身，看不到這種能量的活動，所以會被它所控制。由於緊張和放鬆構成了我們所謂的生活，讓我們覺得自己是活著的，所以我們熱切的執著於它們。好像沒有它們，一切都會崩潰。但這些活動中隱藏著一些更為真實的東西，我的注意力因為被其他東西占據而看不到它。我要如何才能瞭解這一點呢？

當我們的注意力回歸自身時，我們會意識到整個身體裡的緊張，它們感覺起來就像是一團硬化的物質。但它們還是可以被感覺為不同種類的振動，每一種都有著它自己的速度、自己的密度、自己的聲音。一種活動、一種緊張可以被感覺為聲音或光，它產生出一種磁力或大或小的能量流。這些振動是混亂的並且會讓我們的注意力渙散，並處於黑暗中。我感受到自己被它們所控制，無法脫離。儘管如此，在這種混亂背後，我可能會感受到一種強度完全不同的振動在運作。這種振動更為精微，難以與控制我的那些緩慢振動同頻，那些振動太過混亂。但是，有一些東西回應了。我感受到一種比我尋常的覺知更為光亮、更為智慧的力量。我渴望臣服於它、服務於它。我變得更加敏銳，以便能讓自己與它同頻。現在，我的緊張似乎變得毫無用處，甚至有些煩人，它們自行消散了。我變得更加容易被滲透，就好像我的每一部分都被調整到與這種精微振動同頻的波長上。

我最根本的努力一直就是對「我」的意識。一切都與觸碰我的本質有關。承載這股能量的東西是暫時的。這股能量是永恆的。我在平靜下來時就可以意識到這一點，這時的我會有一種純淨的注意力、一種第六感，它會把自己從各種扭曲真相的聯想和反應中分離出來。為了觸碰我的本質，觸碰我內在的生命能量，我需要一種有意識的姿態、一種來自三個中心的動力。這樣，我就可以在接收印象時看到我的反應，並且不會迷失其中。這種體驗可以穩固下來，在我內在形成一個新的重心。我需要讓自己堅持下去。這才是真正的工作，這種投入會產生形成第二個身體所需的材料。

❶❷❷ 真誠 Sincerity

瞭解自己不是一個概念，不是一種願望，也不是一種責任。它是一種無法抗拒的感受，而我卻無法預知會被它帶向何方。我渴望找到真實的自己。我面向質詢，敞開自己。我看到我的思維是自以為是的，只知道自行其是。然而看到這一點就可以將我從思維中解放出來，同時把能量也解放出來。我能夠看到、感受到那種對**如是存在**的渴望。

為了來到通向實相、未知的門檻前，我需要一種毫無保留的真誠。我透過理性的大腦所知道的一切都被它所侷限。為了瞭解我真實的本性，我需要超越頭腦的活動。這並不是意味著去否定它，想要改變它或是反對它。相反，我需要去瞭解它的機能，並看到它如何侷限了我。這樣我會去接納，帶著清明與平和，並且具有一種可以讓我與未知進行第一次接觸的姿態。頭腦本身也被我看做是未知的一部分，構成頭腦機能的認知功能，頭腦調取記憶的功能，也會具有一種新的意義。我覺察到，在用頭腦尋求安全感的過程中，我迷失在其中，把自己交給了它。如果我想要瞭解自己，就需要在每時每刻看到這種侷限，並且不被它所矇騙。

這樣的一個時刻可能會到來，我看到自己的無知，我的頭腦中不再有記憶的內容——我不知道超越尋常意識狀態的我是什麼樣子，我內在沒有任何部分能夠知道。只要我沒有經歷過這樣的狀態，我對自己的體驗就會一直是膚淺的。我的感覺產生於由已知所維繫的狀態，它不允許我滲入自己內在更深的層面，那裡對於我尋常的意識狀態來說是未知的。

我各個中心之間的連接不是靠強迫實現的，為此我需要在當下理解它們缺乏連接的狀態，以及由此產生的侷限。我可以對感覺有更多的覺知，並且透過放鬆來對內在的能量有一個更深刻的印象。但我看到我的思維無法真正與我的感覺融合，感覺與思維是完全分離的。一種矛盾會在這兩個中心之間產生，我越是努力嘗試，這種矛盾就越大。我覺得缺少了一些能夠帶來全新領悟的東西，它是非常關鍵、非常重要的。我要如何來評估自己身處的這種情況呢？要去刨根問底嗎？

在這種質詢中，在面對問題的過程中真誠的價值就會顯現出來。在問題升起的時候會有一種對感受的呼喚，它以真誠的形式出現。這時我們需要的是毫無保留的真誠。沒有真誠，我什麼也無法瞭解。如果我更能面對事實，更能保持面對的狀態，我的感受就會得到更好的淨化。我是真誠的。我的感受與思維和感覺融合，我會體驗到一種不同的、統一的狀態。我的狀態轉化了，它超越了「常我」的狀態，我放棄了自我意志來順從空無的意志。在這種主動達到的被動狀態中，我實現了自我轉化，具有了一種不同的密度。

對毫無保留的真誠的渴望，讓我能夠更加敏銳的聆聽自己，並且帶領我來到一個門檻前，由此我可以從一種尋常的覺知進入一種更加寬廣的意識狀態。當我的真誠受到考驗時，我對於自己的感受就會受到質疑。它是圍繞著什麼來運轉的呢？我希望離開念頭和情緒的勢力範圍，轉而去關注一些更為真實的東西。當我來到未知實相的門檻前，我觀察到我的動力——念頭和欲望，是它們在驅動著我的行為。我會有一種新的姿態，一種新的存在方式。但這些都是不確定的。只有在對真誠有迫切的渴望時，我才會找到它。

❶❷❸ 信賴 Faith

今天我問自己這樣一個問題：我信賴過任何的東西嗎？什麼時候我能感受到信賴，什麼時候懷疑又會出現呢？在信賴與懷疑之間有一種持續的往返活動，但我無法對此保持觀察或是理解它。我到底缺少了什麼呢？

我的念頭和情緒，一個接一個，每一個都有著它們的意義和目的，但我卻沒能發現。其實它們只是一個部分，我臨在的一小部分。它們把一股生命力隱藏了。當這些念頭和情緒出現時，我會臣服於它們，就好像只有它們才是最重要的一樣。但是它們並沒有那麼重要。在理論上接受這一點是一回事，而將它活出來，有實際的體驗又是另一回事。我永遠無法透過單一的部分而感受到整體。如果能瞭解整體，我就會更清楚每個部分的位置和重要性。我會知道它為什麼在這裡。所以我的頭腦、我的思維需要看到整體。只要我被局部的活動所占據、所阻礙，我就無法覺察到真相。為了瞭解真相、瞭解實相，我需要感受到整體。

我必須在內在體驗到和意識到一種我雖然無法懷疑卻也幾乎無法掌握的實相，它的真實性必須超越一切我認為最本質的東西，在這個時候，我內在的信賴就會被觸動。這不是一種被灌輸的信賴，不是一種理想化的信念。在這個時刻，我切實意識到我已經活出了一些超越我感官感知範圍的東西，我透過一種感受知道了這一點，這種感受超越了我尋常對自己的感受。同時，信賴並非是我可以左右的，我感受到內在有一些東西需要被認可，這不是我想出來的，而是當我願意去聆聽時，我感受到這種東西對我的影響。當我只是思考自己時，我永遠也不可能接收到對自己的印象，因為接收這種印象不只需要我頭腦的參與。而這種印象恰恰是我最需要的。因獲得超越「常我」侷限的體驗而具有的一種確定感，會給我帶來信賴。

對我來說這可能嗎？如果我進入這種體驗，我會立刻發現自己對它有所期待。但其實已經沒有什麼可期待的了——一切都在這裡。儘管如此，我還是繼續期待。我期待一種感覺，也就是說期待一些我可以透過身體來瞭解的東西。我相信我的頭腦和身體一定要做些什麼。當我意識到這一點，我會忽然發現這種方式本身就有問題，於是我會感受到更多的自由。剛才，好像我的身體和能量完全是兩回事。而現在，由於我不再用語言思考，我的頭腦不會再執著於這兩者之中的任何一方，我的注意力可以包含整體。這會讓我獲得一種超乎尋常的圓滿印象，一種對生命的印象。

不幸的是，念頭和語言又出現了。我又開始懷疑。我不再能理解，不再能瞭解。但我還是渴望去理解。

我坐在這裡，我瞭解。

我有一個身體，我瞭解。

我有一個臨在，我瞭解。

我是生命的一個微粒，我瞭解。

這種信賴影響著我。我傾聽著它。

信賴無法被傳遞。一個生命無法把它給予另一個生命，哪怕是一丁點兒也不行。信賴只能來自於理解。

❶❷❹ 良心的懊悔 Remorse of conscience

在通往內在重生的道路上，真正的愛的情感會讓一個人穿越第二道門檻。但在純淨的情感出現之前，一個人必須先學會信賴，並從一種被希望所滋養的力量中獲得洞察力。為此，我們必須具有一種全新的智慧和瞭解。這種瞭解會讓我們重新建立起一種價值秩序，在這之中個性會臣服於「真我」。

信賴、希望和愛都是素質進化所必需的。但它們只有在自願性受苦帶來真正的高等情感時，才能被活出來。感受到良心的懊悔是必要的。自願性的努力就是為此創造條件，並且保持面對自己的不足——因自己的不足而痛苦。透過這樣的途徑可以發展出一種其他途徑所無法發展出來的意志，還會升起一種非自動化反應的情感。當一個人被一種高等力量觸碰到時，對於受苦的體驗就會與以往不同。

在我能力不足的時刻，我無法接觸到自我的實相，我感受到在我所有的顯化背後有一種持續的痛苦，就好像丟失了一種珍貴的東西一樣。這是一個信號。直到現在，我的覺知都還不是真正的意識。我一直在用自己普通的機能生活著。現在我知道自己可以走向深入，到達內在更深的層面。在某些時刻我成功觸碰到我的本質，就好像感受到了一個新的重心。這種本質就像一個我必須去滋養和支持的新生嬰孩。我需要專注於此，讓自己堅持工作。

我越來越感受到自己內在對靈性的需求，希望它能夠滲透和轉化我。但是我的管道還不暢通。我仍然停留在自己的表面，被內在缺乏連接的狀態所侷限。即使我感覺到一種強烈的情感，我仍然一直停留在表面。只要我不去面對這種狀況，我就無法滲透到自己更深的內在。但是當我看到和感受到它，一種痛苦就升起來，那是一種對缺乏、對不足的感受。我願意去面對這種不足嗎？或者說我其實是排斥它的？這種痛苦並非來自於我對自我觀念、對自戀的執著，也不是來自於過往的失敗。它來自於我自己的漠然、無能，來自於我現有的存在方式。我需要去感受良心的懊悔，這樣我就能夠清晰的看到這種不足、這種缺乏。

我深深渴望全然臣服於內在的一種聲音，一種神性的、神聖的感受。我知道一種高等的能量，即宗教中所說的上帝或上主就在我的內在。只有頭腦和身體真正連接起來的時候這種能量才會出現。當兩股互相對抗的力量被第三種力量統合起來的時候，上帝就出現了。為了統合內在的這些力量，我們可以尋求幫助。為了**如是存在**，我們可以說：「主啊，請慈悲為懷。」

XI

最根本的本體——我內在的實相

「真我」的出現

THE EMERGENCE OF "I"

❶❷❺ 對存在的非凡印象 The extraordinary impression of existing

我需要真正意識到內在的兩種生命狀態，我需要去看到這兩種狀態的區別：一種是小我主導的狀態；另一種是整體的我主導的狀態，在這種狀態中我會感受到自己是一個整體。我越來越清晰看到，其實我自以為知道的一切都來自於我的頭腦，即使是那些我當做感覺的東西。它們都只是我思維的投射。但在這後面還有另一個超越思維、感受和身體的「我」。我開始瞭解到這個「我」的存在，瞭解到意識的一種獨特功能——純淨的思維，它能覺察和觀察我的「常我」。

在我對意識的探尋中，我的小我，我的「常我」如果能夠願意服務而不是要當主人，它就可以成為我努力的支點。但前提是我的各個部分不能自行其是而不顧及整體。所以，小我不是在服務和協助我的成長，而是在自我膨脹和阻擋我的道路。

我是誰？我無法回答。我看到我不是我的身體。我讓它進入被動的狀態。我不是我尋常的思維，它也進入被動的狀態。在面對這樣的質問時，我看到我不是我那以自我為中心的感受，它也進入了被動的狀態。我是誰？有一種越來越深的放開、放鬆發生了。我放開，但不是為了有所收穫。我出於一種謙卑而放開，因為我看到僅憑自己，我什麼都不是。在這種謙卑的核心，會有一種信任、一種信賴出現。這時，我是寧靜的，我是平和的。

在這種更深的放開中，我向腹部至關重要的力量中心敞開，我各種機能的能量之間開始產生連接，這種接觸會讓我覺得我生命的整體性是安全的。一切都被整合了，一切都歸位了。我感覺自己屬於一種正確的秩序，我作為一個整體參與其中。我的身體是靜止的，沒有趨向任何的方向。有一種持續的放鬆活動在向下朝著我腹部的重心展開，能量在我參與生活時從這個重心流出，在我回歸自己的時候又流回。在這種深度放鬆的活動中，我覺察到一種能量，它不用我努力，不用我做任何事就可以獲得釋放、獲得解放。它是一種自然發生的結果。我的念頭和情緒都無法控制這種能量，它不屬於它們，只要我臣服，這種超凡的能量就能夠發揮作用。如果我能接納它，並不用控制的行為來排斥對它的體驗，這種能量就會轉化我。我需要把它活出來並且有意識的臣服於它。這種活動就是我素質的活動。

當我的身體達到一種不再有任何緊張的狀態時，我會感受到那種寧靜感覺的精微度。它就像個剛出生的生命一樣。我也感受到了思維的精微度，它達到了一種層次，可以滲透和記錄發生的一切。對於存在，我具有了一種非凡的印象。當我以這樣的方式安靜，完全靜止，沒有任何緊張時，我會覺得自己的呼吸有一種我從未發覺的重要性，它非常重要。透過這種動作我參與到生命中，這種動作比我還重要。我存在於這種活動中，被包含在這種生氣勃勃的活動中。不是我的身體在呼吸，是「真我」在呼吸。

❶❷❻ 「常我」的死亡 The death of my ordinary "I"

當我不再把自己看做一個客體，意識不再允許分裂時，我就能記得自己。當我去感受意識時，我感受到我就是意識，我感受到了「真我」。記得自己是在我們內在所有能量發生連接時產生的情感層面的衝擊。這會釋放出一種創造性的振動，這種振動隨即就會受制於「七的法則」。所以，記得自己是不可能保持穩定的。

在我慣有的狀態中，我的體驗是含混和模糊的。念頭、一波波的情緒和緊張升起來。各種念頭並非同時出現，它們一個接一個的到來。情緒也是如此。當一個念頭過去了，另一個又會升起。但是這二者之間有一個空隙，一個停頓或一個空間，它非常重要。在這種周而復始的活動之後，有一種隱藏的實相。在這個空隙裡我可以覺知到活動之後的東西。念頭是無法延續的。出現的東西一定會消失。這種消失與出現一樣重要。這是同一個事實的不同面向。如果我體驗到這二者，接納它們，我就會超越出現和消失。我能包容它們。這時，我的各個中心之間就會產生連接，這種連接是自行發生的。

向我們的核心素質、向高等中心敞開需要一種統一的狀態。但是，在我們尋常的狀態下，我們總是為了小我的利益而排斥我們的重心，並把它移向身體的上部。這會切斷我們與真正自我的連接。這種與我們真實本性的分裂會帶來痛苦。當這種痛苦足夠強烈時，它會讓我敞開，讓一種朝向統一狀態的活動發生。我們必須決定，下決心跟隨核心本質的呼喚前行。如果我們想要有能力去服務和展現一股超越我們的力量，我們就需要與核心本質保持一種持續的接觸。我們需要在小我的層面上死去，以便能在另一個層面上重生。

我渴望敞開。我覺得我需要用自己既有的狀態去冒險。我覺得我需要靜默，一種真正的靜默，還需要一種虛空。同時，我又想要去攫取、去擁有，以便能夠以我通常的方式維繫生活。我不願臣服，不願認可，不願服務。我想要服務於自己。我需要接納這樣的事實，體驗到它，因它而受苦，而不是去尋找出路。現在就解決這個問題將會是一種逃避，一種對無法回避的東西的漠視。我感受到自己是封閉的、漠然的。我感受到這種實相在呼喚我，但同時，我並不信任它。我對它沒有信賴。我想要讓它屈服於我。我很害怕，怕會消失。

為了讓自己穿越這種與內在核心本質分裂、分離的狀態，我內在所有的能量都需要協調起來。它們需要被徹底解放。但我是否看到了這樣做的必要性呢？我是否接受它、渴望它呢？為此，我需要一種絕對的寧靜出現在自己所有的部分裡。這不是為了讓自己成功，或接收和占有一些非凡的東西，而是為了看到自己的渺小、執著和對失去我賦予自身價值的恐懼。我不應該總是想要讓自己是正確的，而應該看到我的矛盾，看到我被自己的想像所催眠。我可以同時看到一切，無論是我的小我還是「真我」。

看到這些，我就解放自己。在這個片刻裡，我完全不同了。這時，我自由的注意力，我的意識就會瞭解我真正的本相。這就是「常我」的死亡。記得自己意味著讓自我死去，讓自己的想像死去。透過對缺乏理解的覺知，我嘗到了理解的滋味。在記得自己的過程中，只有放下小我才能讓一種新的意識滲透進來。這時，我會看到小我就是一個幻影，一種自我的投射。實際上，一切我所認為的顯化都不是獨立的，而是核心素質的一種投射。回到本源，我意識到一種不起不落、不生不滅的品質——這就是永恆的本我。

為了能接收和轉化來自更高層面的能量，我必須有一個內在的有機體，它就像是獨立生活的另一個身體一樣。它裡面的每個部分都在努力維繫這個整體，沒有任何一個部分會只為自己獨立工作，這與我們肉身中的情況是一樣的。這就是我們所有的中心裡應有的狀態。它們的運作需要致力於確保臨在存活，臨在是個與高等中心連接的有機體。一種新的秩序需要被建立起來。為此，我必須將精微與粗糙的東西分開，不是去歧視，不是去評判，而是讓它們截然分開，直到前者可以在後者中開始自己的生活。這會創造一種新的迴圈，一種比尋常主觀情感更純淨的情感能量流。如果我能夠深層的放鬆，一種更為精微的能量就可以在我內在自由流轉。於是，我會感受到臨在就像一個磁場一樣。我覺得自己需要有一種有意識的感覺，並且為內在的素質讓出空間。

當我頭腦中還有形象和評判的時候，瞭解就不可能發生。只有自動化的念頭和主觀的感受暫停時，瞭解才會發生，這時會出現一種能給注意力帶來自由的寧靜。由於我有瞭解和覺察的需求，所以我的注意力會去與**事物的本相**連接。在這種連接中會有一個調和的動作發生，這種動作會帶來一種有著自己生命和節奏的臨在。我覺察到持續的二元對立，分裂和矛盾會阻礙這種調和，妨礙統一。隨著我覺察到這些，能量就被轉化了。

當頭腦和身體都完全平靜時，既沒有念頭也沒有活動……只有事實，只有**事物的本相**，只有超越苦樂的事實，這種對實相的體驗絕不可能是機械的。它無法透過一個想法或一個評判而獲得，因為想法或評判被我們當成事實後，就會替代我們想要瞭解的東西，事實會教導我們。為了跟隨它的教導，我們必須高度專注的聆聽和觀察。如果我在聆聽或觀察的背後有所企圖，注意力就會渙散。

我們通常的痛苦來自於一個自行生長的念頭，它形成了「常我」。這個「我」就像是一個以念頭和感受為食的機器，看到這個實相會毀壞這個機器。只有對實相的意識才會帶來領悟，這是一種沒有選擇性的意識，它涵蓋了所有的念頭和感受，以及它們的動機和運作。這不是依靠某個系統或方法可以做到的，覺察到自己內在不斷變化的事實才是重點，而非去尋求超越。不帶任何理論或結論，如實的意識到自我就是一種靜心。在我們的念頭和感受生生滅滅時，我們進入了另一個境界。一種超越時間的活動出現了，這是思維所無法瞭解的。我們不再尋求體驗，不再對體驗有任何的指望。

我內在發生的轉化是另一種思維和感受給我的意識帶來的轉化。這種轉化只有在一種純淨的洞見中才會發生，它會像奇蹟一樣徹底改變我。在一刻接一刻覺察到我的本相的過程中，我放棄了所有的偽裝。我全然投入，包括我的感受、我的思維、我的身體，每一個部分都非常活躍，在這條件下覺察發生了。一種被釋放出來的能量本身就可以給我力量，讓我深入看進內在，不會逃避，也不會半途而廢。

對我來說**覺察**是非常重要的，覺察的時候不應帶有基於記憶的反應，也不應在乎到底覺察到了什麼。無論事實是什麼——野心、妒忌、排斥，覺察的行為都會彰顯出無窮的力量。當事實本身呈現出來時，我們不僅會瞭解到這個事實，還會瞭解到覺察的行為產生的後果——意識的改變。覺察的行為帶來了這種改變，我覺察到的真相也會轉化我對生命的態度。意識敞開了——我覺察到了，我覺察到實相，這對我來說是至高無上的。我對真相有了一種帶著情感的理解。

實相沒有持續性，它超越了時間，不在時間的範圍之內。它只能在當下被看到，然後被忘記，無法被當做往事記憶下來。這種感知會消失，但它可能在第二天，甚至是下一刻再度出現，因為頭腦已經不會被任何東西所侷限了。

❶❷❽ 臨在的輻射 The radiance of Presence

我的素質有一個本源，這是一個生氣蓬勃的源頭，一個生命的源頭。我有一種思維方式，它會把物質與能量分開，把身體與靈性分開。沒有一種東西是獨立存在的，生命是統一的。我在創造的同時也被創造，這兩個角色沒有任何分別。在我的幫助下，一個新的身體可以被創造出來，我內在唯一的生命力可透過它讓我感受到它的影響。

我總是試圖強行用錯誤的方式去接觸素質，好像我可以強迫它出現一樣，實際情況卻正好相反。素質會不斷努力接近意識之光，意識之光也需要一個能讓它輻射出來的通道。但在這過程中，它會遇到小我的硬殼並被它阻擋，為了讓素質發揮作用，需要先出現一種空無，我在其中會感覺到一種精微的振動。只有在虛空中，素質的活躍力量才能被感受到，這裡不能有任何緊張或混亂的活動，它們都是小我不惜代價來證明身分和確認權威時所導致的。每一次緊張，都是小我的對自己的證明。在每一次緊張中，整個我都被牽扯進去。

我現在明白了，有意識的感覺是臣服於高等力量的第一個信號，是邁向真正的感受的第一步。在這，我瞥見一種直接感知的可能性，那個專橫的「我」臣服了，不再控制，不再試圖去表現它的力量。我感受到另一種力量，它不是我所擁有的一種威力，它就是我的本相。這時，會出現一種來自高等情感能量流的能量，它的吸引力對願意臣服的人來說是無法抗拒的。所有的修行體系都把這種能量，這種流經我們的宇宙力量稱為「愛」。

當我不再假裝瞭解時，我的心會變得穩定而純淨，能夠權衡對立的兩極，也就是具有了瞭解的能力。當我感受自己迫切需要且真心渴望，想去接收素質帶來的影響時，我就能把這種感受傳遞給所有的中心，這樣它們就能整合成一個整體。這會創造出一種氣層，它就像一個薄薄的、靈敏的過濾層，可以捕獲某些只有它能夠接觸到的東西，並且讓一些最精微的元素滲透進來。這種氣層不是一堵牆——小我形成的牆已經倒了。它就像一個可以意識到自身任務的過濾層。一切都取決於這個過濾層的精細程度，它的品質和穩定性可以作為我探尋之路上的目標。

這種氣層對於讓我的素質發揮作用是必需的。它就像是一種具有不同強度的新的迴圈，透過它我可以意識到一種對真相、對實相的純淨情感能量流。這種能量流可以為整體充電，但它只有在我所有中心的注意力都統一時才會出現，我需要具有這種統一狀態才能夠瞭解自己。

我必須從「常我」的勢力範圍逃脫出來，讓我的硬殼融化，這樣生命才能在我內在擴展開來，我才能吸收來自我素質的輻射。這樣，就不再有身體和臨在之分，它們是合一的、相同的，都源自一種精微臨在的輻射。我透過與自己及一切生命的本源進行不斷更新的接觸，體驗到這種輻射。另一個「我」出現了，它透過我的肉身展現出來——這種臨在是由另一種物質所構成的。

chapter

XII

把教導活出來

TO LIVE THE TEACHING

創造性的行為

CREATIVE ACTION

❶❷❾ 「我是」在活動 "I am" in movement

我們的行動、我們的活動是從哪裡來的呢？當各個中心沒有連接的時候，我只能反應。在通常狀態下，我們的各個中心沒有共同的想法、共同的目標、共同的覺察。真正的行動來自於一種超越我們尋常機能的狀態。

我們的內在有一種持續的能量活動，它從不止息，並衍生出所有其他種類的能量活動。每一個活動都是從一種姿勢或姿態，向著另一種姿勢或姿態的移動。我們從來沒有同時看到姿勢和移動，我們要不是專注於姿勢而忽視了活動，不然就是聚焦於活動而失去對姿勢的觀察。所以，我們可以預見一個活動並啟動它，但卻無法跟隨它。

跟隨一個活動需要一種內在的覺察，通常我用於觀察的能量是被動的，我的注意力是不自由的。我透過一個形象、一個概念去觀察，因此並沒真正覺察。我也許會感覺自己的身體，但卻感受不到它裡面所包含的能量活動。要感受到這種活動，身體的狀態必須改變。頭腦和心的狀態也必須改變，身體必須具有極高的敏感度，以及一種它所完全未知的行動力。它必須意識到它在這裡是來服務的，各種力量需要透過它這種物質、這個工具來行動。身體必須瞭解它需要臣服，它與頭腦之間的互相理解是絕對必需的。這樣一種全新的活動才會發生——一種自由的活動。這種活動沒有我，沒有我的注意力是不會發生的，我的注意力越是全然，這種活動就越是自由。

為了在我們的各個中心之間保持連接，我們必須採取一種具有一定節奏、一定速度的行動。但我們總是以自己習慣的速度活動，它的節奏是惰性的，沒有活躍的吸引力，這種行動並沒有得到我所有部分的參與。要不是身體沒有完全參與，致使頭腦也失去它的自由；不然就是頭腦不夠活躍，致使身體仍舊依它的習慣行事。因此，我們的行動沒有創造出任何新的、有活力的東西，沒有創造出任何「響動」（sound）。

葛吉夫的律動展示了一種全新品質的行動，在律動中節奏是既定的，我們必須臣服於它。在我們自己的工作中，我們也需要找到正確的節奏，然後同樣的去臣服於它。否則工作將無法為我們帶來轉化。我需要感覺到我的身體和頭腦有著同等的參與度、同等的力量、同等的能量強度。這樣，對身體裡所包含能量的感覺就會強過對**身體**本身的感覺，我就可以去跟隨能量的活動。「我是」在活動。

❶❸⓿ 行動中的奇蹟 The miraculous in action

我們聚集在一起，在一些具體的活動中練習臨在。我們被對奇蹟的渴望吸引至此，但卻發現自己做著諸如建築、清潔、烹飪或陶藝等平凡的工作。我們要如何把奇蹟和生活結合起來呢？透過行動。沒有行動就沒有奇蹟，也沒有生活。

當我們思考一個行動時，我們從未想過行動本身、行動的品質可以有什麼根本的區別。我們可以清晰看出木頭和金屬的不同，我們不會出錯。但我們卻不瞭解行動在品質上的差異，有可能跟不同材質之間的差異一樣大，我們覺察不到參與我們行動的各種力量。當然，我們知道我們的行動意味著要達到一個目標，我們期待行動會產生結果。我們總是想著目標，想著結果，但從未思考過行動本身。目標對於行動沒有決定性的影響，參與一個行動的力量所具有的品質，決定這個行動是自動化的還是創造性的。奇蹟在於讓一股有意識的力量參與到行動中，這股力量會瞭解為什麼要行動以及要如何行動。

每一個行為，我們所做的一切——做木匠或石匠的工作、煮飯或製作藝術品，乃至思考——都有可能是自動化的，也有可能是創造性的。在我習慣的狀態中，我總是透過重複來開展工作，當我不得不進行創造時，我首先會做的事就是收集關於這個主題的記憶。隨後，我會把所有相關的經驗和知識放在一起，以便進行下一步工作。我的頭腦會加入，我的身體會跟從，我不時也會有些興致。但這一切都只是自動化的，我內在的某個部分瞭解這一點。這個行動沒必要一定按照某種特定方式去進行，我可以用一種自己喜歡的節奏進行。我可能會成功完成一些事，但這之中不具有改變我的力量，這之中沒有真正的行動力、創造力。

當我的行動不再重複而是全新時，情況就會完全不同。我的行為只是對我此刻意識到的需求在當下所做的回應。這樣，就只可能有一種速度，任何其他的節奏都取代不了它。在一個創造性的行動中，這種節奏來自於一種強大的生命力，它是我所臣服的一種真相。這種力量可以覺察到需要做些什麼，並且可以指揮我的頭腦和身體。它會創造出一個行為和一個目標，其中包含了強大的活力和智慧。它可以做到「言既出，行必果」。

為了能夠以這種方式行動，我需要自由，不帶任何的形象或概念，不讓思想陷入回憶。自由不是從某種東西中解脫出來，而是能夠自由的臨在於當下，臨在於一個以前從未存在過的片刻。行動是即刻的，沒有思想的介入。我總是保持不知道的狀態，總是去學習。一切總是新的。為了瞭解，我必須具有觀察所需的自由。思維是靜默的，完全靜默、自由。它在覺察。在這樣的狀態中，我們可以用自己所有的部分來理解和採取行動。我們甚至可以與他人一起行動，但在這樣的時刻，所有人都必須有著同樣的認真程度和能量強度。

一個行動取決於在每一刻的動作中，我的能量如何參與。我必須在行動的時候對此有所意識，並且去感受能量正在向著它的目標活動。一旦這種活動開始了，我就無法再介入。已經啟動的東西不再受我控制。什麼也阻止不了它帶來相應的後果——無論那個結果是好是壞，是重是輕，是純粹的還是被扭曲的。一切都取決於我各個中心在行動時的合作狀態。每一個行為都需要我的身體具有某種自由度，需要我思想集中，還需要我對所做之事有興趣、有熱情。這會給我帶來一種全新的生活方式。

❶❸❶ 透過素質來獲得效果 Effective through being

讓我們來嘗試理解一種創造的狀態，在這種狀態中我們瞭解事物的本相——不是它們可能的樣子，不是它們應該的樣子，也不是我們所命名的東西……就只是**事物的本相**。

我們是否能瞭解一種不會加強我們小我的狀態呢？所有會加強小我的東西都會帶來分裂、隔絕。這包括所有我們已經擁有的體驗和正在經歷的體驗，我們總是為它們加上一個名稱。我們記錄印象，並對所見所感的東西有所反應。這個反應的過程就是我們所經歷的體驗。我們會為我們的反應命名，因為如果我們不去命名，它對於我們來說就不算是個體驗。我們有沒有可能接收印象卻沒有體驗，處在一種「無體驗」的狀態中呢？因為只有這時，當我們完全靜止，小我不在時，創造才能開始。

在嘗試有效採取行動的過程中，我會去分辨兩種感覺——一種感覺帶著緊張，其中的能量是阻滯的；另一種感覺則不帶緊張，其中的能量是自由的。在工作時，我可試著像我平常那樣，透過獲得更多或做得更好來取得成功。或者我可嘗試另一種方式，透過我的素質來讓行動更加有效。當我做一件不熟悉的事情，會有一個需要達成的目標或目的，這樣會帶來緊張。我的「常我」既渴望成功，又感覺力不從心。我是分裂的，我不惜一切代價，想要使我的身分得到認可。小我在阻礙著我，緊張會妨礙我以正確的方式去做我需要做的事情。我要看到這一點，緊張的程度決定了我是否能對我的素質以及行動的目標保持意識。

在參與一個行動時，我所尋求的不是使我的表現變得完美，而是透過我的素質來取得成效。我素質和目標的真正連接，取決於我是否能夠在採取行動時不讓小我參與，去看清這一點非常重要。隨後，我需要找到一種不會被小我的干擾所破壞的統一感受，我需要到達一種境界：不再有緊張，我和目標不再是分離的，我的小我不再想要被認可。

我無法基於強迫、恐懼或對回報的追求來達到完全的靜止狀態，達到沒有小我參與的狀態，達到「無體驗」的狀態。我需要瞭解「我」在各個層面的運作，從自動化的活動到最有深度的智慧。我必須看到思維要不是在它自己構築的牢籠裡打轉，就是完全安靜下來，但無論在哪種狀態，頭腦都沒有創造所需的力量。只有當頭腦不試圖去創造，創造才可能發生，但這不是我們可以預先知曉的。沒有任何的信念、知識、體驗可以幫得上忙，這一切都必須消失，必須被放棄。貧乏的狀態很重要——知識的貧乏，信念的貧乏……一切小我範疇內之物的貧乏。只要我瞭解這一點，整體看到這個運作過程，我就可以放開這一切。我必須跟我的思想、感受和行動在一起，一刻接一刻的持續觀察，保持被動、清明……如如不動。

❶❸❷ 全新的東西 Something entirely new

創造是一種全新事物的出現，它不是把記憶中已經存在的東西投射出來，也不是對已知的重複。創造只有在面對未知時才會出現，然而，從未知出發去行動，接受不知的狀態是很難的。這會讓我覺得自己被剝奪了「做」的能力，也就是說，無法再去證明我的「常我」有多麼重要和優越。

我尋求讓自己從這種不知的感受中轉移開來。我在記憶中搜尋能幫助我理解的資源，但，當我能夠不再逃避這種不知狀態時，當我能夠如實去面對，不再試圖給出一個讓我滿意的意義時，我就會脫離「常我」導致的分裂狀態。這樣，新的東西就會被創造出來。這個事實就是真相，真相是無法被詮釋的。一種連接出現了，這種連接就是一種創造的行為，在面對未知事物、面對無法理解的事物時，我的頭腦沉默了，在這種靜默中我發現了真實的東西。創造的行為就蘊含在這種覺察的行為中，不帶念頭去覺察就會發現真相。

依照相關的法則，一個真正行動取決於這樣的兩極：創造這個行動的空無，以及這個行動的自由度和所用的能量。在一個創造的行為中，內化的活動超過了外顯的活動。為了讓向內的活動得以持續，就必須有一個自由的空間，它感覺起來就像是一個「空無」——沒有小我的存在。這是一個精微振動組成的世界，我們可以透過感覺來滲透其中。感覺就是對這些振動的感知。在沒有緊張的靜止狀態中，我能體驗到這種感覺的精微度。當頭腦變得被動，只是作為一個見證人記錄發生的事情時，我就能感受到心靈的精微度。

這時，一種存在的感覺出現了，這是一種還未曾開始活動的潛在生命力。如果我能夠感知哪怕是一瞬間的這種感覺，就足以讓我瞭解在「靜止的」變為「活動的」，也就是第一次自發振動產生的那一刻到底發生了什麼。這種瀰漫的存在感有它自己的味道，並能帶來一種消除所有疑惑的確定性。這是一種極其重要的從不如是存在狀態向著本體的回歸。這種不可思議的狀態就在這裡……等我意識到它，並出於害怕失去的恐懼而賦予它一個名字和一種形式時，這種感覺就會退去。

在日常生活中，我們可以用已知的元素去組合和構建。但如果要創造，就必須透過自願的死亡、小我的死亡來獲得解放。具有創造性的洞見只屬於那些敢於望向自己內在深處，深入到空無之境的人。在這裡，他會看到一張由持續的內化和顯化活動組成的網，在網中人不得不直視自己。我們是生活旋風裡那個平靜的中心，只有內在的生活才能給我們帶來真正的益處。這樣，我們可以不帶執著的去做任何事情，彷彿我們沒什麼可做的，可以生活在任何需要的地方。所有的事情都在生命之流的帶動下自行發生。

當我們具有一種真正自由的思維時，我們就可以以一種全新方式面對生活，包括像疾病和貧困這樣的挑戰。我們可以將這些問題看做是整個存在的特定面向，而非與整個存在相分離的東西。如果我能夠以一個一切都相互連接的世界，來作為背景理解整個存在，我將會明白為了轉化外在的事物，我必須轉化自己。隨著內在品質的提升，我會渴望參與到這個一體世界中更高等的部分裡。這樣，我就可以把自己所過的生活當做一個事實來接納，並自願承擔起在這之中被賦予的角色。於是，我就會理解，在整個存在裡所進行的努力中我需擔當的那個部分。

XII

警醒的姿態

AN ATTITUDE OF VIGILANCE

133 靜心不是冥想 Meditation is not contemplation

幾千年來，人類的大腦都受到侷限，從核心到週邊，從週邊到核心，來來回回的持續活動。這種活動怎樣才能停止呢？如果它能停下來，一種沒有侷限、沒有緣起、無始無終的能量就會出現。為此，我首先必須創造一種秩序——要把房間清理好，這是一個需要全然注意力的工作。身體必須變得非常敏感，頭腦要完全放空，沒有任何欲望。理解不是來自於一種想要擁有或想要成為什麼的努力，它只有在心靈平靜時才會產生。

我們真實的本性是一種未知的東西，由於它沒有具體的形式，因而無法命名。我們可以在兩個念頭或是兩個感知之間感覺到它的存在。這些停頓的時刻會讓我們向一種沒有終結的永恆臨在敞開。通常我們不相信這種臨在，因為我們認為沒有具體形式的東西是不真實的，這樣我們就會錯過體驗本體的機會。

我們對渺小感的恐懼推動我們去填充空無，去渴望擁有或成為什麼。這種恐懼，無論是有意識還是無意識的，都會讓我們喪失**如是存在**的機會。我們無法透過一種刻意的行為，或是解放自己的努力來消除這種恐懼。用一個欲望對抗另一個欲望只會帶來抗拒，而抗拒是無法帶來理解的。只有透過警醒，透過意識到恐懼才能為我們帶來解脫。我們必須看穿自己體驗到的那些相互矛盾的欲望。我們不是要專注於某一個欲望，而是要把自己從貪婪引發的衝突中解脫出來，真相才會出現。

最高等的智慧形式就是靜心的狀態，這種高度的警醒會將頭腦從它的反應中解放，如果沒有任何刻意的介入，這本身就會帶來一種寧靜的狀態。靜心需要一種非凡的能量，只有我們內在沒有衝突，所有的理想、信念、希望和恐懼都完全消失的時候，這種能量才會出現。這時出現的狀態不是冥想，而是一種特別的注意力狀態，在這種狀態中不再有「我」的感覺，不再有一個人參與到體驗中並與之認同，所以也就沒有所謂的體驗。如果一個人想要瞭解真相、瞭解上帝、瞭解超越人類頭腦侷限的境界，就必須對上述狀態有最深入的理解。

在這種警醒的狀態中，我什麼都不做，但我臨在於這裡。頭腦處於一種特別的專注狀態——清明，並且能夠清晰的觀察，不再會因我的想法、我的感受、我的行為去選擇。頭腦的專注不再受到任何侷限。這種狀態會帶來寧靜，當頭腦完全平靜下來，沒有任何幻相時，「一些東西」就會形成。它不是頭腦創造出來的，無法用語言來描述。

❶❸❹ 不帶恐懼敞開 Opening without fear

頭腦是我用來獲得瞭解的工具，但是它無法透過一些方法或紀律，透過壓抑或添加，或是透過改變來瞭解真相。它所能做的就是保持安靜，不帶任何的企圖，哪怕是瞭解真相的企圖。這非常困難，因為我總相信我可透過做些什麼來體驗真相，而唯一重要的就是我的頭腦能處於自由的狀態，不受阻礙，不受侷限。我需要一種極為警醒的狀態，沒有任何的追求，沒有任何的期待，只是活在當下。這種警醒才是頭腦恰當的活動，才是它力量的所在。我們把這種狀態稱為專注。在這種狀態中，我成為純淨的注意力。這時，真相就會向我顯露。

我們要如何來理解葛吉夫的教導呢？

我們存在的品質取決於我們素質的狀態，我們活在這樣的狀態中，整個的生活都被某些力量所侷限和控制。我們被約束著，被某種思想、感受和行為所禁錮。當我們意識到這種狀態的侷限時，就會感受到改變的需要。這時我們會遇到第一個真正來自內在的問題：素質能夠改變嗎？這種初次對是非的分辨標誌著一種意識的改變。

自我觀察會讓有意識的努力成為可能。這需要一種對待自己的全新姿態，需要我各個中心之間有種全新的連接，這是一種新的內在結構。我必須記得自己才能夠觀察自己，我在一種狀態中可以觀察，而換一種狀態就無法觀察。如果我能真誠接受不知的狀態，我就可以觀察，但如果我被宣稱有一個「我」存在的謊言所蒙蔽，我就無法觀察。如果我帶著自我的觀念去觀察，我的念頭和感受就都會圍繞著這個「我」的幻相，這會阻礙我的覺知擴展到對我整個素質的意識中。

我內在可以改變的是對自我的覺知，自我觀察只有在與讓意識顯現這個目標有關時才會產生效果。我需要覺察到自己是活著的，需要覺察到自己所有的部分，這需要一種自由的狀態，在這狀態中，我開始更真實感受到我素質中的其他未知部分。我們追尋的是一種新的秩序，一種成為本體的全新狀態，在這種狀態中身體和它的屬性，即我的各種機能都會臣服於一種能夠賦予它們活力的高等力量。為此我們需要在「是」與「否」之間進行掙扎，需要讓意志力出現。這會創造出第二個身體，這種內在的形體會給我們的生活帶來全新的形式。

我們工作的進展有時多一些，有時少一些。我們無法理解在內在發生了什麼。我們期待某種情況發生，並相信它將會是我們努力的成果。我們相信自己可以強行開闢一條通往素質的道路，但事實卻恰好相反。素質一直在我們的內在運作，試圖突破小我的堅硬外殼，進入意識之光中。能夠激發人類意志力的首要動力，就是素質向著意識之光前進的這種努力。所以，並非我們的努力創造了對素質的體驗，這些努力只是鋪路。這種體驗不是我們行動的結果，而是**事物的本相**的自行展現。如果我們要不停重複我們的努力——它們確實需要重複進行，那麼它的方向將會是學習讓本體的實相顯現。

我們渴望不帶恐懼的敞開，渴望持續的而非一兩次的敞開，直到我們覺察到是來自小我的力量將我們與生命分開。我們冒險去敞開自己來瞭解本體想要讓我們感受到的一些信號，我們學習不再把自己當做衡量一切的標準和我們生命的主人。我們開始感受到自己參與到一個宏大的統一體中，參與到一個宏大的整體中。

❶❸❺ 警覺性是我們真正的目標 Watchfulness is our real aim

我們無法改變自己身體的、有機體的結構。我們的活動和姿態都受到侷限，我們的感受和思想也同樣受到侷限。實際上，我們發現我們被自身的侷限囚禁在一個狹窄的範圍內，只有覺察行為能改變這種完全不自由的狀態，這樣，我們才有可能讓意識顯現。

我可用我的雙眼看到自己，我也可以透過一種內在觀察去看自己。我是否能變得有意識，是否能瞭解我的本相就取決於我是否能在我的內在找到這種內在的觀察。這種觀察來自於一個新的形體，這是一個內在的身體，它需要與我的肉身連接。只有當這種觀察出現，並將我的自動反應系統置於它的視線裡時，才能建立所需的連接。只有透過這種反覆出現和消失的連接，我才能瞭解我的本相。

這種連接不是一種盲目的交託，而是一種有意識的給予。我有一種持續的覺察，同時還有一種不帶抗拒和緊張的放開、撤回。這需要一種盡可能全然的注意力，它的出現需要一種極深的寧靜。我們需要記得我們不可能脫離任何的連接而存在，我們總是身處於某種連接之中。我們要不是與高等的東西連接，就是被低等的東西控制，這是一種在不同力量之間的掙扎。

我希望把自己作為一個整體來瞭解。所以我會嘗試去望向自己的內在，並且變得警覺。警覺性是我們真正的目標，如果我們在單獨或團體工作中沒帶著警醒，工作將不會有任何的效果——我們會被這樣或那樣的東西所控制。我必須透過密集努力來保持警覺的狀態，因為一切都取決於它。同時，我渴望走向生活，並在這樣做的時候迷失自己。是的，我渴望迷失自己，但我並不知道這意味著什麼。我總認為是某種邪惡的認同控制了我，某種糟糕的生活控制了我，但這不是真的。是我迎上去的，那裡面有我喜歡的東西，但我卻不知道為什麼會喜歡它。我需要看到問題的關鍵——一切都在於我，而非外在的東西。因此，我首先要具有這種警覺性，一直臨在於這裡。當我能夠真正保持這樣的姿態時，我的生命將會完全不同。

我要如何在向一種實相敞開的同時面對和投入我的生活呢？最關鍵的是這種向如是存在、存在的事實敞開自己的活動，沒有它我就不會覺醒。障礙在於我的頭腦總是被占據，不要以為意識到這一點就一勞永逸了，我必須真切去體驗這種狀態，直到我所有的念頭、感受和行為都能在不受任何排斥和指責的情況下，被置於我的注意力之下。為此，我需要一種內在的空間和一種自由的注意力，只有注意力處於自由狀態時，真正的覺察才會發生。

這種對內在發生之事的持續覺察就是一種結晶的開始，一種不可分割、個體性的東西開始形成。這種覺察越清晰，印象越鮮明，我們思想和感受的轉化也就越大。當它們相互連接時，思想是清明的，感受是明確和細膩的。這樣我們就能敞開自己，並且將自己完全置於高等力量的影響之下。我們需要感受到良心的懊悔，這種感受是具有啟發性的，它會讓我們覺察到自己的缺乏。只有帶著這種懊悔的感受，我們才能開始清晰覺察。

在內在空間裡的清明狀態和觀察會消除各種形式的侷限。清明就是意識到自己是如何走路、如何坐著、如何使用雙手，以及聆聽自己說話的方式和使用的詞彙。清明就是在清晰、完整和沒有侷限的注意力之下，去觀察我們所有的念頭、感受和反應。清明就是全然意識到自己。

❶❸❻ 來自高處的觀察 A look from above

警醒的態度會引領我們走向更客觀的生活。我們很難接受這樣的理念：在擁有一種客觀生活的同時又擁有個人的生活，也就是主觀的、個性化的生活。讓我們更加難以接受的是，在某種程度上，我們不得不以我們的個人生活作為所要付出的代價。當然，我們不可能不是個人化的——我們有著主觀性，有著自己的身體、自己的好惡，有著個人的感受。這種主觀的生活會一直持續。而我必須去瞭解它、體驗它。我主觀的生活是我真實的樣子，它就是我。同時，在我與內在某種東西連接時，我能夠變得客觀起來。

如果我還想要向高等的東西敞開，我主觀的生活就必須被置於恰當的位置，我有時會多給它一些空間，有時會少給一些。我無法依靠我所有的弱點來獲得新的力量。如果不犧牲我的焦慮和緊張，我就無法進入寧靜的狀態。如果我不犧牲束縛注意力的東西，我就無法具有自由的注意力。我所渴望的一切都需要付出代價。如果我渴望一種新的狀態，我就需要犧牲舊有的狀態。我們捨棄多少就會得到多少。我們的收穫與所作的犧牲是成正比的。

過上更客觀的生活需要一種客觀的思維——這是一種來自上方的觀察，它是自由的，具有覺察的能力。沒有這種對自己的觀察，看不到自己，我在生活中就會像一個盲目的人一樣被一股動力驅動著，卻不明白是怎麼一回事。沒有這種對自己的觀察，我就無法瞭解我是存在的。

我有能力上升到高於自己的地方，並自由覺察自己……也讓自己被覺察到。我的思想有能力獲得自由。但為此它必須擺脫所有禁錮它，使它被動的聯想。它必須砍斷把它束縛在形象和形式的世界裡的繩索，它必須把自己從來自內心感受的不斷吸引中解放，它必須感受到它有力量抵抗這種吸引，並在逐漸超越它的過程中覺察它。在這種活動中思想變得主動起來。它在自我淨化中變得更為活躍，並且具有了一個新的、獨特的目標：思考「我」，意識到**我的本相**，並且進入這個奧祕。這種來自上方的觀察會讓我找到自己的位置並獲得解放。在那些最清晰的自我覺知片刻裡，我會處於一種被瞭解的狀態，我能夠感受到這種觀察所帶來的祝福降臨在我身上並擁抱了我。我感受到自己沐浴在它的光輝中。

每一次當我記起這些的時候，我所要做的第一件事就是意識到一種缺乏的狀態。我感受到一種需求，我需要一種主動、自由的思維，它可以轉向我自身，這樣我就有可能真正意識到自己的存在。所以，我掙扎著去對抗尋常思維的被動性，掙扎著去放開「常我」的幻相。沒有這種掙扎，一種更為高等的意識就不可能誕生。沒有這種努力，我的思維將會回到沉睡的狀態，充滿了模糊和飄忽的念頭、語言、形象和夢境，這是一種沒有智慧的人類思維。最讓人難過的莫過於一個人突然意識到自己在生活中一直都沒有獨立的想法，沒有智慧，無法覺察真相，並因此與上方的世界沒有任何連接。這時，我可能會理解重新融入那個覺察者是來自我本質的需求。

這種自由而客觀的思維可以覺察和瞭解，它是葛吉夫所說的「個體」的屬性。與大自然給予我們的感受和感覺機能不同，這種思維的形成需要朝向有意識狀態的自發努力。它就是意志力的所在之處。當它能夠只是將身體視為一個空的容器並與身體解離時，就會帶來自由，並打破我們對身體的執著。打破了這種執著，我們就可以融入永恆的感覺。

一種新的存在方式

A NEW WAY OF BEING

137 我必須體驗缺乏連接的狀態 I must live the lack of relation

靜坐時，我們可感覺到內在有一個真正的臨在，它就在這裡，真的存在。即使是我們與它沒有連接，它也一直在這裡。我們缺乏與它連接所需的注意力，如果要與這種臨在連接，我們的注意力就需要具有與它相同品質的精微度。這種注意力必須是主動的，而非我們在尋常生活中的那種被動的注意力。我在尋常的狀態下不具有這種連接，是因為只要我去進行顯化，我的注意力就會被我的機能所控制。注意力的能量在混亂和盲目的狀態中被消耗，但我卻不知道這是怎麼一回事，也沒有人知道我的力量到底如何進行顯化。

我內在的這種臨在無法顯化。它本身是空的，沒有具體的屬性，沒有任何可用來顯化的資源。它沒有經過任何訓練，這種臨在就像個初生嬰兒一樣，自己不知道如何走路、進食，如何獨立的做事，它要靠接收印象來成長，這些印象被儲存在我內在一個新的地方。如果我沒有對這種臨在的印象，我就不會有回歸它的需要，它也就不會有自己的生命或是顯化能力。所以，首先，我必須真正在內在尋求對這種臨在的體驗，一直不放棄、不忘記。當我全部的力量都被帶到外在時，我與臨在的連接就被切斷了，它好像根本不存在一樣。我需要一種我所未知的能力，需要一種全新的注意力，沒有它們我永遠無法建立這種連接。

為了感受到對這種臨在的需求，我必須看到自己一再被自己不同的部分控制，我的各個中心是沒有連接的。我必須理解它們怎樣才能連接，理解這種連接是如何發生的，這是強迫不來的。我需要理解這些中心不同的狀態、不同的需求。每一個中心都有不同的注意力，它的強度和持續性取決於它們所接收的資源。接收到更多資源的那個部分就會有更多的注意力。體驗到各個中心之間缺乏連接的狀態是最重要的，我不能只是因為一些片刻的連接而心滿意足，我需要去體驗這種缺乏，體驗我的無能為力和抗拒。

現在，我能說我的身體和心被第四道工作所觸動的程度與頭腦是一樣的嗎？我對一些理論感興趣，而我的身體沒有將它們活出來，我的心也是漠然的。我渴望素質的改變，渴望我的臨在狀態發生改變，思想改變起來很容易，而身體和內心卻沒那麼容易。然而，葛吉夫卻告訴我們，轉化的力量不在頭腦之中，而是在身體裡和心裡。只要我們的身體和心處於自滿自足的狀態，它們就不會感受到對改變的需求。它們只是活在當下，它們的記憶非常短暫。直到如今，我們的渴望、我們的努力絕大部分都來自於思想，它渴望獲得、渴望改變。但真正需要改變的則是心的狀態。渴望必須來自於心，行動的力量——這種能力——必須來自於身體。

經由思想，我記得自己渴望臨在。我的思想得出結論，認為這對於所有的中心來說是有用和必要的，必須盡一切可能去發動和說服它們。但我們必須理解，「我」的絕大部分對記得自己是不感興趣的。其他中心甚至都不會去琢磨頭腦中是否存在著這樣一種對工作的渴望。所以，我們有必要嘗試讓它們接觸到這種渴望。如果它們都能感受到朝這個方向努力的渴望，我們的工作就已經完成了一半。

138 良心 Conscience

我們的工作好像欠缺了些什麼，缺少一些能要求我們付出更多努力的東西。我們需要一種不是出於強迫，不是出於責任感，而是基於理解的自我要求。它會透過理解，透過理解這種方式把紀律帶入我們的各個部分。從我們開始工作起，我們就瞭解了記得自己這個概念，並嘗試去記得自己。我們已經接受了這個概念，它在我們的生活中，尤其是思想中占有了一席之地。但它只是一個概念，它沒有活力，沒有被應用到我們整個的生活中。我們沒有活出第四道的教導，我們的各個部分都沒有被這個概念深刻觸及。對此，它們沒有參與，也漠不關心。

比如說，我們的身體沒有真正參與記得自己，我總是忽視我的身體活在地球上並屬於地球的這種體驗，總是沉浸在念頭或情緒中，從而喪失了獲得統一性和整體性的所有可能。這種情況每一刻都在發生，我的能量不是聚集在我的頭腦——評判、認可、不認可、找理由……就是被情緒的反應所占用——反對、害怕、妒忌、控制欲。在這些情況中，我的身體都是孤立的，與其他部分相隔離。它為了維持自身的存活，總是為了我其他部分的要求而付出沉重的代價。這樣是無法讓本體顯現的，顯現的只是本體的一些部分。

當我感受到內在的臨在時，我的身體就變得次要了，它會逐漸消失，就好像不存在一樣。因為我意識到一種生命——一種活生生的東西，它來自比我身體更高等的層面。我整體感知到這種臨在，它可以自行存在，在某種程度上來說是不需要我的身體的。同時，這種生命就是我身體的生命所在。這種真正的生命是主動的，在臣服於它的過程中，我的身體進入被動狀態。如果我的身體機能有意願，如果我能在這種生命和身體之間建立連接，這個臨在就可以指揮身體去行動、去講話、去聆聽。例如，如果我要舉起一隻手臂，我可以感受到這個臨在可以很好的舉起這只手臂。在驅動身體的同時，這個臨在會將我所有的機能置於它的觀察之下，選擇必要的行動去完成要做的事。當我覺察到這些時，我會理解與這種臨在連接才是我真正的工作，才是我生命意義的體現。

同時，我需要我的身體去行動，去體現我臨在於這裡的意義。沒有身體，臨在就無法被確定和界定，也無法在地球上創造一種生活。沒有我的臨在，我的身體只是一隻動物，只會去進食、睡覺、破壞和繁殖。它們之間緊密的連接、交流是必需的，這種合作會讓一種未知的活動發生，創造出一種新的力量，創造出一種新的生活。這時，我會感受到一種需求，想要維繫這種連接，避免讓自己因失去連接而被獸性的貪婪和不切實際的夢想所控制。例如，屬於地球層面的身體想要吃掉盤中的蛋糕。它想吃一塊、兩塊，乃至很多塊。關鍵不在於是否要拒絕讓身體去得到它想要的東西，而在不損害與臨在連接的情況下它可以吃幾塊。也許只是一塊、兩塊，也許只是半塊。

當臨在與身體連接時，我就會具有一種統一性，就能夠覺察到整體，覺察到一個有生命的整體。在絕對的靜默中，我感受到「我是本體」。我的一部分注意力被轉向超越身體機能的層面，但同時，我的機能仍在運作，我仍然與周遭生活中的一切保持著連接。如果我無法把注意力維持在這種可以讓能量完全自由的深度，我將無法覺察，無法瞭解。我將無法自由行動，我將只是被外界的力量所操控。

在這裡需要良心的出現。有了它，我們的工作就會具有最大限度的專注度和「整體性」。與此同時，我們還要在生活中去行動，這樣我們就能同時活在兩個層面上。良心的覺醒靠的不是一種模式、一個理念，而是要透過一種獨立的、個人化的方式來進行。這種良心與我們迄今為止所自認為瞭解的良心是完全不同的。在將自己安住於內在兩種力量之間的努力中，一種真正的情感就會出現——這是一種對**如是存在**的情感。

139 過著兩種生活 Living two lives

當一個人決定要變得有意識和發展與高等中心連接之前，需要先深思熟慮過。這種工作不允許妥協，並且需要很強的紀律性，他必須準備好去遵循一些法則。

我可以徹底學習一個理論體系，但如果我沒有意識到自己的機械性和無力的狀態，這種學習就無法讓我有太多進展。當環境發生變化時，我可能會失去所有的可能性。我的思維絕對不能一直處於懶惰的狀態。我必須理解把工作的紀律帶入個人生活的必要性。我不可能一方面接納自己某一部分是機械的，而同時又希望自己的另一部分變得有意識。我需要以整個的我活出第四道的教導。

保持一種持續的感覺，保持一種頭腦和身體之間不中斷的連接是絕對必要的，否則我就會被自動反應系統所控制。這種連接取決於一種自發的、主動的注意力。當連接足夠穩固時，就會有一股高等的能量流從頭部流進。注意力必須主動參與，維持各個中心之間能量的連接。我們看到自己各個中心需要協調一致，需要臣服於同一個主人，這樣才能一起去做事。但是讓它們臣服並不容易，因為有了主人它們就無法再按自己的喜好做事。然而，沒有主人，就不可能有靈魂……既不會有靈魂，也不會有意志。

為了不失去這種連接，我需要一直保持著內聚的狀態。為此，我必須去對抗自己在日常生活中的主觀性。例如，我可以做與習慣相反的事。我可以用左手去拿我通常用右手拿的東西。坐在桌前的時候，我可以換一個與平常不同的姿勢。我需要一直做與自己習慣相悖的事。我每天都會經常想起這種連接，記得我對保持注意力、避免失去它的渴望。我希望有意識的為自己在內在保持住這種注意力，內在的掙扎是工作中重要的部分。沒有它，我們花多少時間都不會發生任何改變。我們要學習在內在不去認同，而在外在扮演一個角色。這兩者可以互相幫助。當我這樣做的時候，我不會認同於任何東西。如果我們在外在不夠堅強，內在就不可能堅強。如果內在不夠堅強，外在也不可能堅強。掙扎必須是實實在在的，掙扎越艱難，就越有價值。

扮演一個角色，需要我同時去參與外在和內在所發生的事件。這兩類事件分別有著不同的秩序——屬於兩種不同的生活，前者是存在於後者之內的。我如何參與這兩種生活顯示了我實現**如是存在**的能力。如果無法以這樣的方式去扮演一個角色，無論我怎樣嘗試，怎樣努力，都不會真的具有力量。一個角色就像是一個十字架，一個人必須被釘在上面才能時刻保持專注。這就像是身處在一個構成我自身侷限的框框或模子裡，我需要意識這個侷限，並認可它。這樣我就可在這個框框內活出我的本相。沒有這個角色的侷限，我就無法聚集力量。這樣，我外在的生活就成了為內在生活所做的儀式和服務。

自願性的受苦是為我們內在帶來高等情感的唯一有效途徑，這對於創造第二個身體來說是必需的。在兩個八度音階之間的掙扎中，身體必須拒絕自動化反應才能臣服於高等力量的影響。在保持面對的努力中，能量會加強，一股主動的力量會出現，並且讓被動的力量臣服。我必須在生活中面對各種情況都保持這股主動的能量，我必須一再回到這種狀態中，一再做有意識的努力，直到一些有獨立生命的東西被創造。此後，這些東西會變得堅不可摧。我們為了明天，為了未來而工作。我們今天有意識受苦，就是為了明天能夠瞭解真正的喜悅。

140 瞭解意味著活出本體 To know means to Be

瞭解自己並非是從外面觀看，而是在連接的時刻，在圓滿的時刻覺察到自己。在這樣的狀態裡不再有「我」和「我自己」之分，不再有「我」和內在的一個臨在之分——不再有分裂，不再有二元對立。瞭解意味著**活出本體**。再也沒有任何空間留給其他的東西。

當我在內在達到統一的狀態時，我會體驗到一種能量，一種來自另一個世界的力量，它會讓我作為更加宏大整體的一部分，在我的素質中獲得重生。我可以去服務。我服務於這股力量。首先，我讓內在所有的部分都對它有一個全新的態度。然後，對於我的本相、對於我的生命在整體生命中的意義，我會保持一種不斷更新的洞察。這種洞察也包含了對小我和素質之間關係的理解。它會為我開闢一條道路，讓我走向自由的顯化和活在更為真實的世界中。它會讓我升起一種渴望，去改變我日常的生存方式，去承擔起在態度上和在生活中展現真相的責任。

我會接收到更多對內在那一股神祕力量的印象，同時，對於引發我機能有所反應的周遭環境，我也能接收到對它的印象。是否存在兩種不同的生命呢？還是只有一種生命，一種唯一的生命力？為了在具有精微屬性和粗糙屬性的世界之間建立一種連接，就需要一種中間密度的能量流——一種更加純淨的情感能量流。情感的淨化以及在內在創造出的「神聖的素質」都取決於一種警醒的狀態。沒有警醒就沒有純淨，在這種超凡的警醒中不再有高低之分，不再有掙扎，不再有恐懼，只有意識、喜悅。為此，我需要在任何情況下都去做自己的見證者，從製造反應的頭腦運作中撤回，平息所有的野心和貪婪。這樣，我就可以覺察到在自己對生活反應的同時，內在有些東西，有些如不動的東西，並沒有反應。這種警醒會給我帶來一種新的價值觀。我被一種渴望、一種意志所觸動，這就是對「我」最為純淨的感受中最本質的部分。這種意志讓我想要活出我的本相，從我的真實本性——「我是」以及「我是本體」清醒過來。在這樣的意識狀態中才會有愛。但這種愛是非個人化的，就像太陽散發著能量。它照耀，它創造，它愛。它不會執著於任何東西，但卻吸引著一切。

這種生命的擴展不是源自於我「做」了什麼，也不是源自於小我，它源自於愛。它意味著透過一種越來越自由的注意力而達到**如是存在**和**成為**的狀態。這就是葛吉夫所說的解放。它是所有學校、所有宗教共同的目標。帶著意識，我覺察到事物的本相，在「我是本體」的體驗中，我向著超越時空的神聖和無限敞開，向著在宗教中稱為上帝的高等力量敞開。我的素質就是本體。在生活中保持一體性、整體性是唯一重要的事情。

只要保持著對這一點的意識，我就可以感受到一種內在的生命，一種任何其他事物所無法給予我的平和。我在這裡，充滿生氣，在我的周遭是整個宇宙。我周遭的生命就在我的內在。我感受到這種無處不在的生命，感受到宇宙的力量。我感受到自己就是周遭世界的一部分。這裡的一切都對我有幫助，即使是我所坐的墊子也對我有幫助。我臨在於此，從我的本相清醒過來。我發覺最重要的事就是**如是存在**。我瞭解了這一點——現在，隨著我的瞭解，我感受到與周遭一切的連接。沒有從前，沒有以後，只有生命本身。

我覺得自己出離了夢境。一切都是真實的。我感受到自由，我很平靜。在這種狀態下，我不會去追尋，不會去渴望，也沒有任何的期待。此刻，這裡只有「我的本相」。現在，我瞭解了自己當下真實的狀態以及生命的真相。

人物背景介紹

BIOGRAPHICAL NOTE

喬治・伊凡諾維奇・葛吉夫——George Ivanovitch Gurdjieff

葛吉夫於一八六六年生於俄羅斯和土耳其交界的高加索地區，父親是希臘人，母親是亞美尼亞人。他從童年起就渴望瞭解人類存在的奧祕，並且深入研究宗教和科學來尋找答案。他發現這兩種體系從它們自身看來都是令人信服和前後一致的，但如果將它們所依據的前提改變的話，就會得出矛盾的結論。於是他相信無論是宗教還是科學都無法單獨解釋人類生死的意義。同時，葛吉夫堅信古代曾經存在著一種真正且完整的知識，並以口說的方式被一代接一代傳承下來。他花了大約二十年時間尋找這些知識。他的探尋之旅把他帶到了中東、中亞以及興都庫什山（Hindu Kush）地區。

最終，葛吉夫發現了一些被遺忘的素質層面的知識，它融合了各種偉大的傳統信仰。葛吉夫把它稱為「古老的科學」，但卻沒有明確告訴我們它的來源，以及它的發現者和保存者是誰。這種科學像現代物理學一樣看待這個可見物質組成的世界，認可質能相當性、對時間的主觀錯覺和廣義相對論。但是這門科學的探索並未就此停止，只是將受控的實驗中能夠衡量和證明的現象作為唯一的真相來接受，它還會去探索感官感知範圍之外的神祕世界，探索對另一種實相的覺察，以及超越時空的無限狀態。其目的就是為了理解人類在宇宙秩序中的地位，以及地球上人類生命的意義，同時讓我們內在真正瞭解和體驗兩個世界的實相。這就是關於素質層面的科學。

一九一二年，葛吉夫開始在莫斯科和聖彼得堡招收了一些學生。一九一七年，在俄國大革命時期，他前往高加索地區，最終於一九二二年在巴黎附近為他的工作開辦了一所規模比較大的學院。在這些年中，為了介紹他的教學和吸引追隨者，他將一個博大的理論體系帶給了世人。在一九二四年一次幾乎致命的車禍後，葛吉夫關閉了學院，並在隨後的十年中致力於撰寫他關於人類生命的三部曲，書名叫做《所有及一切》（*All and Everything*）。他於一九三五年停止寫作，大多數時間都在巴黎與學生們一起進行密集的工作，直到一九四九年去世。在晚年時，葛吉夫將學習他原本的的理論體系只是當做為了獲得意識所做工作的第一步。他避而不談與理論相關的問題，因為它們太過形而上了。他的教學方式體現為一種對實相的直接感知。

葛吉夫的巨著《所有及一切》分三集出版，分別是《別希普講給孫子的故事》（*Beelzebub's Tales to His Grandson*, 1950）、《與奇人相遇》（*Meetings with Remarkable Men*, 1963）和《只有「我是」時，生命才是真實的》（*Life is Real Only Then, When "I Am"*, 1975）。他在一九一四至一九二四年間傳授的理論體系被忠實記載於P. D. 烏斯賓斯基（P. D. Ouspensky）的著作《探索奇蹟》（*In Search of the Miraculous*, 1949）中，以及主要由珍妮．迪．薩爾斯曼記錄的筆記整理而成的《來自真實世界的聲音》（*Views from the Real World*, 1974）。葛吉夫的教學包含以下幾個基本的概念：

三力一組的法則（簡稱三的法則，The Law of Three Forces [The Law of Three]）。葛吉夫教導我們：從分子到任何世界中的宇宙，無論在哪一個層級上，每一個現象都是三種相對力量組合的結果——正面的（肯定的）力量、負面的（否定的）力量和中和的（和解的）力量。三種力量的整合取決於對肯定力量與否定力量的面對，以及連接這二者的和解力量的出現。第三種力量來自於真實的世界——「事物的本相」和「我的本相」。

八度音階的法則（簡稱七的法則，The Law of Octaves [The Law of Seven]）。宇宙中所有的物質都含有趨向於有形顯化的下降振動（退化）或趨向於回歸無形源頭的上升振動（進化）。它們的發展不是持續性的，是具有在特定斷層發生時，週期性加速和減速的特質。掌控這一過程的法則可以用一個古老的公式來體現，它將振動發生加倍的一個週期依照振動增加的速率劃分為八個不均等的階段。這個週期被稱為一個

「八度音階」，也就是說「包含八個部分」。這個公式是《聖經》神話中創造世界和我們劃分工作日和休息日的基礎。這個公式應用在音樂中就表現為音階，即 do-re-mi-fa-sol-la-si-do，在 mi-fa 和 si-do 的斷層中，會缺失一些半音。朝向意識的內在活動在這兩個斷層處，需要一個「有意識的衝擊」才能到達更高的層次，也就是一個新的八度音階。

九宮圖（The Enneagram）。圖中有一個三角形位於一個被九等分的圓形中。它代表了三力一組的法則和八度音階的法則。葛吉夫稱之為「萬能的符號」，它展現了一個八度音階的內在法則，提供了一個認知事物本質特性的方法。閉合的圓圈代表這一現象的獨立存在，象徵著一種永恆的回歸和不受阻礙的流動過程。

珍妮・迪・薩爾斯曼——Jeanne de Salzmann

一八八九年，珍妮・迪・薩爾斯曼生於法國的蘭斯。她是朱爾・阿爾曼德（Jules Allemand）與瑪麗－路易絲・馬提翁（Marie-Louise Matignon）所生五個孩子中最年長的，家族是純正的法蘭西裔後代。她在瑞士的日內瓦被撫養長大，有著強烈新教信仰的父親與虔誠天主教徒的母親之間的互動影響著她的家庭。在她小時候，神父和神職人員經常會來家裡用餐，並辯論神學的問題，她會花上幾個小時來聆聽他們的對話。這種經歷讓她在小時候就對瞭解父母基督信仰背後的真相產生了濃厚的興趣。珍妮的母親每個禮拜日都帶她去做彌撒，直到有一次這個小女孩在神父布道時大聲說「他在騙人！」為止。珍妮一直覺得她的父親能夠理解她那獨立的靈魂。

珍妮所受的教育主要集中在音樂領域，她是一個在這方面表現出獨特天賦的小神童。她在四歲時開始正式學習彈鋼琴，到十五歲時就可以指揮一個完整的交響樂團。在這個時期，很多來自各國的知名音樂家都聚集在日內瓦音樂學院，特別是雅克・達爾克羅茲（Jacques Dalcroze）這位在作曲、即興創作和舞蹈領域廣受認可的創新家。十七歲時，珍妮與一些有天賦的學生被挑選到剛成立的達爾克羅茲學院（Dalcroze Institute），一所位在德國德勒斯登（Dresden）赫拉勞市（Hellerau）的音樂中心，跟隨著達爾克羅茲學習，並在歐洲各國的首都演奏他的作品。在跟隨達爾克羅茲的那些年裡，珍妮遇到了亞歷山大・迪・薩爾斯曼（Alexandre de Salzmann）——一位知名的俄國畫家，他負責達爾克羅茲演奏會舞臺和燈光方面的事務。珍妮在日內瓦嫁給了亞歷山大，並於一九一二年隨他回到他在高加索的梯弗裡斯（Tiflis，第比利斯的舊稱）的家。

在那她以達爾克羅茲的方法為基礎開辦了自己的音樂學校。

一九一九年，葛吉夫帶著一小群追隨者來到了梯弗裡斯，其中包括作曲家湯瑪斯・迪・哈特曼（Thomas de Hartmann）。薩爾斯曼夫婦透過湯瑪斯見到了葛吉夫，這是一次改變他們人生軌跡的會面。珍妮對葛吉夫的第一印象令她難以忘懷：「葛吉夫的樣子，特別是他具有穿透力的目光給我留下了非凡的印象。你感覺自己被真正看到了，沒有一絲隱藏的暴露在他的目光之下，而同時又沒有受到任何的評判或指責。一種關係即刻建立起來，它消除了所有的恐懼，同時又能讓你直接面對自身的實相。」在葛吉夫身上和他的教學裡，珍妮・迪・薩爾斯曼找到了她從小就渴望的通向真理的道路。

在不到一年的時間裡，俄國的瓦解波及高加索，葛吉夫不得不和他的追隨者離開了梯弗裡斯。在這個時候，薩爾斯曼夫婦已經完全投入到葛吉夫的工作中來。為了追隨葛吉夫，他們放棄了他們的房子和其他財產，珍妮也放棄了她的學校和學生。這群人首先來到了君士坦丁堡，然後到達了柏林，最後於一九二二年在巴黎附近的楓丹白露（Fontainebleau）定居下來。珍妮・迪・薩爾斯曼與葛吉夫的關係一直非常緊密，在他工作時一直陪伴左右，直到葛吉夫去世。有一小群學生參與了發展有意識感覺的工作，葛吉夫稱之為「特殊工作」。珍妮・迪・薩爾斯曼就是其中的一員。

葛吉夫將一種稱為「律動」的舞蹈練習介紹和傳授給世人，薩爾斯曼夫人在其中發揮了主要的作用。在梯弗裡斯，她在她的學生中為葛吉夫組織了第一次的律動課。一九二三到一九二四年間，無論在巴黎還是紐約，她本人都是葛吉夫律動表演的核心參與者。在二十世紀四〇年代，她組織了一個班的學生，並再度邀請葛吉夫來教授律動。隨後她依照葛吉夫教學的目的和原則準備了資料，並在他去世後拍攝了一系列影片來保存律動的正宗形式。

在葛吉夫去世之前，他要求薩爾斯曼夫人要「活過一百歲」，以便能夠將他的教學傳承下去。他將自己一切著作和律動的所有權，以及與哈特曼一起創作的音樂的所有權都留給了薩爾斯曼夫人。在此後的四十年中，薩爾斯曼夫人將葛吉夫的著作出版並將律動加以保存。她還出版了為律動伴奏的音樂，並將其他葛吉夫／哈特曼音樂的所有權給予了葛吉夫的後人。因為她覺得那些不是葛吉夫教學的內容。

薩爾斯曼夫人在巴黎、紐約、倫敦以及委內瑞拉的卡拉卡斯建立了葛吉夫中心。她在那些地方組織共修團體和律動課程，並在晚些時候為一起進行的「特殊工作」加入了靜坐的練習。

薩爾斯曼夫人於一九九〇年在巴黎去世，享年一〇一歲。

國家圖書館出版品預行編目（CIP）資料
...
生命的真相：第四道靈性大師葛吉夫的教導 / 珍妮．迪．薩爾斯曼 (Jeanne De Salzmann) 著；孫霖譯．-- 二版．-- 臺北市：新星球出版：大雁出版基地發行，2023.06
面；　公分．-- (Spiritual life ; 11R)
譯自：The reality of being : the fourth way of Gurdjieff
ISBN 978-626-97446-0-2(平裝)
1.CST: 靈修／ 192.1 ／ 112007734

SPIRITUAL LIFE ——— 11R

生命的真相

第四道靈性大師葛吉夫的教導

The Reality of Being: The Fourth Way of Gurdjieff

作　者 ——— 珍妮 ・ 迪 ・ 薩爾斯曼（Jeanne De Salzmann）
譯　者 ——— 孫霖
美術設計 ——— elf-19
內頁構成 ——— bear 工作室
特約編輯 ——— chienwei wang
校　對 ——— 簡淑媛、黃妉俐、chienwei wang

新星球出版 NEW PLANET BOOKS
...
業務發行 ——— 王綬晨、邱紹溢
行銷企畫 ——— 陳詩婷
總編輯 ——— 蘇拾平
發行人 ——— 蘇拾平
出　版 ——— 新星球出版
105 台北市松山區復興北路 333 號 11 樓之 4
電　話 ——— （02）27182001
傳　真 ——— （02）27191308
發　行 ——— 大雁文化事業股份有限公司
105 台北市松山區復興北路 333 號 11 樓之 4
24 小時傳真服務／（02）27181258
讀者服務信箱 ——— andbooks@andbooks.com.tw
劃撥帳號 ——— 19983379
二版一刷 ——— 2023 年 6 月
定　價 ——— 新台幣 520 元
ISBN ——— 978-626-97446-0-2